Wörterbuch der Arbeitswissenschaft

Begriffe und Definitionen

Autor: Prof. Dr. Wilfried Hammer

Wörterbuch der Arbeitswissenschaft

Begriffe und Definitionen

Autor: Prof. Dr. Wilfried Hammer

Herausgeber:

REFA – Verband für Arbeitsgestaltung,
Betriebsorganisation und
Unternehmensentwicklung e.V.

Gesellschaft für Arbeitswissenschaft (GfA)
und Arbeitskreis für Arbeitswissenschaft
im Landbau der Max-Eyth-Gesellschaft
für Agrartechnik im VDI (AKAL)

Carl Hanser Verlag, München 1997

REFA

Die Deutsche Bibliothek – CIP Einheitsaufnahme

Hammer, Wilfried:
Wörterbuch der Arbeitswissenschaft: Begriffe und Definitionen
Autor: Wilfried Hammer. Hrsg.: REFA – Verband für Arbeitsgestaltung,
Betriebsorganisation und Unternehmensentwicklung e.V.
München; Hanser, 1997
(REFA-Fachbuchreihe Betriebsorganisation)

ISBN 3-446-18995-5
NE: HST

1. Auflage 1997

Titelbild: Technische Hochschule Darmstadt, Institut für Arbeitswissenschaft,
Prof. Dr.-Ing. K. Landau

Druck: Beltz, Hembach

Inhaltsverzeichnis

Geleitwort

Die Arbeitswissenschaft hat in ihrer neueren Entwicklung nach dem zweiten Weltkrieg eine Reihe von Entwicklungsschüben erfahren. Es waren vor allem externe Initiativen, z.B. des Gesetzgebers, oder aber technische und organisatorische Umbrüche, die die Arbeitswissenschaft - Forschende, Lehrende oder Praktiker dieser Disziplin - zum verstärkten Nachdenken über Methoden, Ergebnisse und Bewertungskonzepte veranlaßte.

Auch in der jetzigen Zeit sind es neue rechtliche Rahmenbedingungen, vor allem EU-Richtlinien und Arbeitschutzgesetz, sowie Veränderungen der Arbeit in Richtung vorwiegend informatorischer Arbeitsinhalte, Entkoppelung von Arbeit und räumlichem Arbeitsplatz oder aber, noch dramatischer, Wegfall der Arbeitsplätze. - All dies gibt unserer Disziplin neue Impulse und zwingt sie dazu, Stellung zu beziehen.

Die Gesellschaft für Arbeitswissenschaft, der REFA-Verband und der VDI haben diesen Themenschwerpunkten mehrere Kongresse gewidmet und damit dokumentiert, daß sie sich dieser Herausforderung stellen, daß sie ihren Mitgliedern technische und gesellschaftliche Umbrüche bewußt machen wollen, um für die Aufgaben des nächsten Jahrhunderts handlungsfähig zu sein.

Wie wichtig ist in einer solchen Situation der Konsens bezüglich einer gemeinsamen Sprache? Wie wichtig ist in einer zunehmend globalisierten Ökonomie der Konsens bei Begriffen des Arbeitslebens und ihren fremdsprachlichen Übersetzungen?

Es ist das große Verdienst von Professor Dr. Wilfried Hammer, daß er schon früh diese Notwendigkeit vorausgesehen und sich im Arbeitskreis Arbeitswissenschaft der Max-Eyth-Gesellschaft im VDI (der früheren Gesellschaft für Arbeitswissenschaft im Landbau) angeboten hat, ein Verzeichnis arbeitswissenschaftlicher Begriffe mit ihren Erläuterungen und Übersetzungen zu erstellen. Nach einer fast 30jährigen Abstinenz der Verbände und wissenschaftlichen Gesellschaften, den neueren Entwicklungen im Arbeitsleben auch definitorisch Rechnung zu tragen, hat Professor Hammer die große Mühe auf sich genommen, die Begriffsfelder neu abzustecken, die vorhandenen Definitionen auf ihre Aktualität zu prüfen, für die Übersetzungen in die wichtigsten Sprachen zu sorgen und zudem noch das Ganze übersichtlich und EDV-mäßig handhabbar zu gestalten.

Naturgemäß hat ein solches Lexikon arbeitswissenschaftlicher Begriffe zunächst starke „verfasserspezifische" Züge. Einen allgemein verbindlichen Algorithmus für die Auswahl der zu definierenden Begriffe wird man nicht lokalisieren können. Allerdings ist durch eine iterative Weiterentwicklung der Begriffsdefinitionen und ihrer Übersetzungen mit mehrmaliger Zirkulation in einem großen Kollegenkreis der Arbeitswissenschaft und der Arbeitspsychologie eine sehr starke Absicherung gewährleistet. Es ist erstaunlich, wie stark zusätzliches arbeitswissenschaftliches Gedankengut in einem etwa zwei Jahre währenden Verbesserungsprozeß eingearbeitet werden konnte. Allen Kollegen, die hier mitgewirkt haben, sei ganz herzlich für ihre Mühe gedankt.

REFA-Verband für Arbeitsgestaltung, Betriebs organisation und Unternehmensentwicklung e. V. - Der Präsident -	Gesellschaft für Arbeitswissenschaft - Der Präsident -	Arbeitskreis Arbeitswissenschaft der VDI-MEG - Der Vorsitzende -

Vorwort

... nur mit Hilfe des Wortes ist klares, menschliches Denken denkbar, und nur durch das Wort ist jene Übertragung, jene Anhäufung und Fortpflanzung des Wissens möglich geworden, auf dem im wesentlichen der Fortschritt der Menschheit beruht. - Max Eyth.

Diese Schrift knüpft an frühe gleichartige Bemühungen an. Dr. E. Biesalski begann bereits vor 1960 im Auftrag der Commission Internationale de l'Organisation Scientifique du Travail en Agriculture (CIOSTA) eine international gültige Sammlung von arbeitswissenschaftlichen Begriffen für den Bereich der Landwirtschaft zu definieren. Diese "Terminologie der Landarbeitswissenschaft" wurde zuletzt 1964 in 5. Auflage veröffentlicht [10]. - Die Gesellschaft für Arbeitswissenschaft (GfA) beauftragte eine Kommission unter Leitung von Prof. Dr. Dr. h.c. L. W. Ries mit einer branchenübergreifenden Sammlung "Arbeitswissenschaftlicher Begriffe". Diese verdienstvolle Aktivität führte mit 2 Auflagen zu einem unentbehrlichen Hilfsmittel [145].

Nach fast drei Jahrzehnten erschien den Vorständen der GfA, des REFA und des AKAL eine Neubearbeitung angezeigt. Die inzwischen erweiterte Fachliteratur und die nationalen und internationalen Aktivitäten zur Herausgabe von Normen, Richtlinien, Gesetzen und Verordnungen spiegeln die Fülle und Vielfalt des gewonnenen Wissens wider. Mit dieser Schrift wurde versucht, diese Substanz zusammenzustellen. Nicht zuletzt war es nötig und möglich, die Erkenntnisse zu vereinen, die in den bis 1989 getrennten Teilen Deutschlands erarbeitet worden sind.

Der Autor dankt folgenden Herren für ihre Hilfe und Beratung, insbesondere für die Bereitstellung von Informationen sowie die kritische Durchsicht des Manuskripts: Prof. Auernhammer, Freising-Weihenstephan; Prof. Bartsch, Cottbus; Dr. große Beilage, Göttingen; Prof. Bubb und Herr Gillet, München; Prof. Büssing und Dr. Glaser, München; Prof. Bullinger und Dipl.-Ing. Schmauder, Stuttgart; Dr.-Ing. Doerken, Darmstadt; Prof. Dupuis, Bad Kreuznach; Prof. Eberhard, Leipzig; Prof. Erke, Braunschweig; Dr.-Ing. Forsthoff, Dortmund; Dr. Frisch, Darmstadt; Prof. Geiser, Eichstädt; Prof. Graf Hoyos, Hohenschäftlarn; Prof. Greif, Osnabrück; Prof. Kirchner, Braunschweig; Prof. Knauth, Karlsruhe; Dr. Krause, Hildesheim; Prof. Kurtz, Ilmenau; Prof. Landau, Darmstadt; Prof. Laurig, Dortmund; Dr. Luder, Tänikon, Schweiz; Prof. Nachreiner, Oldenburg; Mr. Notte, Brüssel; Prof. Oppolzer, Hamburg; Prof. Papesch, Halle; Prof. Quaas, Magdeburg; Prof. Reichwald, München; Prof. Rühmann, München; Prof. Schwarzbach, Rostock; Prof. Schweres, Hannover; Dr.-Ing. Springer, Aachen; Prof. Wehner, Hamburg; Dr. Weiershäuser, Darmstadt.

Besondere Anerkennung gebührt Herrn Prof. Landau, Direktor des Instituts für Arbeitswissenschaft der Technischen Hochschule Darmstadt, für seine stete Beratung und Vermittlung zu den herausgebenden Gesellschaften. Das gleiche gilt für Herrn Dr. Wakula, Wissenschaftlicher Mitarbeiter am selben Institut, für die schwierige russische Übersetzung der Begriffsbenennungen. Ohne die vielfältige Mitwirkung aus dem Institut für Betriebstechnik der Bundesforschungsanstalt für Landwirtschaft in Braunschweig wäre das Manuskript nicht abzufassen gewesen. Dafür bin ich Herrn Prof. Sommer und seinen Mitarbeitern sehr verbunden. Nicht zuletzt danke ich meiner Frau für ihre wesentliche Unterstützung bei den fremdsprachlichen Übersetzungen und dem mühsamen Korrekturlesen.

Möge diese Schrift der begrifflichen Klarheit in unserer Disziplin und der Verständigung im In- und Ausland dienen! - Der Autor[1] bittet auch weiterhin um kollegiale Unterstützung und Empfehlungen zur Fortschreibung, Ergänzung und Berichtigung.

Braunschweig, im Oktober 1996

gez. Hammer

---

[1] Anschrift: Paracelsusstraße 11, 38116 Braunscheig, Tel.: 0531/513868

Erläuterungen für die Benutzung

• Die Begriffe wurden nach DIN 2342 (Begriffe der Terminologielehre) benannt und definiert.

• Zur Struktur des einzelnen Dokuments:
  - Die deutsche Benennung des Begriffs oder gleichbedeutender Begriffe.
  e:, f:, r: und s: Englische, französische, russische bzw. spanische Übersetzungen der Begriffsbenennung.
  - Deutsche Definition des Begriffs.
  - Quelle in "[...]" eingeschlossen.
  - Verweise auf verwandte Begriffe, mit "→" gekennzeichnet.

• Diese Schrift umfaßt nicht nur Begriffe, deren Erklärungen und Übersetzung der Begriffsbenennungen in die genannten Sprachen, sondern soll auch einiges "Handwerkszeug" bereitstellen.

• Lücken unter den fremdsprachlichen Begriffsbenennungen beruhen entweder auf Unsicherheit bei der Übersetzung oder darauf, daß der Begriff in der betreffenden Sprache wahrscheinlich nicht üblich ist.

• Branchenspezifische Begriffe sind gekennzeichnet, z.B. landwirtschaftliche durch "(ldw.)".

• Zuweilen werden für einen Begriff mehrere Definitionen ausgewiesen. Sie stammen i.d.R. aus verschiedenen Quellen und dienen dazu, unterschiedliche Auffassungen darzustellen.

• Bei Wiederholung der Begriffsbenennung im zugehörigen Definitionstext wird diese mit ihrem Anfangsbuchstaben abgekürzt.

• Soweit die Begriffe als allgemein bekannt oder selbstverständlich vorausgesetzt werden können, werden keine Definitionen geboten. Lediglich wegen der Übersetzungen wurden sie aufgenommen.

• Falls Quellen Sammelbände umfassen, wurden nur die Herausgeber zitiert. Über das jeweilige Sachwortverzeichnis sind auch die Autoren jedes Einzelbeitrags zu finden.

• Ein mehrsprachiges Stichwortverzeichnis beschließt die Schrift.

Verzeichnis der verwendeten Abkürzungen

allg.	= allgemein	i.w.S.	= im weiteren Sinne
bes.	= besonders	ldw.:	= landwirtschaftlich
bspw.	= beispielsweise	*syn.:*	= Synonym
bzw.	= beziehungsweise	u.a.	= unter anderem
i. allg.	= im allgemeinen	ugs.	= umgangssprachlich
i. bes.	= im besonderen	usw.	= und so weiter
in Anl.	= in Anlehnung	vgl.	= vergleiche
i.d.R.	= in der Regel	z.B.	= zum Beispiel
i.e.S.	= im engeren Sinne		

Verzeichnis der Begriffe mit ihren Benennungen und Definitionen

A

Abbummeln →Mehrarbeit

Ablaufabschnitt →Arbeitsablaufabschnitt

Ablaufart

e: type of work process
f: espèce de processus
r: вид рабочего процесса
s: tipo de proceso
Eine Gruppierung von →Arbeitsablaufabschnitten mit gleichartigem Zusammenwirken von →Mensch und →Betriebsmittel mit der Eingabe. Man unterscheidet Ablaufarten des Menschen (z.B: MT = Haupttätigkeit), des Betriebsmittels (z.B: BH = Hauptnutzung) und des Arbeitsgegenstandes (z.B: AE = Einwirken) [193].

Ablaufdiagramm →Flußdiagramm

Ablauforganisation

e: work process organization
f: organisation de processus du travail
r: организация труда
s: organización del proceso
Die Regelung des räumlichen und zeitlichen Zusammenwirkens von Menschen, Betriebs- bzw. →Arbeitsmitteln und Eingabe (Arbeitsgegenstände) zur Erfüllung von Arbeitsaufgaben unter gegebenen Arbeitsbedingungen [193].

Ablaufprinzip

e: work process principle
f: principes de processus du travail
r: принципы хода трудовых процессов
s: pricipios de proceso
Grundsätze zur räumlichen Anordnung und Verbindung mehrerer Arbeitsplätze [193].

Ablenkung

e: distraction; diversion
f: distraction
r: отвлекание внимания
s: desviación
Eine ungewollte Änderung der Aufmerksamkeitseinstellung in einer der Aufgabe nicht entsprechenden Richtung [156].

Ablösung

e: replacement
f: relève
r: смена (работающего)
s: turno; relevo
Die anordnungsgemäße Übernahme der Tätigkeit eines Arbeitnehmers durch einen anderen, z.B. bei Schichtwechsel, zur Überbrückung von Arbeitsunterbrechungen oder mit der Absicht der Verbesserung einer bisher unzureichenden Arbeitsausführung [156].

Abrüsten

e: take down; shut down; put away; dismantle
f: démonter
r: демонтировать, привести в исходное состояние
s: desmontar; desequipar
→Teilvorgang mit der Aufgabe, einen Arbeitsplatz und/oder Betriebsmittel in den ursprünglichen Zustand zurückzuversetzen [156]. →Gliederung in Arbeitsablaufabschnitte; →Rüstarbeit; →Rüstzeit

Absentismus

e: absenteeism
f: absentéisme
r: абсентизм (уклонение от работы)
s: ausentismo
Das Fernbleiben von der →Arbeit in Prozenten der Belegschaft, z.B. durch →Arbeitsunfähigkeit, Bummelei ("Krankfeiern") [18].

Absprache-Gleitzeit; Funktionsgleitzeit

e: flexible hours of work according to agreement
f: temps convenu de travail variable
r: гибкий график работы по соглашению
s: horario de trabajo variable

1. Absprache der Schichtwechselzeit zwischen zwei Arbeitnehmern aufeinanderfolgender Schichten. oder:
2. Absprache innerhalb einer Gruppe, um sicherzustellen, daß mindestens eine oder bei Bedarf mehrere Personen anwesend und so für Kunden ansprechbar sind [11, 15]. →Gleitzeit

Abwesenheitszeit

e: absence time
f: temps d'absence
r: время отсутствия
s: ausentismo
Ein Teil der normalen →Arbeitszeit, während der die Arbeitsperson von der Arbeit abwesend ist [17]. →Anwesenheitszeit

Ackerarbeiten (ldw.)

e: field cultivation
f: préparation du sol
r: подготовка почвы к сажанию или севу (полевые работы)
s: labranza
Alle Arbeiten und Maßnahmen zur Vorbereitung des Bodens für die Saat oder Pflanzung [14].

Ackerbau (ldw.)

e: agronomy; arable farming; crop farming (US)
f: culture
r: агрономия, земледелие
s: cultivo (del campo); chac(a)reo
Regelmäßig wiederkehrende, bodenbezogene Maßnahmen zur Schaffung günstiger Wachstumsbedingungen für den Pflanzenbau [39]. →Ackerland; →Pflanzenbau

Ackerland (ldw.)

e: arable (or: tilled) land
f: terres labourables; terres arables
r: сельскохозяйственная (пахотная) земля
s: tierra de labor; tierra arable
Der Teil der landwirtschaftlich genutzten Fläche, der i.d.R. durch jährlich angebaute und/oder genutzte Kulturen bewirtschaftet wird [133]. →Ackerbau; →Landwirtschaft

Adaptation; Adaption

e: adaptation
f: adaptation
r: адаптация
s: adaptación
→Anpassung von Lebewesen, auch von Organen, an bestimmte (Umwelt)einflüsse, bes. Reize. In der Arbeitswissenschaft spielen hauptsächlich optische und akustische Adaptation eine Rolle. A. des Auges bedeutet Anpassung an unterschiedliche Helligkeit, z.B. durch (schnelle) Veränderung der Pupillenöffnung, aber auch durch (langsame) Veränderung der Empfindlichkeit der Netzhaut [96, 156, 167].

Adaption →Adaptation

Aerober Prozeß →Prozeß, aerober

Aerobes Vermögen →Vermögen, aerobes

AET

= Arbeitswissenschaftliches Erhebungsverfahren zur →Tätigkeitsanalyse. - Ein Breitbandverfahren von LANDAU, LUCZAK und ROHMERT zur engpaßbezogenen Tätigkeits- bzw. Belastungsanalyse [165].

Affekt

e: affection; emotion; excitement
f: émotion; état affectif
r: состояние аффекта
s: afecto; emoción
Eine abrupt einsetzende, heftig ablaufende und schnell verklingende Gefühlsregung (z.B. Wut, Entsetzen, Entzücken, Begierde), deren Stärke von Temperamentseigenschaften abhängig ist [4]. →Affekthandlung; →Emotion

Affekthandlung

e: affected (or: emotional) action
f: action affective
r: действие в состоянии аффекта
s: acto pasional
Eine →Handlung, die unter starkem Affekteinfluß ausgeführt wird. Dabei kann die willentliche Kontrolle und die intellektuelle

Beurteilung einer Situation teilweise oder völlig verlorengehen [4]. →Affekt

Aggregation

e: aggregation
f: agrégation
r: суммирование, агрегация
s: agregación
i. allg.: Die Zusammenfassung gleichartiger Einzelgrößen zu Gesamtgrößen, um die Fülle der Einzelerscheinungen überschaubar zu machen.
i. bes. zur Synthese von Planzeiten: Eine systematische Zusammenstellung aller →Planzeiten, die zur Beschreibung des →Arbeitszeitbedarfs eines gewählten Arbeitsabschnitts, zumeist mit Hilfe eines mathematischen →Modells, notwendig sind [18].

Agonist

e: agonist
f: agoniste
r: агонист (например мышца, работающая в паре с антагонистом)
s: agonistas
Einer von paarweise wirkenden Muskeln, der eine Bewegung bewirkt, die der des →Antagonisten entgegengesetzt ist [96].

Akklimatisation

e: acclimatization
f: acclimatement
r: акклиматизация
s: aclimatación
Die längerfristige Anpassung des Organismus an die thermische Umwelt. Im Gegensatz zur Thermoregulation, die einen momentanen Ausgleich der thermischen Belastung bewirkt und als Adaptation im Sinne einer physiologischen Schnellanpassung zu verstehen ist, zielt die Akklimatisation auf eine Gewöhnung [198].

Akkommodation

e: accommodation
f: accommodation
r: аккомодация (например зрения, глаза)
s: acomodación ocular
i. allg.: Einstellung eines Organs auf die zu erfüllende Aufgabe.
i.e.S.: Einstellung des Auges auf die jeweilige Sehentfernung durch Veränderung der Brechkraft der Linse [96]. →Adaptation

Akkord; Akkordarbeit

e: piece work; incentive operation
f: travail à la tâche; travail aux pièces; travail au rendement
r: аккорд, аккордная работа
s: trabajo a destajo
Arbeit, die i.d.R. anforderungs- und leistungsabhängig entlohnt wird. Beim Geldakkord (e: financial incentive) wird der Lohn, den die Arbeitsperson je erbrachte Mengeneinheit erhält, unmittelbar festgelegt oder vereinbart. Beim Zeitakkord (e: time incentive) ist die Vorgabezeit je Auftrag (Auftragszeit) oder je Mengeneinheit (Zeit je Einheit) Grundlage der Entlohnung [193]. →Entlohnungsform

Akkordlohn →Akkord

e: incentive wage; piece work wage; (or: pay; rate)
f: salaire à la pièce (ou: aux pièces; à la tâche)
r: аккордная оплата труда
s: salario por destajo
Eine →Entlohnungsform, bei der das Entgelt nach der (Mengen-)Leistung der Arbeitsperson festgesetzt wird.

Aktion

e: action
f: action
r: акция (активирование мышц, связанная с выполнением действия)
s: acción
Die Aktivierung der Muskeln während einer Tätigkeit, um einen Vorgang auszuführen (im Gegensatz zur Ruhe) [89].

Aktionskraft

e: applied force
f: force d'action
r: мышечная сила, связанная с выполнением действия
s: fuerza de acción
Eine →Körperkraft, die nach außen vom Körper aus wirkt. Nach dem kraftabgeben-

den Körperteil wird die A. eingeteilt (z.B. in Arm-, Hand-, Finger-, Bein- und Fußkraft) [73].

Aktionspotential

e: action potential
f: potentiel d'action
r: биоэлектрический потенциал (например мышцы)
s: potencial de acción
Die bioelektrische Potentialänderung von Nerven oder Muskeln bei Reizung eines →Rezeptors [186, 209].

Aktivierung

e: activation
f: activation
r: активизированное состояние
s: activación
Der Begriff der A. wird nicht einheitlich verwendet. In der →Physiologie dient er der Beschreibung von bestimmten Energieumsetzungsprozessen des Organismus. In der Motivationsforschung bedeutet er (insbesondere bei WOODWORTH und SCHLOSBERG) die In-Bereitschaft-Setzung des gesamten Organismus zum Handeln. Nach neuerem Verständnis bezeichnet der Begriff die Erregung von neuralen und psychischen Prozessen durch innere und äußere →Reize, die Aktionen vorausgeht und begleitet und durch folgende Beobachtungen gemessen wird [168]:
- Steigerung der →Frequenz und Abnahme der →Amplitude von EEG-Rhythmen,
- Erregungssyndrom des autonomen Systems mit Erhöhung der →Herz- und →Atemfrequenz, Pupillenerweiterung und elektrischer Hautwiderstandsänderung usw.,
- Verhaltensaktivierung und
- psychische Erregung von der allgemeinen →Aufmerksamkeit mit Orientierungsfunktion bis zu allen Erscheinungsweisen der Angst und Wut.
→Monotonie

Alternativer Landbau →Landbau, alternativer

Alternativhypothese

e: alternative hypothesis
f: hypothèse alternative
r: альтернативная гипотеза
s: hipótesis alternativa
Die bei einem →Test im Vergleich zur →Nullhypothese zu prüfende Hypothese (= noch unbewiesene Annahme). Meist wird als A. die Annahme gewählt, daß eine signifikante →Wirkung der untersuchten Behandlung auf eine Zielgröße nachzuweisen ist.

Altersschwerhörigkeit; Presbyakusis

e: presbyacusis
f: presbyacousie; surdité sénile
r: ухудшение слуха с возрастом
s: presbiacusia
Die Beeinträchtigung des gesamten Hörvorganges insbesondere aufgrund eines irreversiblen Ganglienschwundes [186]. Die A. ist bes. durch die Abnahme der Hörfähigkeit für höhere Frequenzen gekennzeichnet. →Audiometrie

Alterszulage

e: old-age supplement; seniority benefit
f: prime d'ancienneté
r: доплата за возраст и трудовой стаж
s: prima por antigüedad
Geldbetrag oder Sachbezüge, die Arbeitnehmern in Abhängigkeit von Lebens- und/oder Dienstalter zusätzlich zum Ausgangslohn oder Gehalt ihrer Tarif- oder Besoldungsgruppe gewährt werden [156].

Amplitude; Schwingamplitude

e: amplitude
f: amplitude
r: амплитуда, амплитуда виб рации
s: amplitud
Der maximale Ausschlag (Scheitelwert) einer Schwingung gegenüber der Ruhelage [43, 136, 144].

Anaerober Prozeß →Prozeß, anaerober

Analyse; analytisch

e: analysis; analytic(al)
f: analyse; analytique

r: анализ, аналитический
s: análisis; analítico
Die systematische Zergliederung eines Gegenstandes oder Sachverhalts in die Komponenten oder Faktoren, die ihn bestimmen [167]. →Synthese

Analyse von Tätigkeitsstrukturen und prospektive Arbeitsgestaltung bei Automatisierung ATAA

Ein Leitfaden oder eine →Prüfliste zur Gestaltung von Arbeitssituationen, insbesondere zur Vorbereitung von Entscheidungen über →Arbeitsorganisation und technische Ausstattung [230].

Anatomie

e: anatomy
f: anatomie
r: анатомия
s: anatomía
Lehre vom Bau des Körpers und seiner Organe [96].

Anerkennung

e: approval; appreciation
f: appréciation
r: признание
s: reconocimiento
Die positive, das Selbstwertgefühl steigernde Bewertung eines Individuums durch seine soziale Umwelt [18]. →Beurteilung; →Bewertung

Anforderungen; Arbeitsanforderungen

e: work requirements; job demands
f: exigences (de travail; d'un emploi)
r: требования, рабочие требования (например из рабочего задания)
s: requerimientos (del trabajo)
Die Gesamtheit der allgemeinen (nicht individuellen) personellen Leistungsvoraussetzungen, die der Mensch zur Bewältigung einer Arbeitsaufgabe unter den jeweiligen objektiven Arbeitsbedingungen benötigt [122, 199].

Anforderungen, Quantifizierung der -

e: quantification of requirements (or: demands)
f: quantification des exigences
r: требования, количественное
определение требований
s: cuantificación de los requerimientos
Zuordnung von Größen und Einheiten (oft Punkte) zu den →Anforderungen und →Anforderungsarten sowie deren Stufen, um diese untereinander vergleichen zu können [100]. →Skalierung

Anforderungsanalyse

e: analysis of job (or work) requirements (or: demands)
f: analyse des exigences
r: анализ требований (при помощи специальных методов)
s: análisis de requerimientos
Spezielle Methoden der →Tätigkeitsanalyse zur Ermittlung der →Anforderungen an Personen, wie →Qualifikation, Handlungskompetenzen, →Fertigkeiten und andere Voraussetzungen, die für die Ausführung der in einer →Tätigkeit zu bewältigenden Aufgaben gestellt werden. Ergebnis ist ein →Anforderungsprofil [95].

Anforderungsarten

e: types of requirements (or: demands); types of job factors
f: types des exigences
r: виды требований
s: tipos de requerimientos
<u>Können A:</u> vorwiegend geistiges Können, erforderliche Fachkenntnisse, Erfahrung, Berufsausbildung.
<u>Können B:</u> vorwiegend muskelmäßiges Können, Geschicklichkeit, Muskelkraft.
<u>Belastung A:</u> vorwiegend geistige Belastung, Nachdenken, Konzentration, Aufmerksamkeit.
<u>Belastung B:</u> vorwiegend muskelmäßige Belastung, Intensität und Dauer der Muskelbelastung, Belastung der Sinnesorgane.
<u>Verantwortung:</u> für Betriebsmittel und Erzeugnisse, für Sicherheit und Gesundheit anderer, für den Arbeitsablauf.
<u>Umgebungseinflüsse:</u> Temperatur, Wasser, Säure, Verschmutzung, Gase, Dämpfe, Lärm, Erschütterung, Blendung, Lichtmangel, Erkältungsgefahr, Unfallgefährdung [198]. (Eine ähnliche Gliederung bietet das

→Genfer Schema.) →Anforderungen; →Quantifizierung der Anforderungen

Anforderungsliste, ergonomische

e: list of ergonomic requirements (or: demands)
f: liste des exigences ergonomiques
r: перечень рабочих требований, эргономические требования
s: lista de requerimientos ergonómicos
Die systematisch geordnete Sammlung von Erkenntnissen zur Gestaltung eines speziellen Arbeitssystems [167].

Anforderungsprofil

e: profile of job requirements (or: demands)
f: profil des exigences
r: профиль рабочих требований (например графический)
s: perfil de requerimientos
Eine graphische Darstellung der Anforderungshöhen einzelner →Anforderungsarten, die in →Arbeitssystemen auftreten [193]. →Anforderungsanalyse

Anforderungsschwerpunkt

e: focus of job requirements
f: point principal des exigences
r: приоритетные (центральные) требования
s: punto esencial de requerimientos
Eine Anforderungsart, die im Rahmen einer bestimmten Arbeit oder eines bestimmten Berufes von besonderer Bedeutung ist [156].

Angestellter

e: employee; clerk
f: employé
r: служащий
s: empleado
Ein Arbeitnehmer, der i.d.R. überwiegend nicht körperliche Arbeit verrichtet, Gehalt bezieht und nicht Beamter im öffentlich-rechtlichen Sinne ist [156].

Anlagen, biologische

e: gifts; talents
f: talents
r: способности, наклонности
s: talentos

In den Chromosomen gelegene Information, die die Ausprägung morphologischer und psychischer Merkmale steuert [168].

Anleitung

e: guidance; instruction
f: instructions; directives
r: введение, инструктаж
s: instrucción
Mündlich oder schriftlich gegebene Hinweise oder Demonstrationen, die die Ausübung bestimmter Verrichtungen regeln sollen [156].

Anpassung

e: adaptation; adjustment
f: adaptation; ajustement
r: приспосабливаемость, адаптация
s: adaptación
Den Bedingungen und Einflüssen der Umwelt entsprechende aktive oder passive Veränderungen der körperlichen, seelischen oder geistigen Funktionen oder der Verhaltensweisen. - A. von Mensch und Arbeit bedeutet sowohl A. der Arbeit an den Menschen als auch A. des Menschen an die Arbeit [156, 167]. →Adaptation

Anspannung

e: effort; exertion; tension
f: effort; tension
r: состояние напряженности, возбуждения
s: tensión
Die mit →Anstrengung oder →Anstrengungsbereitschaft einhergehende →Aktivierung, die sowohl willentlich als auch unwillentlich (durch entsprechende →Reize ausgelöst) einsetzen kann [168].

Anspruchsniveau

e: level of aspiration
f: niveau d'aspiration
r: уровень требований
s: nivel de aspiración
Die Höhe der →Anforderungen, die ein Individuum an seine eigenen →Leistungen oder →Ziele stellt (Ein von K. LEWIN eingeführter Begriff zur Charakterisierung der

Zielfunktion aus der Entscheidungstheorie). Wiederholte Erfolge steigern, Mißerfolge senken das A. Als soziologischer Begriff wird er auf mannigfaltige Zielsetzungen von Individuen, Gruppen, Organisationen und Bevölkerungsteilen bezogen: Lebensstandard, Konsumniveau, soziale Sicherung, politische →Partizipation, Selbstverwirklichung u.a. [18, 109].

Anstrengung

e: effort; exertion
f: effort
r: состояние напряжения
s: esfuerzo
Die Intensität, mit der ein Mensch willentlich Schwierigkeiten zu überwinden versucht [156].

Anstrengungsbereitschaft

e: effort motivation
f: disposition à l'effort
r: мотивационная готовность
s: disposición para el esfuerzo
Nach LERSCH die charakterologisch wichtige Einsatzwilligkeit zu Willensakten, die über das normale Kraftmaß hinausgehen und einer →Anstrengung bedürfen [168].

Antagonist

e: antagonist
f: antagoniste
r: антагонист (например мышца)
s: antagonistas
Einer von paarweise wirkenden Muskeln, der eine Bewegung bewirkt, die der des →Agonisten entgegengesetzt ist [96].

Anteil

e: fraction
f: fraction
r: часть, соотношение, порция
s: porción; parte
Verhältnis zweier meßbarer oder zählbarer Größen gleicher Dimension, wenn dessen Größtwert höchstens 1 (= 100 %) ist.
z.B. Flächenanteil = Teilfläche/Gesamtfläche [51]. →Beziehungszahlen; →Kennzahl; →Quote; →Rate

Anthropometrie

e: anthropometry
f: anthropométrie
r: антропометрия (наука о размерах тела человека)
s: antropometría
Die wissenschaftliche Disziplin, die sich mit der Ermittlung von Körpermaßen des Menschen und ihrer Anwendung zur räumlichen und förmlichen Anpassung der Elemente des Arbeitsplatzes an den arbeitenden Menschen befaßt. Die empirische Ermittlung der Abmessungen verschiedener Gliedmaßen und Körperteile in Abhängigkeit von verschiedenen Einflußgrößen (z.B. Berufs-, Bevölkerungs-, Alters- und Geschlechtsgruppen) ist wichtigstes Aufgabengebiet der A. [193, 198].

Anthropometrische Arbeitsgestaltung

→A., anthropometrische

Antizipation

e: anticipation
f: anticipation
r: антиципация
s: anticipación
Die gedanklich-vorstellungsmäßige Vorwegnahme künftiger Situationen, →Handlungen und Handlungsergebnisse. A. ermöglicht geistiges Probehandeln und vorausschauendes Kalkulieren als wesentliche Komponente der psychischen Handlungsregulation [152, 187].

Antriebe

e: drives
f: stimulantes
r: стремления, стимулы
s: incentivos
allgemein syn.: Impulse;
in der Psychologie: affektive Komponenten oder Kräfte, die darauf hinwirken, bestimmte Handlungen auszuführen (Beispiel: ein Affekt der Angst, der Fluchtverhalten bewirkt) [95]. →Motiv; →Motivation

Anwesenheitszeit

e: attendance time
f: temps de présence

r: время присутствия на работе
s: tiempo de presentismo
Zeit, die ein Betriebsangehöriger im Betrieb
zubringt. Die A. beginnt beim Betreten des
Betriebes vor Arbeitsbeginn und endet beim
Verlassen des Betriebes [156]. →Abwesen-
heitszeit

Anzeige

e: display
f: dispositif d'affichage
r: указатель, информационное
табло, дисплей
s: indicación; lectura
Ein Mittel zur Darstellung von →Infor-
mationen. Es überträgt optische, akustische
oder taktile →Signale an den Benutzer. Die
Information kann digital (= numerisch), al-
phanumerisch (= Kombination von Zahlen
und Buchstaben) oder analog (= Zustandsin-
formation als Funktion einer Länge, eines
Winkels oder einer anderen Dimension) dargestellt werden [88].

Apperzeption

e: apperception
f: aperception
r: сознательное восприятие
значения чего→то (аперцептация)
s: apercepción
Das bewußte Erfassen von sinnlichen Wahrnehmungen und Erlebnisinhalten in ihrer
Bedeutung [96].

Arbeit (menschliche) (im Sinne der Arbeitswissenschaft)

e: labour; labor (US); work
f: travail
r: труд, работа (человека)
s: trabajo
Jede planmäßige, auf das Ziel der Bedarfsdeckung gerichtete und mit sittlichen Mitteln durchgeführte körperliche und geistige
Tätigkeit des Menschen [14].
>oder:

Aktivierung menschlicher Funktionen und
Fähigkeiten zur beruflichen oder außerbe-
ruflichen Sicherung und/oder Verbesserung
der Daseinsbedingungen. Im Gegensatz zu
dieser Definition von A. stehen Muße, Sport,
Spiel, kultische Handlungen usw., auch

wenn sie vom ausführenden Subjekt als A.
erlebt werden.
Im allgemeinen Sprachgebrauch wird mit A.
sowohl die Tätigkeit als auch ihr Ergebnis
bezeichnet [156].
>oder:

A. ist eine planvolle, andauernde, ange-
strengte Tätigkeit und Lebensäußerung des
Menschen, durch die er in Auseinandersetzung mit seiner Umwelt und gestützt auf den
vorhandenen Bestand an Wissen und Erkenntnis seine Bedürfnisse zu befriedigen
sucht. Damit gestaltet er sowohl sein indivi-
duelles Leben als auch das der Gesellschaft
und ihrer Kulturen. So bietet die A. dem
einzelnen Orientierung innerhalb der Ge-
meinschaft und ist ein grundlegendes Mo-
ment der sozialen Entwicklung [164, 176].
→Größen, physikalische:
Arbeit (physikalisch) = Kraft · Weg

Arbeit auf Abruf →Arbeitszeit, kapazitätsorientierte variable

Arbeit, absatzweise; Arbeit, absetzige

e: intermittent work
f: travail intermittent
r: работа, последовательное
выполнение рабочих операций
s: trabajo intermitente
Die einzelnen Verrichtungen oder Arbeits-
abschnitte (z.B. Teilvorgänge) eines Arbeitsvorganges werden von einer Person
oder Gruppe nacheinander erledigt, ohne daß
sie leistungsmäßig aufeinander abgestimmt
zu sein brauchen [14]. →Fließfertigung

Arbeit, dynamische →Muskelarbeit, dynamische

Arbeit, einfache

e: simple (or: unskilled) work
f: travail simple
r: простая работа (не требующая
специальных знаний)
s: trabajo simple
Arbeit, die jede durchschnittliche Arbeitsperson ohne spezielle Ausbildung (Fachkenntnisse über Arbeitsmittel, Arbeitsge-

genstände, Verfahren usw.) leisten kann [14].

Arbeit, einförmige

e: monotonous work
f: travail monotone
r: работа, однообразная, монотонная
s: trabajo monótono
Eine länger dauernde, gleichförmig ablaufende Tätigkeit [156]. →Monotonie; →Vigilanz

Arbeit, energetisch-effektorische

e: energetic-effective work
f: travail énergétique exécutif
r: работа, энергетически-эффекторная
s: trabajo energético-efectivo
Ein →Arbeitstyp, bei dem der Mensch Kräfte auf einen Arbeitsgegenstand ausübt [199].

Arbeit, energetische; Arbeit, körperliche

e: physical work
f: travail physique
r: работа энергетическая, физическая
s: trabajo energético; trabajo corporal;; (o: físico)
Ein →Arbeitstyp, bei dem der Mensch physische Kräfte und Energie anwendet [199].

Arbeit, fristgebundene →Arbeit, termingebundene

Arbeit, geistige →Tätigkeit, geistige

Arbeit, informatorische; Tätigkeit, informatorische

e: informational work (or: activity)
f: travail (activité) qui informe
r: работа, информационная, связанная с приемом и переработкой информации
s: trabajo de información
Ein →Arbeitstyp, bei dem der Mensch zielgerichtete, auf die Leistungserstellung wirkende Informationsverarbeitung betreibt. In der Regel erhält der Mensch Informationen über einen Systemzustand, die er verarbeitet und in Form von beeinflussenden Signalen wieder in das System einspeist, um den Zustand zielgerichtet zu modifizieren. Zur ergonomischen Beurteilung informatorischer Arbeit fehlen einfach anwendbare Konzepte [167, 198, 199].

Arbeit, laufende (ldw.)

e: routine work; chore (US)
f: travail courant
r: текущая (ежедневная) работа
s: trabajo de rutina (o: rutinario)
Arbeiten, die täglich oder regelmäßig über längere Zeitspannen innerhalb eines Jahres durchzuführen sind [4].

Arbeit, nicht termin- oder zeitspannengebundene;

Arbeit, verschiebbare (ldw.)

e: deferrable (or: non-schedule-dependent) work ;
f: travail différable
r: смещаемая работа, не связанная со сроками выполнения
s: trabajo sin plazo previsto
Eine Arbeit, die ohne wirtschaftliche Nachteile zu beliebiger Zeit erledigt werden kann [14]. →Arbeit, termin- oder zeitspannengebundene

Arbeit, nicht verschiebbare →Arbeit, termingebundene

Arbeit, qualifizierte

e: skilled work
f: travail qualifié
r: работа, квалифицированная (требующая специальных знаний и образования)
s: trabajo complejo (o: calificado)
Eine körperlich und/oder geistige Arbeit, die eine Fachausbildung (theoretische und praktische Fachkenntnisse über Arbeitsmittel, Arbeitsgegenstände, technologischen Prozeß usw.) voraussetzt [100].

Arbeit, repetitive

e: repetitive work
f: travail répétitif
r: работа, постоянно повторяющаяся, репетитивная
s: trabajo repetitivo (o: continuo)

Eine Arbeit, bei der ständig wiederkehrende, gleichartige Arbeitsverrichtungen durchgeführt werden [199, 187].

Arbeit, statische →Muskelarbeit, statische

Arbeit, taktgebundene

e: paced (or: cyclic) work
f: travail fractionné
r: работа ритмичная (выполнение рабочих операций по тактам)
s: trabajo ritmico
Eine Arbeit, bei der die Arbeitsperson während der Ausführung ihrer Tätigkeit zeitlich an bestimmte, durch sie nicht beeinflußbare Arbeitstakte gebunden ist, in denen ihr die Arbeitsobjekte oder Arbeitsmittel zugeführt werden [199]. →Arbeit, repetitive; →Arbeitsteilung; →Fließbandprinzip

Arbeit, termin- oder zeitspannengebundene;
A., fristgebundene; A., nicht verschiebbare (ldw.)

e: undeferrable (or: schedule-dependent) work
f: travail non différable
r: работа, выполняемая в определенные сроки и связаная с ними, не смещаемая работа
s: trabajo a fecha fija (o: urgente)
Eine Arbeit, die rechtzeitig zu einem bestimmten Termin oder innerhalb einer bestimmten (agrotechnischen) →Zeitspanne ausgeführt werden muß und die nicht ohne wirtschaftlichen Nachteil verschoben werden kann [4, 133]. →Arbeit, nicht termin- oder zeitspannengebundene

Arbeiter(in)

e: worker; workman; labourer; operator; female worker; working woman; workwoman
f: travailleur; ouvrier; ouvrière (= Arbeiterin)
r: рабочий(ая)
s: trabajador; obrero
i.e.S.: Ein(e) unselbständig Beschäftigter (Beschäftigte) mit im Arbeits- und Sozialrecht genormten Tätigkeitsmerkmalen (über-wiegend körperlicher Leistungshergabe) und Lohn- und Versorgungsansprüchen.
i.w.S.: Eine Person, die durch Betätigung ihrer körperlichen und geistigen Kräfte ein wirtschaftliches Ziel zu erreichen sucht. Man unterscheidet im Betrieb zwischen →gelernten, →angelernten und →ungelernten Arbeitern [156]. →Arbeitsperson

Arbeiter, angelernter

e: semi-skilled worker
f: travailleur (ou: ouvrier) semiqualifié
r: малоквалифицированный рабочий(ая), кратко обученный и подготовленный
s: trabajador semicalificado
Eine in kurzer Ausbildungszeit für eine spezielle Tätigkeit in einem Erzeugungsvorgang vorbereitete Person [4]. →Arbeiter, gelernter; →Arbeiter, ungelernter

Arbeiter, gelernter →Facharbeiter

e: skilled (or: qualified) worker
f: travailleur (ou: ouvrier) qualifié
r: квалифицированный (хорошо обученный рабочий(ая))
s: trabajador especializado
Eine Person, die qualifizierte Tätigkeiten verrichtet, für die eine berufliche Ausbildung erforderlich ist. →Arbeiter, ungelernter; →Arbeiter, angelernter

Arbeiter, ungelernter

e: unskilled worker
f: travailleur (ou: ouvrier) non qualifié
r: не квалифицированный (не обученный) рабочий(ая)
s: trabajador no calificado
Eine Person, die einfachste Tätigkeiten verrichtet, für die keine berufliche Ausbildung erforderlich ist [4]. →Arbeiter, gelernter; →Arbeiter, angelernter

Arbeiterselbstverwaltung

e: workers' self management
f: autogestion ouvrière
r: рабочее самоуправление (присуще рыночным отношениям при социализме)
s: autogestión obrera

Eine Form einer umfassenden Beteiligung der Arbeitnehmer in Wirtschaft und Gesellschaft. Sie ist ein →Merkmal sozialistischer Marktwirtschaften. Praktische Bedeutung hatte sie vor allem in Jugoslawien erlangt, ansatzweise auf betrieblicher Ebene auch in alternativen Unternehmen [18].

Arbeiterzeit

e: man time; worker's time
f: temps d'ouvrier
r: время работы рабочего
s: tiempo de trabajo
Die Zeit, während der sich der arbeitende Mensch dem Betrieb auf Grund eines Arbeitsvertrages zur Ausführung ihm übertragener Arbeiten oder Aufträge zur Verfügung stellt. Sie gliedert sich in Tätigkeitszeit und Ruhezeit [156]. →Zeitgliederung

Arbeitgeber

e: employer
f: employeur; patron; chef d'entreprise
r: работодатель
s: empleador; patrono; patrón
Eine natürliche oder juristische Person, die →Arbeitnehmer beschäftigt. (Der Begriff A. ist nicht gleichbedeutend mit dem des →Unternehmers.) [156].

Arbeitgeberverband

e: employers' association (or: organization)
f: association des employeurs; syndicat patronal
r: союз работодателей
s: organización de empleadores
Eine Vereinigung von →Arbeitgebern zur Wahrnehmung arbeitsrechtlicher und sozialpolitischer Interessen. Arbeitgeberverbände sind u.a. Verhandlungs- und Vertragspartner beim Abschluß von Tarifverträgen [156, 203].

Arbeitnehmer; Lohnempfänger

e: employee; wage-earner
f: employé; salarié
r: работонаниматель, получатель заработной платы
s: empleado
Eine natürliche Person, die auf Grund eines eingegangenen Arbeitsverhältnisses in ab-

hängiger Stellung Arbeit gegen Entgelt leistet [156]. →Arbeitsvertrag

Arbeitsablauf

e: work process (or: flow)
f: processus du travail
r: ход рабочего процесса
s: proceso del trabajo
Die räumliche und zeitliche Abfolge des Zusammenwirkens von →Mensch, →Arbeitsmittel, →Arbeitsgegenstand, Energie und →Information innerhalb des →Arbeitssystems [93].

Arbeitsablaufabschnitt

e: section (or element) of work cycle
f: phase de processus du travail; phase de travail
r: отрезок (элемент) хода рабочего процесса
s: parte (o: fase) del proceso de trabajo
Ein Teil eines →Arbeitsablaufs, in den dieser bei einer Arbeitsuntersuchung (z.B. →Arbeitsanalyse oder →Zeitstudie) systematisch gegliedert wird [193]. →Gliederung in Arbeitsablaufabschnitte

Arbeitsablaufanalyse; Arbeitsablaufstudie

e: work analysis; method(s) study
f: analyse de processus; étude des méthodes
r: анализ хода рабочего процесса, изучение хода рабочего процесса
s: análisis del proceso de trabajo
Die Untersuchung des →Arbeitsablaufs u.a. durch Gliederung in →Arbeitsablaufabschnitte.

Arbeitsablaufbedingte Wartezeit →Wartezeit, arbeitsablaufbedingte

Arbeitsablaufskizze; Arbeitsablaufschaubild

e: flow process (or: simo) chart
f: graphique de processus (du travail); simogramme
r: график хода рабочего процесса
s: diagrama del proceso de trabajo
Eine vereinfachende Darstellung (graphisches Modell) des →Arbeitsablaufs, die eine Vorstellung u.a. über funktionale Abhängig-

keit von Einflußgrößen vermitteln kann. Daher ist sie ein anschauliches Hilfsmittel zur mathematischen →Simulation von →Arbeitszeitfunktionen. →Flußdiagramm

Arbeitsamt

e: labour office
f: office du travail
r: служба занятости
s: oficina de trabajo

Die unterste Verwaltungsstelle der Bundesanstalt für Arbeit (BfA). Arbeitsämter sind regional gegliedert. Sie sind für fast alle Leistungen nach dem →Arbeitsförderungsgesetz zuständig [18].

Arbeitsanalyse

e: job analysis
f: analyse du travail (ou: des tâches)
r: систематический анализ работы (анализ рабочей системы)
s: análisis del trabajo

Eine systematische Gliederung einer Arbeit in ihre Bestandteile sowie Untersuchung von Zweck, Ablauf, Arbeitsmitteln, erforderlichen und vorhandenen Kenntnissen, Fähigkeiten, Gegenständen der Verantwortung, Einflußgrößen und Ergebnis dieser Arbeit. (Merkmale der Arbeitsanalyse sind in [70] verzeichnet.) [156, 199]. →Tätigkeitsanalyse

Arbeitsanalyse
bedingungsbezogene/personenbezogene

e: job analysis related to conditions/to persons
f: analyse du travail concernant les conditions/personnes
r: анализ труда, связанный с условиями труда / с человеком
s: análisis del trabajo referente a las condiciones/personas

bedingungsbezogene A.: Ein Verfahren zur →Arbeitsanalyse (z.B. →RHIA, →VERA), bei dem - soweit wie möglich - von individuellen Besonderheiten der Arbeitenden abgesehen und der Versuch unternommen wird, Aussagen über relevante Personengruppen (z.B. mit ausreichender →Ausbildung und längerer →Erfahrung am →Arbeitsplatz) zu schaffen.

personenbezogene A.: Ein Verfahren zur →Arbeitsanalyse, bei dem die Analyse der individuellen →Wahrnehmung und Reinterpretation der →Aufgabe und der speziellen →Arbeitsweise im Vordergrund des Interesses steht [95].

Arbeitsanalyse, bewegungstechnische

e: cinematic job analysis
f: analyse cinématique du travail
r: анализ работы с позиций техники движений и времени
s: análisis del trabajo cinemático

Eine Kombination von Bewegungsablauf- und Zeitanalyse. Dabei wird zunächst der Bewegungsablauf in seine →Bewegungselemente zerlegt, und anschließend werden für diese die Zeit-Einflußgrößen bestimmt [198].

Arbeitsanforderungen →Anforderungen

Arbeitsanspannung →Anspannung

Arbeitsanweisung

e: job instruction
f: instruction (ou: consigne) de travail
r: указания по выполнению рабочих операций
s: indicaciones para el trabajo

Die mündlich oder schriftlich gegebene Anleitung für die Durchführung einer Arbeit [14].

Arbeitsart

e: kind of work
f: espèce de travail
r: вид работы, труда
s: categoría de trabajo

Die Einteilung zur Kennzeichnung der unterschiedlichen Nutzung organischer und körperlicher Funktionen: mechanische, motorische, reaktive, kombinative und kreative Arbeit [167]. →Arbeitsform; →Arbeitstyp

Arbeitsarten, Gütevorschriften für -

e: quality standard (or: classification) as to kind of work
f: spécification qualitative des espèces de

travail
r: *виды труда, предписания по видам труда*
s: *prescripción de calidad de las categorias del trabajo*
Die Gesamtheit von Merkmalen zur Kennzeichnung des geforderten Zustandes des Arbeitsgegenstandes nach der Durchführung einer bestimmten Arbeitsart, der dafür notwendigen Bedingungen (Ausgangsbeschaffenheit von Arbeitsgegenstand und Arbeitsmittel) und Prüfmethoden, die bei der Vorbereitung und Bewertung der Arbeitsdurchführung anzuwenden sind [100].

Arbeitsaufgabe

e: *work task; assignment*
f: *tâche professionnelle*
r: *рабочее задание*
s: *tarea laboral*
Aufgaben werden als Transformationen
1. von einem gegebenen Ausgangszustand,
2. in ein erwartetes Ergebnis (oder Ziel),
3. durch Mittel, eine Menge von Operationen oder Arbeitsschritten verstanden, wobei
4. bestimmte Bewertungskriterien, Standards oder Regeln einzuhalten sind [118].
Der Aufgabenbegriff ist ein interdisziplinärer Grundbegriff und ähnelt in seiner Struktur dem Begriff des Problems. Von einer Aufgabe wird gesprochen, wenn zumindest Ausgangszustand, erwartetes Ergebnis und Arbeitsschritte den Ausführenden bekannt sind. In der →Arbeitspsychologie wird betont, daß Aufgaben von den Ausführenden subjektiv interpretiert oder "redefiniert" werden [126]. An einem Arbeitsplatz sind in der Regel mehrere Aufgaben zu bearbeiten. Zur Untersuchung der Struktur und Abfolge von Aufgaben werden Methoden der →Aufgabenanalyse verwendet [95].

Arbeitsaufgabe, Bewertung der -

e: *task assessment*
f: *valorisation de la tâche de travail*
r: *рабочее задание, оценка рабочего задания*
s: *valoración de la tarea laboral*
Bestimmung und →Skalierung von Art, Höhe und Umfang der aus der Arbeitsaufga-

be entstehenden Anforderungen an die Qualifikation sowie der physischen und psychischen Belastung des arbeitenden Menschen [100].

Arbeitsaufgabe, Klassifizierung der -

e: *task classification*
f: *classification de la tâche de travail*
r: *рабочее задание, классификация рабочего задания*
s: *clasificación de la tarea laboral*
Eingruppierung der Arbeitsaufgabe, die der einzelnen Arbeitsperson zur Ausführung übertragen wird, nach ihren Anforderungen an Qualifikation und Verantwortung [100].

Arbeitsaufriß (ldw.)

e: *work record chart*
f: *graphique de travail*
r: *графическое изображение (гистограмма) объема работ*
s: *gráfico de trabajo*
Die graphische Darstellung des Arbeitsaufwandes (= Ist-Aufriß) oder des Arbeitsbedarfs (= Soll- oder Planaufriß) für einen bestimmten Zeitraum (i.d.R. ein Jahr), verteilt auf bestimmte Zeitabschnitte (z.B. Zeitspannen, Monate, Halbmonate, Wochen) [4].

Arbeitsauftrag

e: *job (or: work, shop) order; labour voucher*
f: *ordre de travail (ou: d'exécution)*
r: *рабочий заказ, задание (с указанием цели, количества, времени и рабочих)*
s: *orden de trabajo (OT)*
Die Aufforderung zur Durchführung einer Arbeit, meist unter Festlegung von deren Zweck, Art, Menge, Zeit und Verfahren.
→Arbeitsaufgabe;   →Arbeitsanleitung;
→Arbeitsanweisung

Arbeitsaufwand

e: *labour input*
f: *dépense de travail; travail produit*
r: *рабочие затраты (фактические затраты на выполнение одного задания)*
s: *volumen de trabajo; gastos de mano de obra*
Die tatsächlich verbrauchte Menge an Arbeit für eine bestimmte Aufgabe. (Arbeitszeit-

aufwand = verbrauchte →Arbeitszeit) [14].
→Arbeitsbedarf

Arbeitsausfall

e: loss of working time; work tie-up
f: perte de travail
r: сбой в работе (не по вине работающего)
s: pérdida de trabajo
Das Nichterbringen der →Arbeitsleistung aus Gründen, die von der Arbeitsperson nicht zu vertreten sind [4].

Arbeitsausführung; Arbeitserledigung

e: work execution
f: exécution de travail
r: исполнение рабочего задания
s: ejecución (o: realización) de trabajo
Veränderung der Eingabe eines Arbeitssystems im Sinne seiner Arbeitsaufgabe und unter seinen Bedingungen [193].

Arbeitsausgleich

e: even (or: evenly distributed) work load;
f: nivellement du travail
r: распределение (нивеллирование) объема работ по времени
s: nivelación del trabajo
Maßnahmen, die für die ständigen Arbeitskräfte eines Betriebes eine gleichmäßige produktive Auslastung während aller Arbeitstage erwarten lassen [14].

Arbeitsbeanspruchung; Beanspruchung

e: work strain; internal load
f: contrainte de travail
r: напряженность труда
s: esfuerzo del trabajo
Die Auswirkung der →Arbeitsbelastung auf eine Person in Abhängigkeit von ihren individuellen Eigenschaften und →Fähigkeiten [93]. →Beanspruchung

Arbeitsbedarf

e: labour requirement
f: besoin en travail
r: потребность в труде
s: demanda de trabajo (o: de mano obra)
Menge an Arbeit, die zur Erledigung einer Arbeitsaufgabe unter den gegebenen Bedingungen von einem entsprechend ausgebildeten und normal leistungsfähigen Menschen

benötigt wird. (Arbeitszeitbedarf = benötigte →Arbeitszeit) [14]. →Arbeitsaufwand

Arbeitsbedingungen

e: working conditions; job conditions
f: conditions de travail (ou: d'emploi)
r: условия труда (работы)
s: condiciones de trabajo
Umstände, die mit der Arbeit verbunden sind und ihre Aufnahme und Ausführung beeinflussen (z.B. räumliche und soziale Verhältnisse, Umwelt, vertragliche Vereinbarungen, Rechtsvorschriften) [14].
→Kriterien zur Beurteilung der Arbeitsbedingungen

Arbeitsbedingungen, menschengerechte

e: humane working conditions
f: conditions humaines de travail
r: условия труда (работы), соответствующие человеку
s: condiciones humanas de trabajo
→Arbeitsbedingungen, die die Bedürfnisse, Leistungsmöglichkeiten und -grenzen des Menschen berücksichtigen. Ausführbarkeit, Erträglichkeit, Zumutbarkeit, Arbeitszufriedenheit und Sozialverträglichkeit sind die wesentlichen →Kriterien zur Beurteilung der Arbeitsbedingungen.

Arbeitsbelastung; Belastung

e: work load; stress
f: charge de travail; contrainte du travail
r: рабочая нагрузка, нагрузка
s: carga por trabajo
Die Gesamtheit der äußeren Bedingungen und Anforderungen im →Arbeitssystem, die den physischen und/oder psychischen Zustand einer Person ändern kann [93]. →Arbeitsbeanspruchung; →Bewältigung

Arbeitsbereich

e: work(ing) area; field of activity
f: zone du travail; champ d'activité
r: рабочая зона или зона работы
s: zona (o: campo) de trabajo
Der A. kann einen oder mehrere Arbeitsplätze umfassen. (Die Abgrenzung richtet sich nach dem jeweiligen Betrachtungszweck.) [193]. →Betätigungsraum; →Bewegungsraum; →Greifraum

Arbeitsbereicherung →Aufgabenbereicherung

Arbeitsbereitschaft

e: readiness to work
f: disposition à travail
r: готовность рабочего выполнить рабочее задание
s: disposición para el trabajo
Der Zustand einer Arbeitsperson, in dem sie technisch, physisch und psychisch zur unmittelbaren Ausführung bestimmter Arbeiten fähig und gewillt ist [156]. →Leistungsbereitschaft

Arbeitsbeschaffung

e: procurement of work
f: procurement de travail
r: временное трудоустройство
s: proporcionar trabajo
Eine zeitlich befristete Beschäftigung von Arbeitslosen durch die öffentliche Hand (nach dem Ersten Weltkrieg als "wertschaffende Arbeitslosenfürsorge", später bes. in Zeiten hoher →Arbeitslosigkeit als "wertschaffende Arbeitslosenhilfe" bezeichnet). In der Bundesrepublik Deutschland bemüht man sich heute um A. ausschließlich im Rahmen der Arbeitsbeschaffungsmaßnahmen (ABM) der Bundesanstalt für Arbeit (BfA) gemäß §§ 91 - 99 des →Arbeitsförderungsgesetzes und ergänzender Programme der Länder [18].

Arbeitsbeschreibung

e: job description; (or: specification)
f: description (ou: spécification) de travail (ou: de la tâche)
r: описание работы (рабочей системы)
s: descripción del trabajo
Systematische (verbale und bildliche) Darstellung eines Arbeitssystems und gegebenenfalls dessen Organisationsbeziehungen, um daraus Anforderungen ableiten zu können, die die Arbeit an den Menschen stellt [193].

Arbeitsbeurteilung

e: job estimation; job assessment
f: appréciation (ou: évaluation) du travail
r: оценка работы в смысле сравнения результатов с эргономическими критериями
s: apreciación (o: evaluación) del trabajo
Vergleich von Ergebnissen der Arbeitsbewertung mit vereinbarten Kriterien (z.B. der Ausführbarkeit, Erträglichkeit, Zumutbarkeit, Produktivität oder Rentabilität) [167].
→Arbeitsbewertung

Arbeitsbewertung; Arbeitsklassifizierung

e: job evaluation; job classification
f: valorisation (classification) du travail
r: оценка труда с позиций ее оплаты, классификация труда
s: valoración (o: clasificación) del trabajo clasificación del trabajo
Das Anlegen eines Maßstabes der Quantität (z.B. Zeitbedarf, Leistung) oder der Qualität (z.B. Schwierigkeit, Schwere, Güte oder Sicherheit) an eine Arbeit zu ihrer Analyse und Gewichtung in ihrer Gesamtheit (→A., summarische) oder der einzelnen →Anforderungsarten (→A., analytische). Die A. wird vornehmlich zur Bemessung des Arbeitsentgeltes verwendet [14, 156]. →Bewertung; →Arbeitsbeurteilung

Arbeitsbewertung, analytische; Arbeitsklassifizierung, analytische

e: analytical job evaluation; analytical job classification
f: valorisation analytique du travail
r: аналитическая оценка труда с позиций ее оплаты, аналитическая классификация труда
s: valoración (o: clasificación) analítica del trabajo
Verfahren zur anforderungsabhängigen Entgeltdiffenzierung, bei denen die Anforderungen des Arbeitssystems an den Menschen mit Hilfe von →Anforderungsarten ermittelt werden [193]. →Arbeitsbewertung; →Rangreihenverfahren; →Stufenwertzahl-Verfahren; →Genfer Schema; →Arbeitsbewertung, summarische

Arbeitsbewertung, summarische; Arbeitsklassifizierung, summarische

e: summary job evaluation; summary job classification
f: valorisation sommaire du travail
r: суммарная оценка работы с позиций ее оплаты, суммарная классификация работы
s: valoración (o: clasificación) sumaria del trabajo

Methoden zur anforderungsabhängigen Grundlohndifferenzierung, bei denen die Anforderungen des Arbeitssystems an den Menschen als Ganzes erfaßt werden. Das Ergebnis wird meist als Lohngruppe für gewerbliche Arbeitnehmer oder Gehaltsgruppe für Angestellte ausgewiesen [193]. →Arbeitsbewertung; →Arbeitsbewertung, analytische

Arbeitsbreite

e: working width
f: largeur de travail
r: ширина работы (широта захвата сельскохозяйственной машины, например жатки)
s: anchura de trabajo; ancho útil

Die nutzbare Breite der Arbeitswerkzeuge an Maschinen und Geräten [4].

Arbeitsbuchführung

e: labour recording
f: enregistrement du travail
r: ведение учета объема работ
s: registro de trabajo; contabilidad del trabajo

Regelmäßige Aufzeichnungen über Art und Umfang von geleisteten Arbeiten und deren Zuordnung zu Merkmalen, die für die Auswertung vereinbart wurden (z.B. (Halb-)Tag der Arbeitserledigung, Arbeitspersonen, Arbeitsmittel, Arbeitsort). →Arbeitsaufriß

Arbeitsdisziplin

e: work discipline
f: discipline de travail
r: рабочая дисциплина
s: disciplina del trabajo

Die Ein- oder Unterordnung der Beschäftigten unter die Normen und Regeln des Arbeitsprozesses.

Arbeitseinheit

e: work unit
f: unité de travail
r: единица труда
s: unidad de trabajo

Ein Abschnitt in der Ausführung einer →Arbeitsaufgabe, der eine oder mehrere manuelle und/oder geistige Arbeitsoperationen enthält. Dabei umfaßt eine Arbeitsaufgabe alle Arbeitseinheiten, die dem gleichen →Ziel zugeordnet werden können oder von diesem abgeleitet sind [169]. Je nach →Komplexität der Arbeitsaufgabe ist ein unterschiedlicher Auflösungsgrad angemessen. Bei einfacheren Arbeitsaufgaben können kleinere A., bei komplexeren größere A. angemessen sein. →Arbeitsablaufabschnitt; →Planarbeitsabschnitt

Arbeitseinkommen; Arbeitsentgelt

e: labour income
f: revenu du travail
r: доходы от труда, денежная оплата труда
s: ingreso (o: renta) del trabajo

Zuwachs an wirtschaftlicher Verfügungsmacht aus geleisteter Arbeit. Er kann in Geld, Sachleistungen oder Rechten bestehen [14, 156]. →Einkommen

Arbeitseinstellung ; Arbeitsauffassung

e: work attitude
f: attitude à l'égard du travail
r: внутренний рабочий настрой
s: actitud hacia el trabajo

Innere Haltung zu bestimmten Tätigkeiten; sie ergibt sich aus dem Zusammenwirken aller Anreize, unter gegebenen persönlichen und sachlichen Bedingungen Arbeiten zu verrichten [156].

Arbeitseinteilung, (tägliche); Arbeitsdisposition

e: (daily) allocation of work; work management
f: répartition (journalière) du travail
r: разделение объемов работы (дневное), диспозиция труда
s: distribución (diaria) del trabajo

Die Planung, Vorbereitung und mündliche oder schriftliche Ausgabe von Arbeitsaufträgen des Betriebsleiters oder seines Beauftragten an Arbeitspersonen für einen kurzen Zeitraum, i.d.R. für einen Arbeitstag bis zu einer Woche [4, 14]. →Arbeitsplanung; →Arbeitsorganisation

Arbeitselement; Tätigkeitselement

e: work element; job element
f: élément de travail
r: Элемент труда, Элемент работы
s: elemento de trabajo
Der kleinste Arbeitsabschnitt, der noch mit einem manuell bedienten Zeitmeßgerät zu erfassen ist. Er stellt i.d.R. eine in sich geschlossene Folge von Bewegungen dar. Ein A. ist Teil eines →Arbeitsteilvorganges und umfaßt mehrere →Bewegungselemente [2]. →Gliederung in Arbeitsablaufabschnitte

Arbeitsenergieumsatz; Arbeitsenergieaufwand

e: labour energy transformation (or: input); energy expenditure
f: consommation d'énergie de travail
r: рабочий расход энергии человека, энергозатраты
s: metabolismo laboral; gasto de energía del trabajo
Der über den Grundumsatz hinaus für die Tätigkeit am Arbeitsplatz aufgewendete Energieumsatz:
A. = →Energieumsatz - →Grundumsatz.
Er setzt sich also aus drei Komponenten zusammen [14, 167]:
1. die tatsächlich abgegebene "äußere Arbeit",
2. die zusätzlichen, tätigkeitsbedingten Bewegungen der Körpermasse sowie
3. die mit der Energieumsetzung verbundene Wärmeproduktion.

Arbeitserfolg; Arbeitsergebnis

e: work result; work output
f: succès du travail; résultat du travail
r: успех работы, результат труда
s: resultado (o: rendimiento) del trabajo
Das im Sinne des Arbeitszweckes liegende Ergebnis der Arbeit [156].

Arbeitserleichterung

e: work facilitation
f: allégement du travail
r: облегчение труда
s: mayores facilidades para el trabajo
Maßnahmen zur Minderung der →Arbeitsbelastung.

Arbeitsermüdung

e: work fatigue
f: fatigue par le travail
r: рабочее утомление
s: fatiga laboral
Eine Minderung der →Leistungsfähigkeit, die aufgrund einer nach Art, Höhe und Dauer bestimmten →Arbeitsbelastung und der sich daraus ergebenden →Arbeitsbeanspruchung eintritt und durch →Erholung wieder ausgeglichen werden kann [64].

Arbeitserschwernisse

e: aggravating conditions of work; arduousness of work
f: aggravations de travail
r: усложнение условий труда
s: agravacíon de las condiciones del trabajo
Die Arbeitserledigung hemmende Abweichungen von normalen Arbeitsbedingungen.

Arbeitsersparnis

e: labour saving
f: économie de travail; économie de main-d'oeuvre
r: экономичность труда
s: economía de trabajo; ahorro de mano de obra
Die Minderung des Arbeitsbedarfs.

Arbeitserweiterung →Aufgabenerweiterung

Arbeitserziehung

e: vocational training
f: éducation professionnelle
r: воспитание к труду
s: educación laboral
1. Gesamtheit der bildenden Maßnahmen, die sich auf die Ausprägung der arbeitswichtigen Eigenschaften und auf die Formung der Persönlichkeit beziehen.
2. Besondere Maßnahmen, um Jugendliche, die durch erbliche Belastung oder un-

günstige äußere Umstände "verwahrlost" sind, durch planmäßige Arbeit in Verbindung mit einer heimischen Atmosphäre in dafür eingerichteten Stätten zu brauchbaren Mitgliedern der Gesellschaft zu erziehen [156]. →Arbeitspädagogik

Arbeitsfähigkeit(en)

e: work(ing) capacity; work(ing) ability
f: capacité de travail; aptitude au travail
r: работоспособность
s: capacidad de trabajo
Die arbeitsprozeßbezogenen →Fähigkeiten des Menschen. Diese betreffen seine Tauglichkeit zur Ausübung einer beruflichen Tätigkeit und den Zustand seines Organismus zur Erfüllung der Leistungsanforderungen gemäß der Arbeitsaufgabe [4]. →Leistungsfähigkeit; →Arbeitsfertigkeit

Arbeitsfertigkeit

e: work skill; workmanship
f: habilité de travail
r: рабочие навыки
s: habilidad de trabajo
Die arbeitsprozeßbezogene →Fertigkeit des Menschen, d. h. die Eigenschaft, erlernte, geübte und z. T. automatisierte Handlungsabläufe für eine bestimmte Arbeit ausführen zu können [4]. →Grundfertigkeiten; →Arbeitsfähigkeit

Arbeitsflexibilisierung

e: flexible work organization
f: organisation flexible du travail
r: гибкая организация труда
s: organización flexible del trabajo
Eine Möglichkeit zur Gestaltung menschengerechter Arbeitsbedingungen. Sie umfaßt beispielsweise [99]:
- Neueinteilung der täglichen oder wöchentlichen →Arbeitszeit (z.B. →gleitende Arbeitszeit),
- Arbeitsorganisation mit beweglichen Beschäftigungsstrukturen im Hinblick auf vielfältige Einsetzbarkeit der Arbeitnehmer,
- verschiedene Entlohnungs- und Gewinnbeteiligungssysteme, Team- oder Gruppenorientierung als Voraussetzung für au-

tonome Betriebseinheiten bei größerer Mitverantwortung der Arbeitnehmer.

Arbeitsförderungsgesetz AFG

Ein Bundesgesetz v. 25.6.1969 (seither mehrfach geändert, Ersatz für das frühere Gesetz über Arbeitsvermittlung und Arbeitslosenversicherung), das die von der Bundesanstalt für Arbeit (BfA) getragene Arbeitsvermittlung und Arbeitslosenversicherung regelt. Zu den Hauptfeldern der Arbeitsförderung gehören: Herbeiführung eines Gleichgewichts auf dem →Arbeitsmarkt, Berufsberatung, Förderung der beruflichen Bildung, Rehabilitation, Winterbauförderung, Maßnahmen der →Arbeitsbeschaffung und Gewährung von Kurzarbeitergeld zur Bekämpfung konjunktureller →Arbeitslosigkeit [18].

Arbeitsform

e: work form
f: façon du travail
r: формы труда (в зависимости от напряженности труда)
s: modalidad del trabajo
Eine Gruppierung der Arbeit nach der Beanspruchung von Organen oder der Inanspruchnahme von deren Fähigkeiten; i. allg. in die Hauptgruppen "vorwiegend körperlich" und "vorwiegend nicht-körperlich" [209]. →Arbeitsart; →Arbeitstyp

Arbeitsfreude

e: enjoyment of one's work; delight in work
f: plaisir de travailler; ardeur au travail
r: удовлетворение (радость) от труда
s: satisfacción con el trabajo
Ein Lustgefühl der →Arbeitsperson, das die Arbeit durch das Material, die Art und die Begleitumstände der Tätigkeit erzeugt. So können das Ziel der Arbeit und eine →autonome Bestimmung und Regulation des Ablaufs die A. beflügeln. Nicht zuletzt haben das Arbeitsergebnis (Vollkommenheit, Umfang) oder die Folgen der Arbeit (Gewinn, Beförderung usw.) Rückwirkungen auf den Vollzug der Arbeit [152, 156]. →Arbeitsmotivation

Arbeitsfunktion
e: function at work
f: fonction de travail
r: рабочая функция
s: función del trabajo
Der einer Person im Rahmen des Betriebszieles zugewiesene Tätigkeitsbereich [156]. →Arbeitsaufgabe

Arbeitsgang →Arbeitsvorgang

Arbeitsgegenstand →Arbeitsobjekt

Arbeitsgeschwindigkeit; Arbeitstempo
e: working speed; work rate
f: vitesse de travail
r: скорость работы, рабочий темп
s: velocidad de trabajo
Die Geschwindigkeit der →Arbeitsausführung, gekennzeichnet durch die Schnelligkeit der Bewegungen und Reaktionen des arbeitenden Menschen [4].

Arbeits(platz)gestaltung
e: work(place) (or: job) design; work structuring; workplace layout
f: conception des tâches; stabilisation (d'un poste de travail); organisation du travail
r: организация и оснащение рабочего места
s: conformación del (puesto de) trabajo
Technische und organisatorische Maßnahmen zum aufgabengerechten, optimalen Zusammenwirken von Menschen, Betriebsmitteln und Arbeitsgegenständen im Arbeitssystem mit dem Ziel menschengerechter Arbeitsbedingungen und hoher Wirtschaftlichkeit. Im Grundsatz besteht die A. weniger in der Verbesserung eines Ist-Zustandes als vielmehr darin, den Soll-Zustand von Arbeitsverfahren, Arbeitsmethoden und Arbeitsbedingungen, von Arbeitsplätzen, Maschinen, Werkzeugen und Hilfsmitteln neu zu entwerfen und zu realisieren sowie in der ablaufgerechten Gestaltung von Arbeitsgegenständen. - Menschengerechte Gestaltung der Arbeit wird insbesondere im →Betriebsverfassungsgesetz, im →Arbeitssicherheitsgesetz und in der Arbeitsstättenverordnung gefordert.

REFA hat für die praktische Durchführung der A. die 6-Stufen-Methode entwickelt [137, 193]:
1. Ziele setzen
2. Aufgabe abgrenzen
3. ideale Lösung suchen
4. Daten sammeln und praktikable Lösungen suchen
5. optimale Lösung aussuchen
6. Lösung einführen und Zielerfüllung kontrollieren.
→Kriterien zur Beurteilung der Arbeitsbedingungen; →Wirksystem

Arbeitsgestaltung, anthropometrische
e: anthropometric job design (or: work structuring)
f: conception anthropométrique des tâches
r: организация и оснащение рабочего места с учетом требований антропометрии
s: conformación antropométrica del trabajo
Die Anpassung der Bestandteile des Arbeitsplatzes und der Arbeitsmittel nach Form und Raum an die menschliche Gestalt mit ihren Abmessungen und Funktionsparametern (z.B. Kräfte und Kraftrichtungen) unter Berücksichtigung der jeweiligen Arbeitsaufgabe. Der Schwerpunkt liegt im Schaffen günstiger geometrischer Beziehungen zwischen der menschlichen Gestalt und dem Arbeitsplatz als einer funktionalen Einheit [198]. →Arbeitsgestaltung

Arbeitsgestaltung, ergonomische
e: ergonomic job design (or: work structuring)
f: conception ergonomique des tâches
r: организация и оснащение рабочего места с учетом требований эргономики
s: conformación ergonómica del trabajo
Die Gestaltung des Arbeitsplatzes nach anthropometrischen, physiologischen, psychologischen, informationstechnischen, organisatorischen und sicherheitstechnischen Kriterien [136]. →Arbeitsgestaltung

Arbeitsgestaltung, informatorische
e: informational job design (or: work structuring)

f: conception informative des tâches
r: организация и оснащение
рабочего места, связанного с
обработкой информации
s: conformación de trabajo de información
Die Gestaltung →informatorischer Arbeit
hat zum Ziel, bei erträglicher informatorischer Belastungshöhe eine möglichst fehler-
freie Verarbeitung der →Information sicherzustellen [167]. →Arbeitsgestaltung

Arbeitsgliederung →Arbeitsunterteilung

Arbeitsgruppe; Arbeitsgruppe, autonome

e: working group (or: party), team, gang;
autonomous working group
f: groupe (ou: équipe) de travail (autonome)
r: рабочая группа, автономная
рабочая группа
s: grupo (o: equipo) de trabajo; grupo
autónomo de trabajo
Spezielle Gruppe, deren Zweck darin besteht, gemeinsam oder in koordinierter Arbeitsteilung Arbeitsleistungen zu erbringen.
Wie andere Gruppen können A. mit unmit-
telbarem zwischenmenschlichen Kontakt
sehr schnell ein Wir-Gefühl, gemeinsame
Werte und Normen (insbesondere Lei-
stungsnormen) entwickeln. Kleine, eng und
mit gemeinsamen Zielen kooperierende A.
werden oft als Teams bezeichnet. [95]

Arbeitshaltung

e: work(ing) posture
f: posture de travail
r: рабочая поза человека
s: posición de trabajo
Die →Körperhaltung, in der eine Arbeit
ausgeführt wird (z.B. stehend, kniend, sit-
zend, liegend) und die durch die anthropometrische →Arbeitsgestaltung im Detail
bedingt ist [156].

Arbeitshöhe

e: working height
f: hauteur au-dessus du plateau
r: рабочая высота (высота рабочей
поверхности)
s: altura de trabajo

Ein Maß des →Arbeitsplatzes, das dem
senkrechten Abstand zwischen einer hori-
zontalen Bezugsebene und der Stelle (oder
der Ebene) entspricht, in deren Nähe sich die
Hände während der Arbeit hauptsächlich
bewegen. Die Bezugsebene ist bei stehender
Tätigkeit der Fußboden und bei sitzender die
Sitzfläche. (Zu weiteren verwandten Begriffen s. [69].) [4].

Arbeitshygiene

e: occupational hygiene; industrial hygiene
f: hygiène du travail
r: гигиена труда
s: higiene laboral (o: del trabajo)
Ein Zweig der Arbeitsmedizin, der sich vorbeugend mit der Erhaltung und Förderung
von Gesundheit, →Leistungsfähigkeit und
Wohlbefinden arbeitender Menschen beschäftigt [156].

Arbeitshypertrophie

e: work hypertrophy
f: hypertrophie par travail
r: рабочая гипертрофия
s: hipertrofia por esfuerzo (en el trabajo)
Durch gesteigerte Tätigkeit bedingte über-
normale Größenentwicklung eines Organs
[186]. →Atrophie

Arbeitsinformation

e: job information
f: information du travail
r: рабочая информация
s: información del trabajo
Nachrichten und Daten, die für die Arbeitsausführung wesentlich sind [199]. →Infor-
mation

Arbeitsinhalt

e: job (or: work) content
f: contenu des tâches
r: содержание работы (рабочего
задания)
s: contenido del trabajo
Art und Umfang von Arbeitsaufgaben und
-abläufen [193].

Arbeitsintensität

e: labour (or: work) intensity
f: intensité du travail; activité
r: рабочая интенсивность или

интенсивность труда
s: intensidad de trabajo
Ein Faktor (oder eine Komponente) des
menschlichen →Leistungsgrades und -ange-
botes, der durch Bewegungsgeschwindigkeit
und Kraftanspannung geprägt wird. Als
normale A. bezeichnet man denjenigen
Grad, mit dem ein Arbeiter auf die Dauer
und im Mittel der täglichen Schicht ohne
Gesundheitsschädigung arbeiten kann, wenn
er die in der →Vorgabezeit berücksichtigten
Zeiten für persönliche Bedürfnisse und für
Erholung einhält [156].

Arbeitskampagne (Kampagne)

e: work campaign
f: campagne de travail
r: рабочая кампания или кампания
по труду
s: campaña de trabajo
Eine Zeitspanne mit überdurchschnittlich
hohem Arbeitsanfall, in der bes. konzentriert
mehrere termingebundene Arbeiten gleichzeitig und nacheinander durchzuführen sind
[100].

Arbeitskampf

e: labour dispute
f: conflit social (ou: du travail)
r: трудовой спор, конфликт
s: conflicto de trabajo
Die kollektive Auseinandersetzung zwischen
Tarifvertragsparteien (→Arbeitnehmer und
→Arbeitgeber), meist zur Durchsetzung
arbeitsrechtlicher und sozialpolitischer Ziele. Die Kampfmaßnahme der Arbeitnehmer
ist der →Streik, die der Arbeitgeber die
→Aussperrung [156].

Arbeitskapazität

e: working capacity
f: capacité de travail
r: рабочий производительный
потенциал
s: capacidad de trabajo
Das gesamte Leistungsvermögen der Arbeitskräfte und Arbeitsmittel eines Betriebes
[14]. →Arbeitsvermögen; →Arbeitsleistung;
→Leistungsfähigkeit

Arbeitskette (ldw.)

e: work chain
f: chaîne de travail
r: рабочая цепочка, цепочка
рабочих операций
s: cadena de trabajo; cadena de tareas
Alle organisatorisch zusammenhängenden
Arbeiten am selben Gegenstand (z.B. Getreideernte, -transport und -einlagerung)
[14]. →Komplexarbeit

Arbeitsklima, soziales

e: social working climate
f: climat social; atmosphère (ou: climat) de
travail
r: рабочая атмосфера, социальный
климат
s: clima social de trabajo
Die für eine bestimmte Arbeitsgruppe bzw.
Arbeitsstruktur durchschnittlich charakteristische Stimmungs- und Gefühlslage der in
ihr Arbeitenden [193].

Arbeitsklima, physikalisches

e: physical working climate
f: climat (ou: ambiance) physique de travail
r: физические параметры рабочей
среды (микроклимат)
s: factor climático laboral
Die thermischen Bedingungen am Arbeitsplatz in Zusammenhang mit den lokalen
klimatischen Bedingungen, unter besonderer
Berücksichtigung von Lufttemperatur, Luftfeuchte, Luftgeschwindigkeit, Wärmestrahlung, Intensität der notwendigen persönlichen Arbeit und Eigenschaften der Klei-
dung, Arbeitsausrüstung und besonderer
Schutzeinrichtungen [89].

Arbeitskontrolle

e: job (or: work) control
f: contrôle du travail
r: рабочий контроль
s: control del trabajo
Die Überprüfung der Tätigkeit an einem
Arbeitsplatz durch Befugte [156].

Arbeitskosten

e: labour costs
f: coûts de la main-d'oeuvre; coût du travail
r: трудовые затраты
s: costo de la mano de obra (o: de trabajo)

Der in Geld ausgedrückte Gegenwert für im Betrieb eingesetzte Arbeit, d. h. alle baren und unbaren Lohnaufwendungen einschließlich Unternehmer- und Familienlohn, Aufwendungen für Arbeitsmittel sowie Speziallasten, Unterhaltung und Abschreibung für Gebäude und Maschinen, die der Arbeitsverrichtung dienen (z.B. Fahrzeug- und Maschinenschuppen, Abstellräume für Geräte usw.) [14].

Arbeitskraft

e: manpower
f: main-d'oeuvre; capacité de travail
r: рабочая сила
s: mano de obra
Körperliche und geistige Fähigkeiten, die der Einzelne, eine Arbeitsgruppe oder die Gesellschaft zur Arbeit einsetzen (können) [100]. →Arbeitskraft-Einheit; →Arbeitsvermögen

Arbeitskraft-Einheit AK (ldw.)

e: manpower unit (MP)
f: unité de main-d'oeuvre (MO); unité de travail humain (UTH)
r: единица рабочей силы, человекодень
s: unidad laboral
Eine Einheit zur Bewertung und zum Vergleich des Arbeitskräftebesatzes verschiedener Betriebe. - Eine AK entspricht einer geübten, voll arbeitsfähigen männlichen oder weiblichen Person, die während des Betrachtungszeitraums im Betrieb voll zur Verfügung steht (→Vollarbeiter). Nicht vollbeschäftigte AK werden gemäß dem Anteil ihrer Beschäftigung am ganzen Jahr bewertet. Abschläge werden dann vorgenommen, wenn infolge Alters, Körperbehinderung usw. eine normale →Arbeitsleistung für den Betrieb nicht erreicht wird. - Bei der näherungsweisen Umrechnung der Arbeitskräfte auf AK nach dem Alter kann folgender AK-Schlüssel verwendet werden [133]:

Alter	Faktor
14 -16 Jahre	0,7
18 -63 Jahre	1,0
über 63 Jahre	0,3.

Arbeitskräfte

e: manpower; labour force
f: main-d'oeuvre; travailleurs
r: рабочая сила, персонал
s: mano de obra
Arbeitsfähige natürliche Personen. Strukturelle Gliederung nach ausgewählten Merkmalen, z.B. [99, 163]:
1. nach dem Geschlecht: männliche und weibliche A.
2. aus der Sicht des Unternehmens: ausführende und dispositive A.;
3. nach dem Entgelt: entlohnte und nicht entlohnte A.
4. nach der Anwesenheit im Betrieb: ständige und nicht ständige A.
5. nach der Familienzugehörigkeit: familieneigene und -fremde A..
→Arbeiter(in); →Arbeitskraft; →Arbeitsperson

Arbeitskräfte, familieneigene

e: family workers (or: labour); family labour force (US)
f: main-d'oeuvre familiale
r: рабочий персонал предприятия →члены семьи, родственники
s: mano de obra familiar
Arbeitskräfte, die zur Familie des Betriebsleiters gehören.

Arbeitskräfte, nichtständige

e: temporary workers (or: labour)
f: main-d'oeuvre occupée de façon non permanente; main temporaire
r: временный рабочий персонал (рабочая сила)
s: temporeros
Arbeitskräfte, die nur in einem Teil des Betrachtungszeitraumes eingesetzt werden. Ihre Inanspruchnahme läßt sich jeweils auf den Arbeitsanfall im Betrieb abstimmen [133]. →Arbeitskräfte, ständige; →Saisonarbeiter(in)

Arbeitskräfte, ständige

e: permanent workers (or: labour)
f: main-d'oeuvre occupée de façon permanente
r: постоянный рабочий персонал (рабочая сила)
s: mano de obra familiar permanente

Arbeitskräfte, die infolge eines festen →Arbeitsvertrages oder infolge anderer Bindungen unabhängig von der anfallenden Arbeit dem Betrieb ständig zur Verfügung stehen [133]. →Arbeitskräfte, nichtständige

Arbeitskräfteaufwand

e: labour input
f: dépense de main-d'oeuvre; main-d'oeuvre utilisée
r: реальные затраты по рабочей силе для выполнения заказа
s: mano de obra empleada
Die Anzahl der für ein Arbeitsvorhaben tatsächlich eingesetzten Arbeitskräfte (Ist-Wert) [14]. →Arbeitskräftebedarf

Arbeitskräftebedarf

e: manpower requirement(s)
f: besoin en main-d'oeuvre
r: потребность в рабочей силе для выполнения заказа
s: demanda de mano de obra
Anzahl der für ein Arbeitsvorhaben erforderlichen Arbeitskräfte (Soll-Wert) [14]. →Arbeitskräfteaufwand

Arbeitskräftebesatz (ldw.)

e: labour density; labour force per unit of area
f: main-d'oeuvre par unité de surface
r: количество рабочей силы для выполнения работы на единице площади (в с/х человека на 100га с/х угодий)
s: mano de obra disponible por unidad de superficie
Zahl der vorhandenen oder geplanten →Arbeitskrafteinheiten (AK), bezogen auf 100 ha landwirtschaftliche Nutzfläche (LN) [4].

Arbeitskräftefluktuation

e: labour turnover
f: rotation de la main-d'oeuvre
r: текучесть рабочей силы
s: fluctuación de mano de obra
Die Zahl der Zu- und Abgänge, verglichen mit der Gesamtzahl der Arbeitskräfte in einem Unternehmen [142].

Arbeitskräftemangel

e: labour shortage; scarcity of labour
f: pénurie de main-d'oeuvre

r: нехватка, недостаток рабочей силы
s: escasez de mano de obra
Eine den →Arbeitskräftebedarf unterschreitende Kapazität an realen oder potentiellen Arbeitskräften.

Arbeitskräftemobilität

e: labour mobility
f: mobilité de la main-d'oeuvre
r: мобильность рабочей силы
s: movilidad de mano de obra
Die Möglichkeit einzelner Arbeitnehmer, sich innerhalb der Arbeitsmärkte zu bewegen [142].

Arbeitskräftestruktur →Arbeitskräfte

Arbeitskräfteüberschuß

e: labour surplus
f: excédent de main-d'oeuvre
r: избыток рабочей силы
s: excedente de mano de obra
Eine den →Arbeitskräftebedarf überschreitende Kapazität an realen oder potentiellen Arbeitskräften.

Arbeitskraftstunde AKh

e: manpower hour (MPh)
f: main-d'oeuvre en heure (MOh)
r: человекочас → единица рабочей силы
s: hora de unidad laboral
Eine Einheit zur standardisierten Bewertung des Zeitaufwandes oder -bedarfs von körperlicher und/oder geistiger Arbeit des Menschen, die z.B. zur Kalkulation, Planung, Kontrolle der Arbeit und zum →Arbeitvoranschlag verwendet wird [175]. →Arbeitskraft-Einheit

Arbeitslehre

e: work science
f: science du travail
r: наука и знания о труде
s: disciplina (o: ciencia) del trabajo
Grundsätze über die Planung, Vorbereitung und Ausführung der Arbeit, die zu beachten sind, um das Arbeitsziel mit wirtschaftlich vertretbarem Aufwand und unter menschengerechten Arbeitsbedingungen zu erreichen. →Arbeitswissenschaft

Arbeitsleistung

e: *work performance (or: efficiency); output*
f: *allure; performance du travail (ou: de la main-d'oeuvre)*
r: *рабочая производительность или производительность труда*
s: *rendimiento del trabajo*
Ausgabe oder Arbeitsergebnis des Arbeitssystems, bezogen auf eine bestimmte Zeit: A. = Arbeit oder Arbeitsergebnis/Zeit [193]. →Leistung

Arbeitslohn →Lohn

Arbeitslosenquote

e: *unemployment percentage*
f: *taux de chômage*
r: *квота безработных*
s: *porcentaje de desempleo*
Die Anzahl der Arbeitslosen in Prozent der →Erwerbspersonen. →Arbeitslosigkeit; →Erwerbsquote

Arbeitslosigkeit

e: *unemployment*
f: *chômage*
r: *безработица*
s: *desempleo; desocupación*
Gebräuchliche Bezeichnung für den Verlust des Arbeitsplatzes, bzw. erfolglose Bemühungen um bezahlte Arbeit. Dieser Zustand beruht auf einem Ungleichgewicht am Arbeitsmarkt, bei dem die angebotene Art und Menge von Arbeitsleistungen die nachgefragte Art und Menge von Arbeitsleistungen übersteigt, so daß ein Teil der Erwerbspersonen ohne Beschäftigung ist. Die Bezeichnung A. ist etwas irreführend, da "Arbeitslose" keineswegs aufhören zu arbeiten, sondern immer auch unbezahlte Arbeit etwa im Haushalt oder in der Familie ausführen (→Frauenarbeit). Genauer ist der Begriff der →Erwerbslosigkeit [18, 95]. →Arbeitslosenquote

Arbeitsmarkt

e: *labour market*
f: *marché du travail*
r: *рынок рабочей силы*
s: *mercado de de mano de obra*

Der Markt, auf dem das Angebot von Arbeitsleistungen unselbständiger Erwerbspersonen (→Arbeitnehmer) und die Arbeitsnachfrage von Unternehmen, Staat und privaten Haushalten (→Arbeitgeber) zusammentreffen [18].

Arbeitsmedizin

e: *occupational medicine*
f: *médecine du travail*
r: *рабочая медицина или гигиена труда*
s: *medicina laboral*
Ein Teilgebiet der Medizin, das sich mit der Wechselbeziehung von Arbeit und Gesundheit, insbesondere mit Berufskrankheiten, Arbeitsunfällen, gewerbehygienischen und arbeitstoxikologischen Fragen beschäftigt. Die A. hat die Aufgabe, den berufstätigen Menschen vor Gesundheitsschäden am Arbeitsplatz zu schützen [157]. →Arbeitshygiene

Arbeitsmenge

e: *amount of work*
f: *quantité de travail*
r: *количественное выражение труда*
s: *cantidad de trabajo*
Die Anzahl gleicher Einheiten oder Fälle, die im Rahmen eines Auftrags bearbeitet werden [193].

Arbeitsmethode

e: *working method; method of work; operational method*
f: *méthode de travail; mode opératoire*
r: *рабочий метод*
s: *método del trabajo*
Empirisch oder systematisch entstandene, praktisch erprobte Regeln zur Ausführung von bestimmten →Arbeitsverfahren [4, 193]. →Arbeitstechnik; →Arbeitsverfahren

Arbeitsmittel

e: *working equipment; means of work*
f: *équipement (ou: moyens) de travail*
r: *средства труда*
s: *medio de trabajo*
Arbeitsmittel im →Arbeitssystem sind Werkzeuge, Maschinen, Fahrzeuge, Geräte, Möbel, Einrichtungen und andere im Ar-

beitssystem benutzte Gegenstände [93]. →Betriebsmittel

Arbeitsmoral

e: work morale (or: attitude); on-the-job moral; staff moral
f: mentalité (ou: attitude) vis-à-vis du travail
r: рабочая (производственная) мораль
s: conciencia laboral

Die innere Einstellung und das Verhalten des Menschen zu den sachlichen und sozialen Verpflichtungen, die sich aus seiner Arbeit ergeben [156]. →Arbeitseinstellung

Arbeitsmotivation

e: work motivation
f: motivation du travail
r: мотивация труда
s: motivación laboral

→Antriebe, die den Menschen eigenaktiv zur Arbeit, zur Wahl einer bestimmten Arbeitsstelle und zu einem bestimmten Arbeits- und Leistungsverhalten veranlassen. - Gegenstand der psychologischen Forschung zur A. ist eine Beschreibung und Erklärung
1. von willentlich gesteuerten Entscheidungen bei der Bevorzugung und Auswahl verschiedener Arbeitstätigkeiten oder
2. des Leistungsniveaus bei der Ausführung der gewählten Arbeitstätigkeit sowie der resultierenden Arbeitszufriedenheit. [95, 156, 187]. →Motivation

Arbeitsnorm →Norm, Arbeits-

Arbeitsobjekt; Arbeitsgegenstand

e: work piece; work object
f: objet de travail
r: объект труда, предмет труда
s: objeto a elaborar

Alle Stoffe, Güter, Energien und Informationen, die im Arbeitssystem gemäß der Arbeitsaufgabe verändert werden. Auch Lebewesen können als A. angesehen werden [64].

Arbeitsökonomie

e: labour economics
f: économie de travail
r: экономика труда
s: economía del trabajo

Teilgebiet der Arbeitswissenschaft zur Anwendung ökonomischer Gesetzmäßigkeiten bei der Leitung, Planung, Organisation und Ausführung der Arbeit [4]. →Arbeitsorganisation; →Arbeitswirtschaft

Arbeitsorganisation

e: work (or: labour) organization
f: organisation du travail
r: организация труда
s: organización del trabajo

Die Optimierung des →Arbeitssystems in einem umfassenderen Bereich (= Betriebszweig oder ganzer Betrieb) mit dem Ziel einer wirtschaftlichen Betriebsleistung bei humanen Arbeitsbedingungen. Dies geschieht im Rahmen der Betriebsorganisation und umfaßt vor allem die zweckmäßige Gliederung der Arbeitsaufgabe und deren Aufteilung zwischen den Menschen und Betriebsmitteln, die Gestaltung von Information und Kommunikation sowie die Regelung der →Arbeitszeit bes. bei auftrags- oder saisonbedingter Schwankung des Arbeitsbedarfs. A. bezeichnet auch das Ergebnis dieser Aktivitäten [134]. →Arbeitsplanung;   →Organisation; →Arbeitsdisposition

Arbeitsorganisation, Wissenschaftliche - WAO

e: scientific work organization
f: organisation scientifique du travail
r: научная организация труда
s: organización científica del trabajo

Die →Arbeitsorganisation nach den neuesten wissenschaftlichen Erkenntnissen der technischen und der Arbeitswissenschaften sowie den besten praktischen Erfahrungen [100].

Arbeitsort

e: work(ing) location; work site
f: lieu (ou: local) de travail
r: место труда или работы
s: tajo

Umfassender räumlicher oder geographischer Bereich, in dem der gesamte Arbeits- (und   Produktions-)prozeß   abläuft.

→Arbeitsplatz;   →Arbeitsumgebung;
→Arbeitsumwelt

Arbeitspädagogik

e: industrial pedagogics; occupational
pedagogics
f: pédagogie du travail
r: педагогика труда
s: pedagogía laboral
Ein Teilgebiet der Pädagogik: Die Wissenschaft und Lehre von der Erziehung und
Ausbildung zum zweckmäßigen und menschengerechten Arbeiten. A. befaßt sich mit
dem Zusammenhang von Arbeiten und Lernen, indem sie die Voraussetzungen, die
Durchführung und die Ergebnisse aktuellen
Arbeitslernens zu klären sucht. Grundfor-
men der A. sind →Unterweisung, Unterricht
und   Menschenführung   [137].
→Arbeitserziehung

Arbeitspathologie

e: work pathology; occupational pathology
f: pathologie du travail
r: патология труда (раздел
гигиены труда)
s: patología laboral
Ein Teilgebiet der →Arbeitsmedizin, in dem
die durch Arbeitseinflüsse verursachten gesundheitlichen Schäden erforscht werden
[18].

Arbeitsperson AP

e: working person
f: ouvrier/ouvrière
r: работающий человек
s: obrero
Arbeitender Mensch (ohne Festlegung von
Geschlecht, Alter und →Leistungsfähigkeit).
→Arbeiter(in); →Arbeitskraft

Arbeitsphysiologie

e: occupational physiology
f: physiologie du travail
r: физиология труда
s: fisiología laboral
Ein Teilgebiet der Physiologie, in dem die
Eigenschaften und Funktionen menschlicher
Organe und Organsysteme unter den besonderen Bedingungen von Arbeit und Arbeitsumgebung untersucht werden [167].

Arbeitsplanung

e: work planning (or: scheduling)
f: planification (ou: organisation) du travail
r: планирование труда
s: planificación del trabajo
Vorausschauende Überlegung und Festlegung des Einsatzes der Arbeitskräfte, Arbeitsmittel und Werkstoffe zur Erledigung
eines   Arbeitsvorhabens   [14].
→Arbeitsdisposition; →Arbeitsorganisation

Arbeitsplatz

e: workplace (or: station)
f: place de travail; chantier
r: рабочее место
s: puesto de trabajo
Der (engere) räumliche Bereich, der einer
oder mehreren Personen im →Arbeitssystem
zur Erfüllung der →Arbeitsaufgabe zugewiesen ist [93].
Hinweis: 1. Zur Unterscheidung vom umfassenderen →Arbeitsort, an dem der gesamte
Arbeits- (und Produktions-)prozeß abläuft.
Beispiele: Arbeitsort Büro mit Arbeitsplatz
Schreibtisch oder Bildschirmarbeitsplatz;
Arbeitsort Stall mit Arbeitsplatz Melkstand;
Arbeitsort Feld mit Arbeitsplatz Schlepper-
führerstand.
2. Zur Unterscheidung von →Arbeitsumge-
bung und →Arbeitsumwelt siehe dort.

Arbeitsplatzbeschreibung

e: job description
f: description de poste de travail
r: описание рабочего места
s: descripción del puesto de trabajo
Eine schriftliche Festlegung der wesentlichen Merkmale eines Arbeitsplatzes, einschließlich der Qualifikationen, Pflichten,
der Verantwortung und des Grades an Au-
torität des Stelleninhabers [17].

Arbeitsplatzgestaltung, anthropometri-
sche →Arbeitsgestaltung, a.

Arbeitsplatzgestaltung, ergonomische
→Arbeitsgestaltung, e.

Arbeitsplatzmaße im Produktionsbereich

e: workplace dimensions in production
*f: dimensions de poste de travail en
production*
*r: размеры рабочего места в сфере
производства*
s: dimensiones del puesto de trabajo
Hinweis: Die einzelnen A. werden in [69]
beschrieben.

**Arbeitsplatztoleranzwert, biologischer;
BAT-Wert**

Die Konzentration eines Stoffes oder seiner
Umwandlungsprodukte im Körper, bei der
die Gesundheit des Arbeitnehmers im allgemeinen nicht beeinträchtigt wird [22].
Hinweis: BAT, nicht zu verwechseln mit
gleichlautender Abkürzung für Bundesange-
stelltentarifvertrag. →MAK-Wert; →Schad-
stoff

Arbeitsplatzunsicherheit

e: job insecurity
f: insécurité de l'emploi
*r: неувереность в сохранении места
работы*
s: inseguridad en el (puesto de) trabajo
Subjektiv empfundene Machtlosigkeit und
Besorgnis, den eigenen gefährdeten →Ar-
beitsplatz zu behalten. Dabei ist offen, ob es
sich um den völligen Verlust oder um eine
Wertminderung eines relativ interessanten
Arbeitsplatzes handelt, z.B. um einen Ab-
stieg auf eine Weiterbeschäftigungsstelle
oder um den Verlust wünschenswerter
→Merkmale der gegenwärtigen Arbeitsstelle [16, 131].

Arbeitsplatzwechsel

e: job change (or: rotation); labour turnover
*f: changement de la place de travail;
fluctuation de personnel*
r: смена рабочего места
s: cambio del puesto de trabajo
Der Übergang von einem Arbeitsplatz zu
einem anderen innerhalb desselben Betriebes
oder von einem Betrieb zum anderen [156].
→Arbeitsstrukturierung; →Arbeitswechsel

Arbeitsproduktivität

e: labour productivity (or: efficiency)
f: productivité du travail
r: производительность труда
s: productividad del trabajo
Das Verhältnis von →Arbeitsergebnis zu
→Arbeitsaufwand [156]. →Produktivität;
→Arbeitsleistung

Arbeitsprogramm

e: work program
f: programme de travail
r: рабочая программа
s: programa de trabajo
Plan für den Einsatz von Menschen, Arbeitsmitteln und Werkstoffen zur Erledigung
eines begrenzten Arbeitsvorhabens (Ergebnis der →Arbeitsplanung).

Arbeitsprozeß

e: work process
f: processus du travail
r: процесс работы (труда)
s: proceso laboral
Durch die Tätigkeit des Menschen geprägter
Vorgang, in dessen Verlauf mit Hilfe von
→Arbeitsmitteln der Zustand oder der Ort
von →Arbeitsgegenständen gemäß der
→Arbeitsaufgabe des →Arbeitssystems
verändert wird [100].

Arbeitspsychologie

e: industrial (or: work) psychology
f: psychologie industrielle (ou: du travail)
r: психология труда
s: psicología laboral
Im engeren Sinne wird die A. als Teilgebiet
der →Arbeits- und Organisationspsychologie verstanden. Ihr zentraler Gegenstand ist
die psychologische Untersuchung und Veränderung der menschlichen →Arbeit oder
→Arb
eitstätigkeit. Zusammen mit anderen Dis-
ziplinen bildet die A. als Teildisziplin neben
anderen psychologischen Teilgebieten (insbesondere →Ingenieurpsychologie, →Orga-
nisationspsychologie) eine der sogenannten
Aspektwissenschaften der interdisziplinären
→Arbeitswissenschaft [95, 118]. →Ver-

bände im Fachbereich Psychologie; →Methoden im Fachbereich Psychologie

Arbeitspuls(frequenz)

e: work pulse (rate)
f: (fréquence du) pouls de travail
r: рабочий пульс (частота сердцебиения при выполнении работы)
s: frecuencia cardíaca durante la tarea
Die für eine bestimmte Arbeit erforderlichen Herzschläge/min, die die Ruhepulsfrequenz übersteigen:
Arbeitspuls = Gesamtpuls - Ruhepuls.
(Einheit: Herzschläge/min) [136]. →Basalpuls; →Ruhepuls; →Gesamtpuls

Arbeitspulssumme

e: work pulse sum
f: nombre des pulsations à l'effort
r: просуммированный рабочий пульс
s: pulso de esfuerzo
Die Summe aller Herzschläge während der Arbeit [136]. →Basalpuls; →Ruhepuls; →Gesamtpuls

Arbeitsqualität

e: work quality
f: qualité du travail
r: качество труда, работы
s: calidad del trabajo
Das Verhältnis von Aufgabenerfüllung zu Aufgabenstellung [209].

Arbeitsrationalisierung

e: work rationalization
f: rationalisation du travail
r: рационализация труда
s: racionalización del trabajo
Die Änderung bisheriger →Arbeitsverfahren mit dem Ziel der Vereinfachung des →Arbeitsablaufs, der Erleichterung der menschlichen Arbeit und/oder der Erhöhung der →Arbeitsproduktivität [175].

Arbeitsrecht

e: labour (or: industrial) law
f: droit du travail
r: трудовое право
s: derecho laboral

Das Sonderrecht der →Arbeitnehmer. Es regelt die Stellung des unselbständigen Arbeitnehmers [18, 38].

Arbeitsrhythmus

e: work rhythm
f: rythme (ou: cadence) du travail
r: ритм работы
s: ritmo de trabajo
Der gewissen Arbeiten eigentümliche Ablauf, gekennzeichnet durch die Wiederkehr von Ähnlichem in ähnlichen Zeitabschnitten; dies im Gegensatz zum →Arbeitstakt, der durch die Wiederkehr von Gleichem in gleichen Zeitabständen charakterisiert ist [156].

Arbeitsschaubild →Arbeitsaufriß

Arbeitsschutz

e: occupational safety; labour protection
f: protection (ou: sécurité) du travail
r: охрана труда
s: protección contra accidentes
Die Gesamtheit sozialpolitischer und technischer Maßnahmen zum Schutz der →Beschäftigten vor berufsbedingten →Gefahren und daraus entstehenden →Personenschäden (Verletzungen, →Berufskrankheiten und sonstigen Gesundheitsschädigungen) sowie zum Schutz vor schädigenden →Belastungen (→Über- und →Unterforderungen). Ziel des A. ist →Arbeitssicherheit und →Arbeitserleichterung [18, 215].

Arbeitsschwere

e: work hardness; arduousness of work
f: lourdeur du travail
r: тяжесть труда
s: pena del trabajo
Die Bewertung einer Arbeit nach der Höhe ihrer energetischen Belastung [14, 198]. →Arbeitsschwierigkeit; →Arbeitsbelastung; →Arbeitsbeanspruchung

Arbeitsschwierigkeit

e: work difficulty (or: snag)
f: difficultés du travail

r: сложность работы, труда
s: grado de dificultad del trabajo
Die Bewertung einer Arbeit nach der Höhe der objektiv gegebenen und subjektiv erlebten, die Arbeitsausführung hemmenden Anforderungen, darunter insbesondere die informatorische Belastung [14, 198]. →Arbeitsschwere

Arbeitssicherheit

e: work (or: occupational) safety
f: sécurité professionnelle (ou: du travail)
r: техника безопасности
s: seguridad en el trabajo
Durch Arbeitsgestaltung und Beherrschung der betreffenden Tätigkeiten weitgehend gefahrenfreier Zustand beim Arbeiten [156, 215].

Arbeitssicherheitsgesetz ASiG

e: Occupational Safety and Health Act (US)
f: loi pour la sécurité et la santé (au travail)
r: закон по технике безопасности
s: ley de seguridad industrial
Nach diesem "Gesetz über Betriebsärzte, Sicherheitsingenieure und andere Fachkräfte für Arbeitssicherheit" vom 12.12.1973 müssen Betriebe bestimmter Größe und Gefährdung Betriebsärzte und andere Fachkräfte für Arbeitssicherheit bestellen zur Beratung und Durchführung von Arbeitsschutz- und Unfallverhütungsmaßnahmen sowie zur Durchführung und Auswertung arbeitsmedizinischer Untersuchungen der Beschäftigten [186]. →Gesetze

Arbeitssitz

e: working seat
f: siège de travail
r: рабочий стул, сиденье
s: asiento utilizada en el trabajo
Die während der Arbeit benutzte Sitzgelegenheit, die eine sichere, bequeme und gesunde Körperhaltung und ein ungehindertes Arbeiten ermöglichen soll [156].

Arbeitssoziologie

e: industrial (or: occupational, work) sociology
f: sociologie industrielle (ou: du travail)
r: социология труда
s: sociología laboral
Teilgebiet der Soziologie, in dem die Auswirkungen gesellschaftlicher Interessen in den Betrieben und zwischen den Gruppen im Betrieb untersucht werden [167].

Arbeitsspitze (ldw.)

e: labour peak
f: période de pointe
r: пиковая рабочая нагрузка
s: pico (o: punta) de trabajo
Eine Häufung von Arbeiten, die innerhalb desselben Zeitabschnitts rechtzeitig erledigt werden müssen [14]. →Arbeitstal; →Arbeitsausgleich

Arbeitsstättenverordnung ArbStättV

e: working places regulation
Der Arbeitgeber hat die Arbeitsstätte nach dieser Verordnung, den sonst geltenden Arbeitsschutz- und Unfallverhütungsvorschriften und nach den allgemein anerkannten sicherheitstechnischen, arbeitsmedizinischen und hygienischen Regeln sowie den sonstigen gesicherten arbeitswissenschaftlichen Erkenntnissen einzurichten und zu betreiben (§ 3, ArbStättV) [137]. Diese A. wird fortlaufend durch Arbeitsstättenrichtlinien ergänzt.

Arbeitsstil

e: working style
f: mode de travail
r: стиль работы
s: estilo de trabajo
Die individuell charakteristische, relativ stabile organisatorische Vorgehensweise bei der (vornehmlich geistigen oder Verwaltungs-) Arbeit; d. h. die Gesamtheit der angewandten Methoden und Verfahrensweisen beim wiederholten Lösen bestimmter typischer Aufgaben [4]. →Arbeitsweise; →Arbeitsmethode

Arbeitsstoff

e: work material; substance
f: matière de travail
r: рабочий материал
s: material de trabajo
Stoffe und Stoffgemische aller Art, die in der Produktion oder in der weiterverarbeitenden Industrie eingesetzt werden und mit

denen der arbeitende Mensch in Berührung kommt [18]. →Gefahrstoff

Arbeitsstoffverordnung ArbStoffV

e: hazardous substances regulation
Diese Verordnung regelt in der Neufassung vom 12.2.1982 den Umgang mit gefährlichen →Arbeitsstoffen und schreibt arbeitsmedizinische Untersuchungen vor [186]. →Gesetze; →MAK-Wert

Arbeitsstrukturierung

e: work structuring; work design; job layout
f: concept structurel du travail
r: структуризация труда
s: estructuración del trabajo
Die Gestaltung neuer oder die Veränderung bestehender →Arbeitsabläufe und →Arbeitsorganisation mit dem Ziel, den Tätigkeits- und Entscheidungsspielraum der Mitarbeiter zu erweitern [167]. →Aufgabenbereicherung; →Aufgabenerweiterung; →Arbeitswechsel

Arbeitsstudium; Arbeitsstudie

e: work study
f: étude du travail
r: изучение труда (анализ существующей рабочей системы)
s: estudio del trabajo
Die Untersuchung des Ist-Zustandes einer Arbeit und Analyse ihrer Systemelemente als Grundlage für eine humane und wirtschaftliche Arbeitsgestaltung und -organisation (= Soll-Zustand). - Die gewonnenen Daten müssen reproduzierbar sein. Dazu nennt REFA folgende Voraussetzungen: Arbeitsablauf, -methode, -verfahren und -bedingungen müssen exakt beschrieben sein. Die Daten müssen eine Mindestgenauigkeit (i.d.R. 95%) aufweisen [14, 100, 137].

Arbeitsstunde

e: working hour; hour of work; man-hour
f: heure de travail (ou: de main-d'oeuvre); homme-heure
r: рабочий час
s: hora de trabajo
Eine Einheit für den →Arbeitszeitaufwand oder -bedarf. →Größen, physikalische

Arbeitssystem

e: work system
f: système de travail
r: рабочая система
s: sistema laboral
Das Zusammenwirken von →Mensch und →Arbeitsmittel im →Arbeitsablauf, um die →Arbeitsaufgabe am →Arbeitsplatz in der →Arbeitsumgebung unter den durch die →Arbeitsaufgabe gesetzten Bedingungen zu erfüllen. - Diese untereinander in Wechselbeziehungen stehenden Komponenten des A. werden Systemelemente genannt. Es gibt ortsgebundene (= stationäre) und ortsveränderliche (= mobile) Arbeitssysteme. Bei erstgenannten erfüllen Mensch und Betriebs- oder Arbeitsmittel ihre Aufgabe an einem festen Arbeitsplatz, bei letztgenannten folgen diese dem sich bewegenden oder wechselnden Arbeitsgegenstand [93, 193, 199]. →System

Arbeitstag

e: workday
f: jour ouvrable (ou: de travail); journée de travail
r: рабочий день
s: dia laborable; jornada laboral

Arbeitstage, verfügbare →Feldarbeitstage, verfügbare

Arbeitstakt →Arbeitsrhythmus

Arbeitstal (ldw.)

e: slack period
f: période creuse de travail
r: спад работоспособности
s: período de poco trabajo
Ein im wesentlichen durch den Vegetationsverlauf bedingter geringer Arbeitsanfall während bestimmter →Zeitspannen. →Arbeitsspitze; →Arbeitsausgleich

Arbeitstechnik

e: working technique
f: technique (ou: procédé) de travail
r: техника труда и рабочих приемов
s: técnica del trabajo

Die Gesamtheit der technischen und organisatorischen Erkenntnisse über die Art und Weise des Zusammenwirkens von Mensch und Arbeitsmittel im →Arbeitssystem. →Arbeitsmethode;   →Arbeitsverfahren; →Arbeitsweise; →Arbeitsstil

Arbeitsteilung

e: division of labour (or: work)
f: division du travail
r: деление труда
s: división del trabajo
Zerlegung einer Arbeit nach Art und Menge in Teilarbeiten und deren Verteilung auf mehrere Personen oder Betriebsmittel. - Mit zunehmender A. ist die Produktivität der Arbeit stark gestiegen, jedoch zugleich mangelnde Überschaubarkeit, Entpersönlichung und Fremdbestimmung in den Vordergrund getreten (Kommentar von DICHTL und ISSING) [156, 193]. →Mengenteilung; →Artteilung; →Arbeit, repetitive; →Fließbandprinzip.

Arbeitsteilvorgang →Teilvorgang

Arbeitstherapie

e: ergotherapy; work therapy
f: ergothérapie
r: рабочая терапия
s: ergoterapia; terapéutica ocupacional
Die dosierte körperliche oder geistige Belastung im Rahmen der Rehabilitation [96].

Arbeitstyp

e: type of work
f: type de travail
r: вид работы (энергетическая и информационная работа)
s: tipo de trabajo
Einteilung in energetische und in informatorische Arbeit (oder Tätigkeit) [167]. →Arbeitsart; →Arbeitsform

Arbeitsumgebung

e: work environment
f: environnement de travail
r: рабочая окружающая среда
s: ambiente de trabajo

Physikalische, chemische, biologische, soziale und kulturelle Faktoren, die eine Person an ihrem →Arbeitsplatz umgeben [93].
Hinweis: 1. Zur Unterscheidung: →Arbeitsumwelt ist der umfassendere Begriff.;
2. Zur Unterscheidung: →Arbeitsplatz und →Arbeitsort sind die konkreten Ausprägungen von Arbeitsumgebung bzw. Arbeitsumwelt bei einem bestimmten Arbeitsvorgang.

Arbeitsumsatz →Arbeitsenergieumsatz

Arbeitsumwelt; Arbeitsumfeld

e: work environment
f: milieu de travail
r: рабочее окружение
s: medio ambiente laboral
Ein Element des →Arbeitssystems: Das gesamte materielle und immaterielle Umfeld eines Arbeitssystems, von dem außer den physikalischen, chemischen und biologischen auch organisatorische, soziale, gesellschaftliche und kulturelle Einflüsse auf den Menschen und den →Arbeitsprozeß einwirken. Es können aber auch in Gegenrichtung Wirkungen vom Arbeitssystem auf die Umwelt ausgehen.
Hinweis: 1. Zur Unterscheidung: →Arbeitsumgebung ist der engere Begriff.;
2. Zur Unterscheidung: →Arbeitsplatz und →Arbeitsort sind die konkreten Ausprägungen von Arbeitsumgebung bzw. Arbeitsumwelt bei einem bestimmten Arbeitsvorgang.

Arbeitsunfähigkeit

e: disability (or: incapacity) to work; disablement
f: incapacité de travail(leur); incapacité; invalidité
r: трудовая недееспособность
s: incapacidad laboral
Auf Alter, Krankheit oder anderen Ursachen beruhendes Unvermögen eines Erwerbstätigen, seine bisherige Arbeit ohne Gefahr der Verschlimmerung seines Zustandes weiter auszuführen [156, 193]. →Berufsunfähigkeit; →Erwerbsunfähigkeit

Arbeitsunfall

e: occupational (or: work) accident
f: accident du travail
r: производственный несчастный случай
s: accidente de trabajo

Ein →Unfall während der Arbeit, auf dem Weg zwischen Wohnung und Arbeitsstätte (= Wegeunfall) und während der Ausübung beruflicher Tätigkeit im öffentlichen Verkehr (= Dienstwegunfall). - Auch ein Betriebssportunfall, bei dem Menschen bei der Ausübung von Betriebssport geschädigt werden, gilt versicherungsrechtlich als Arbeitsunfall.

Arbeitsunterbrechungen nach eigenem Ermessen

e: breaks at one's own discretion
f: arrêts de travail à la discrétion individuelle
r: перерывы в работе по потребности работающего
s: pausa del trabajo por decisión individual

Willkürliche Pausen, die von der Arbeitsperson nach ihrem Bedürfnis eingelegt werden [136]. →Verlustzeit; →arbeitsunabhängige V.; →persönlich bedingte V.

Arbeitsunterteilung →Gliederung in Arbeitsablaufabschnitte

e: job breakdown
f: décomposition du travail en éléments
r: разделение труда на рабочие елементы
s: descomposición del trabajo

Arbeitsunterweisung

e: work instruction; method instruction
f: instructions de travail
r: рабочее указание по выполнению задания
s: adiestramiento laboral; instrucción de trabajo

Maßnahmen, um den Arbeitenden mit den Kenntnissen und Erfahrungen vertraut zu machen, die zur rationellen, menschengerechten und sicheren Durchführung einer Arbeit erforderlich sind. Bei systematischer A. sind diese Maßnahmen strukturiert und organisiert, z.B. wie bei der "Vier-Stufen-Methode der A. nach REFA" [14, 193]:

1. Der Lernende wird auf die Unterweisung durch den Ausbilder vorbereitet.
2. Der Unterweiser macht den Arbeitsvorgang vor.
3. Der Lernende macht den Arbeitsvorgang nach.
4. Der Lernende übt bis zur Selbständigkeit.

→Arbeitspädagogik; →Unterweisung, programmierte

Arbeitsvereinfachung

e: work simplification
f: simplification du travail
r: упрощение работы
s: simplificación del trabajo

Änderung des bisherigen Arbeitsablaufes, um eine Arbeitsaufgabe mit weniger Verrichtungen oder mit weniger komplizierten Verrichtungen durchführen zu können [156].

Arbeitsverfahren

e: working method; work procedure
f: procédé de travail
r: метод труда или работы
s: tecnología de trabajo

Die Art und Weise des Zusammenwirkens von Mensch und Arbeitsmittel unter Umwelteinflüssen, um eine Arbeitsaufgabe zu erfüllen. (Es gilt i.d.R. für den Bereich eines Arbeitsvorganges und wird vornehmlich durch die benutzten Arbeitsmittel gekennzeichnet.) →Arbeitssystem; →Arbeitstechnik; →Arbeitsmethode; →Arbeitsweise

Arbeitsverfassung

e: state of labour force
f: structure d'emploi
r: законодательство по труду
s: estructura del personal laboral

Form und Aufbau der zwischenmenschlichen und sozialen Beziehungen innerhalb eines Betriebes. Beispiele: Familienarbeitsverfassung, Lohnarbeitsverfassung.

Arbeitsverhältnis

e: employer-employee-relationship; labour relation
f: contrat de travail; relation entre patron et ouvriers
r: рабочее отношение между работодателем и нанимателем

s: relaciones patrón-obrero; relación laboral

Das zwischen →Arbeitnehmer und →Arbeitgeber bestehende Rechtsverhältnis [18]. →Arbeitsvertrag

Arbeitsverkettung →Verkettung

Arbeitsvermögen

e: working ability; working capacity
f: capacité (ou: potentiel) de travail
r: рабочий потенциал
s: capacidad de trabajo
Das A. der Arbeitskräfte beruht auf ihren Kenntnissen, Fähigkeiten und Fertigkeiten sowie ihrem Gesundheitszustand und ihrer Leistungsbereitschaft [100]. →Arbeitskapazität; →Arbeitsleistung; →Leistungsfähigkeit

Arbeitsverrichtung →Arbeitsvollzug

Arbeitsversuch

e: work experiment
f: expérience de travail
r: рабочий эксперимент, опыт
s: experimento de trabajo
Ein Verfahren des →Arbeitsstudiums zur Prüfung von Hypothesen durch planvolle Untersuchung eines ausgewählten Teils der Wirklichkeit unter reproduzier-, variier- und kontrollierbaren Bedingungen. Zumeist soll die →Wirkung einzelner oder mehrerer →Einflußgrößen auf eine →Zielgröße ermittelt werden. Eine dem Versuchsplan entsprechende objektive Auswertung dient der notwendigen Verallgemeinerungsfähigkeit der Aussagen [4]. →Nullhypothese; →Validität

Arbeitsvertrag

e: labour contract; contract of employment
f: contrat de travail
r: рабочий (трудовой) договор
s: contrato de trabajo
Rechtliche Vereinbarung zwischen →Arbeitnehmer und →Arbeitgeber mit wechselseitigen Rechten und Pflichten zur Begründung eines →Arbeitsverhältnisses. Dabei verpflichtet sich der Arbeitnehmer zur

Arbeitsleistung im Rahmen von umschriebenen Aufgaben und Bedingungen, im Gegenzug der Arbeitgeber zu entsprechender Vergütung auf der Grundlage betrieblicher und überbetrieblicher Regelungen. Zusätzlich erwächst dem Arbeitnehmer eine Treuepflicht gegenüber dem Arbeitgeber, diesem obliegt dafür eine Fürsorgepflicht [38]. →Entgelt

Arbeitsvoranschlag (ldw.)

e: labour budget
f: budget de travail
r: предварительный расчет работы (годовая нагрузка, с/х)
s: previsión (o: presupuesto) de la mano de obra
Die Vorausberechnung des Bedarfs vor allem an →termingebundenen Arbeiten eines landwirtschaftlichen →Betriebes i.d.R. jeweils für ein Jahr und deren Zuteilung zu definierten →Zeitspannen [14]. →Voranschlag

Arbeitsvorbereitung

e: production (or: work) scheduling; process planning
f: préparation du travail
r: подготовка к работе (к выполнению рабочего задания)
s: preparación de trabajo
Die Gesamtheit der notwendigen Maßnahmen, um die Erfüllung einer bestimmten Arbeitsaufgabe nach einem bestimmten →Arbeitsverfahren zu ermöglichen [156].

Arbeitsvorgang; syn.: Arbeitsgang

e: operation
f: phase; opération
r: рабочая операция
s: fase de operación; proceso (o: ciclo; curso) de trabajo
Eine Arbeit, die
1. nur einem Zweck dient,
2. am selben Arbeitsort
3. in derselben zusammenhängenden Zeit
4. nur mit denselben Arbeitspersonen und Arbeitsmitteln abläuft (Einheit von Zweck, Arbeitsort, Zeit, Person und Arbeitsmittel). Ein A. ist Teil einer →Ge-

samtarbeit und umfaßt mehrere →(Arbeits)Teilvorgänge [14, 201].

→Gliederung in Arbeitsablaufabschnitte

Arbeitswechsel; Aufgabenwechsel; Arbeitsplatzrotation

e: job rotation
f: rotation des postes
r: смена работы, смена рабочего задания, ротация (смена) рабочего места
s: cambio en el trabajo; rotación de tareas; rotación del puesto de trabajo
Erweiterung oder Bereicherung des Arbeitsinhalts für den Menschen dadurch, daß er unterschiedliche Tätigkeiten im zeitlichen Wechsel an verschiedenen Arbeitsplätzen durchführt. Gleichzeitig wechseln dadurch Art und Höhe der Inanspruchnahme von Organen oder des gesamten Organismus [193]. →Arbeitsstrukturierung; →Arbeitsplatzwechsel

Arbeitsweise

e: work manner (or: mode)
f: façon de travailler
r: индивидуальное исполнение рабочего задания
s: modalidad personal de trabajar
Die individuelle Art der Ausführung einer Arbeit innerhalb eines vorgegebenen Arbeitsverfahrens [193]. →Arbeitsmethode; →Arbeitstechnik; →Arbeitsverfahren; →Arbeitsstil

Arbeitswert

e: labour value
f: valeur de la tâche; valeur de travail
r: стоимость работы (как результат аналитической оценки)
s: Indice de Valor Trabajo VT
Das Ergebnis der →analytischen Arbeitsbewertung, einer Methode, mit der die Arbeit zunächst in verschiedene Anforderungsarten gegliedert und in diesen getrennt bewertet wird. Danach werden diese Ergebnisse gewichtet und zu einem A. zusammengefaßt [198].

Arbeitswirksamkeit

e: work efficiency
f: efficacité du travail
r: эффективность работы, труда
s: efectividad en la tarea
Der Grad der Beherrschung einer bestimmten Arbeitsmethode bei der Ausführung eines Arbeitsvorganges. A. bewertet also die Güte des Bewegungs- und Kraftverlaufes einer Arbeit [156].

Arbeitswirtschaft

e: labour economics
f: économie de travail
r: экономика труда
s: economía del trabajo
Die Gesamtheit der Maßnahmen zum ökonomischen Einsatz des Produktionsfaktors "Arbeit", insbesondere zur Abstimmung der verfügbaren Arbeitskräfte und ihrer Arbeitsmittel mit dem jeweiligen Arbeitsbedarf des Betriebes über einen längeren Zeitraum (in der Landwirtschaft z.B. im Jahr) [14, 175]. →Arbeitsorganisation; →Arbeitsökonomie

Arbeitswissenschaft

e: labour (or: work) science; ergonomics; human engineering (US)
f: science du travail
r: наука о труде (включает эргономику, вопросы физиологии, психологии, социологии и педагогики труда)
s: ciencia laboral; ergonomía
Die angewandte Wissenschaft über die gegenseitige Anpassung von Mensch und Arbeit zur Steigerung der Leistung (= Ökonomik) und zur Verbesserung der Arbeitsbedingungen (= Humanität) [175].
oder:
Die Wissenschaft und Lehre von der Gestaltung und Organisation menschlicher Arbeit [167].
oder:
Die Arbeitswissenschaft behandelt die Analyse, Ordnung und Gestaltung der technischen, organisatorischen und sozialen Bedingungen von Arbeitsprozessen mit dem Ziel, daß die arbeitenden Menschen in produktiven und effizienten Arbeitsprozessen

- schädigungslose, ausführbare, erträgliche und beeinträchtigungsfreie Arbeitsbedingungen vorfinden,
- Standards sozialer Angemessenheit nach Arbeitsinhalt, Arbeitsaufgabe, Arbeitsumgebung sowie Entlohnung und Kooperation erfüllt sehen,
- Handlungsspielräume entfalten, Fähigkeiten erwerben und in Kooperation mit anderen Arbeitskräften ihre Persönlichkeit erhalten und entwickeln können [174].

Arbeits(zeit)gliederung →Gliederung in Arbeitsablaufabschnitte; Zeitgliederung

Arbeitszeit

e: working time (or: hours); hours of work
f: temps (ou: heures; durée; horaire) de travail
r: рабочее время
s: horario de trabajo
Die Zeit, während der der Arbeiter arbeitet oder zu arbeiten verpflichtet ist; d.h. (nach § 2, Abs. 1 des →Arbeitszeitrechtsgesetzes (ArbZRG)) die Zeit vom Beginn bis zum Ende der Arbeit ohne Ruhepausen. Man unterscheidet [152, 156]:
1. gesetzliche A., als die vom Gesetzgeber zugelassene A.;
2. tarifliche A., als die zwischen den Tarifvertragspartnern vereinbarte regelmäßige wöchentliche A.;
3. betriebliche A., als die tatsächlich regelmäßige tägliche und wöchentliche A.;
4. Anwesenheitszeit und Schichtzeit, als die A. zuzüglich der Betriebs- und Ruhepausen sowie der Zeit für Waschen, Umkleiden usw.

Arbeitszeit, gestaffelte; Arbeitszeit, versetzte

e: staggered working time
f: temps de travail échelonné
r: рабочее время, гибкое, смещаемое рабочее время
s: horas de trabajo escalonadas
Eine Form flexibler Arbeitszeitregelung, bei der die Mitarbeiter eines Betriebes oder einer Abteilung mit ihrer Arbeit zu unterschiedlichen Zeitpunkten beginnen und auf-

hören. Im Gegensatz zu kurzen Übergabezeiten bei Schichtarbeit sind die Überlappungszeiten bei der gestaffelten Arbeitszeit größer. Außerdem müssen die Arbeitsplätze nicht identisch sein [155].

Arbeitszeit, gleitende; Gleitzeit

e: flexible hours of work; flextime
f: horaire de travail variable; horaire souple (ou: mobile)
r: рабочее время, гибковарриируемое в рамках установленной длительности рабочей недели, месяца
s: horario de trabajo variable
Eine betriebliche Regelung der Arbeitszeit, bei der die Mitarbeiter im Rahmen von festgelegter Gesamtarbeitszeit pro Woche, Monat oder Jahr und innerhalb gewisser Grenzen den Beginn, die Mittagspause, das Ende und damit die Dauer und/oder Lage ihrer täglichen Arbeitszeit individuell wählen können. Zumeist ist jedoch eine →Kernarbeitszeit festgelegt, während der Anwesenheitspflicht besteht [156, 199]. →Flexibilisierung der Arbeitszeit; →Absprache-Gleitzeit

Arbeitszeit, kapazitätsorientierte variable KAPOVAZ; Arbeit auf Abruf

e: capacity-oriented variable working time
f: variabilité de la durée du travail selon les capacités
r: рабочее время, ориентированное на объем работ, работа по вызову
s: tiempo laboral variable según capacidad
Eine Form flexibler Arbeitszeitregelung, bei der die Lage und Dauer der Regelarbeitszeit dem Arbeitsanfall angepaßt wird. Darüber kann der Arbeitgeber unter Mitbestimmung des Betriebsrates relativ kurzfristig entscheiden. Nach dem Beschäftigungsförderungsgesetz (§ 4 Abs. 2) hat der Arbeitgeber dem Arbeitnehmer die Lage seiner Arbeitszeit jeweils mindestens vier Tage im voraus mitzuteilen [11].

Arbeitszeitaufwand (ldw.)

e: working time input
f: temps de travail consommé
r: затраты рабочего времени
s: tiempo dedicado de trabajo

In der Landwirtschaft üblicher und bewährter Begriff, der mit →Ist-Zeit gleichbedeutend ist (Einheit: APh, APmin oder 1/100 APmin). →Arbeitszeitbedarf

Arbeitszeitautonomie

e: autonomy of working time
f: autonomie des heures de travail
r: автономия рабочего времени
s: autonomía del horario de trabajo
Die Möglichkeit einer einzelnen →Arbeitsperson oder einer →autonomen Arbeitsgruppe, ihre →Arbeitszeit weitgehend selbständig und eigenverantwortlich zu gestalten. Dabei sind betriebliche Rahmenbedingungen zu beachten, z.B. vereinbarte →Kernzeiten bei →gleitender Arbeitszeit.

Arbeitszeitbedarf (ldw.)

e: working time requirement; required time; set time; rated time
f: besoin en temps de travail
r: потребность в рабочем времени
s: tiempo normativo
In der Landwirtschaft üblicher und bewährter Begriff, der mit →Soll-Zeit gleichbedeutend ist (Einheit: AKh, AKmin oder 1/100 AKmin). →Arbeitszeitaufwand; →Planzeit; →Arbeitszeitfunktion

Arbeitszeitdifferenzierung

e: differentiation of working time
f: différenciation de temps de travail
r: дифференсация рабочего времени
s: diferentiación de horario de trabajo
Ein Bestandteil flexibler Arbeitszeitmodelle, um dem qualitativ oder quantitativ unterschiedlichen Bedarf an Arbeitskräften während einer Arbeitsschicht zu entsprechen. (Beispiele: Eine ausgedünnte und ausgewählte Mannschaft ist mit halber Besetzung in der ersten Stunde der Montagsfrühschicht sowie in der letzten Stunde der Freitagsnachtschicht zum Anlauf bzw. Auslauf der Produktion tätig [23]).

Arbeitszeitfunktion

e: working time function; time formulae
f: fonction de temps de travail; formules de temps

r: функция рабочего времени (математическая модель определения заданного времени)
s: función del tiempo de trabajo
Ein mathematisches Modell zur Berechnung der →Soll-Zeit (= Arbeitszeitbedarf) einer →Planzeit t in Abhängigkeit von Einflußgrößen x_i: $t = f(x_i)$.

Arbeitszeitgesetz ArbZG

Das A. zielt grundsätzlich auf die Sicherstellung des Gesundheitsschutzes der Arbeitnehmer durch Festlegung der Höchstarbeitszeit sowie der Mindestruhepausen und -zeiten. Außerdem werden Nacht- und Sonntagsarbeit sowie Rahmenbedingungen für die Vereinbarung flexibler Arbeitszeiten geregelt. Das A. ist seit dem 1.7.1994 in Kraft und löst die aus dem Jahre 1938 stammende Arbeitszeitordnung (ArbZO) und 27 weitere Gesetze und Verordnungen ab [25].

Arbeitszeitgestaltung, sozialverträgliche

e: social structuring of working time
f: conception de temps de travail social traitable
r: организация рабочего времени, социально-→приемлемая
s: conformación del horario de trabajo según condiciones sociales
Regelungen der Arbeitszeit innerhalb von Maßnahmen zur →Arbeitsgestaltung und →Flexibilisierung der Arbeitszeit sowie im Rahmen des →Arbeitszeitgesetzes (ArbZG), bei denen mitarbeiterbezogene →Ziele bes. berücksichtigt werden. Beispiele für diese Ziele: Dispositionsfreiheit zur Abstimmung von Pflichten in Beruf, Familie und →Freizeit; Berücksichtigung von unterschiedlichen Zielen in den verschiedenen Lebensphasen; Anpassung an den individuellen →Tagesrhythmus; Vermeidung von Verkehrsspitzen [31, 196]. →Arbeitsdifferenzierung; →Arbeitszeitmodelle

Arbeitszeitgliederung →Zeitgliederung

Arbeitszeitkonto →**Mehrarbeit**

Arbeitszeitkorridor

e: window of opportunity in working time budgeting
f: occasions dans le budget-temps au monde du travail
r: коридор рабочего времени
s: margen de tiempo en la semana laboral
Die Spannweite der variablen Wochenarbeitszeit, die zwischen den Tarifpartnern oder innerbetrieblich zwischen Betriebsleitung und -rat vereinbart wird. Sie dient der besseren Personalplanung zur Anpassung an saisonal wechselnden Arbeitsbedarf. Für die zusätzlichen Arbeitsstunden wird kein Überstundenzuschlag gezahlt.

Arbeitszeitmodelle

e: working time models
f: modèles de temps de travail
r: модели рабочего времени
s: modelos de horarios de trabajo
Konkrete →Ausprägungen der →Arbeitszeitgestaltung u.a. mit folgenden Gestaltungselementen: →Zykluszeit (z.B.: täglich, wöchentlich, monatlich, jährlich); →Dauer (z.B.: Teil- oder Vollzeit); Lage der Schicht; Verteilung (z.B.: permanent oder wechselnd); Flexibilisierungsstufe [196].

Arbeitszeitstudie →**Zeitstudie**

Arbeitszeitverkürzung

e: reduction of working hours
f: réduction (ou: diminution) de la durée du travail
r: сокращение рабочего времени
s: reducción de la duración del trabajo
Eine tariflich vereinbarte Verminderung der Regelarbeitszeit.

Arbeitszufriedenheit

e: job satisfaction
f: satisfaction en travail
r: удовлетворение трудом
s: satisfacción con el trabajo
Eine motivationsabhängige, subjektive Verhaltensweise, wie der einzelne Mitarbeiter seine Arbeitssituation "erlebt" und welche Abweichungen sich gegenüber seinen Soll-Vorstellungen bzw. Ansprüchen (Erwartungen) an die Arbeitssituation ergeben (Soll-Ist-Vergleich der Arbeitssituation) [12, 21].
<u>Hinweis:</u> A. kann einerseits als eine Folge von Leistungsergebnissen angesehen werden, andererseits Leistungsbedingungen schaffen, unter denen angemessene Zielsetzungen und damit die Arbeitsleistung gefördert werden [152]. →Kriterien zur Beurteilung der Arbeitsbedingungen

Arbeitszufriedenheit, Formen der -

e: types of job satisfaction
f: façons de la satisfaction en travail
r: удовлетворенность от труда, ее формы
s: modalidades del satisfacción con el trabajo
Ein positiver emotionaler Zustand, der aus der Bewertung des eigenen Arbeitsplatzes oder der Erfahrungen in der eigenen Arbeit resultiert. Die A. wird häufig mit standardisierten Fragebögen erfaßt, in denen der Grad der Zufriedenheit auf notenähnlichen Skalen (mit Stufen von sehr zufrieden bis sehr unzufrieden) angekreuzt werden kann [20, 95, 172].
Folgende Faktoren sind für die →Arbeitszufriedenheit bedeutsam [109]:
1. die Entlohnung,
2. die Eingliederung in informelle Gruppen im →Betrieb,
3. das Prestige oder Ansehen, das mit der Arbeitsposition verbunden ist,
4. ein gewisses Maß an Dispositionsfreiheit,
5. die soziale Sicherheit des →Arbeitsplatzes und
6. die subjektiven Erwartungen des →Arbeitnehmers hinsichtlich der Arbeitsplatzsituation.
→Kriterien zur Beurteilung der Arbeitsbedingungen

Arbeitszweck

e: work objective
f: fin du travail
r: целесооб разность работы (объективная)
s: finalidad (o: objeto) de trabajo

Der vorgestellte und gewollte zukünftige Zustand, der durch die Arbeit verwirklicht werden soll. (Nach W. WUNDT: Zweck = Die antizipierte Vorstellung der Wirkung des Handelns [207].) →Arbeitsaufgabe

Arbeitszyklus

e: *work cycle*
f: *cycle*
r: *рабочий цикл*
s: *ciclo*
Eine wiederholte Folge von →Arbeitselementen je Produktionseinheit.

Arbeits- und Organisationspsychologie

e: *Industrial and Organizational Psychology*
f: *psychologie industrielle et organisatrice*
r: *промышленная и организационная психология*
s: *psicología industrial y organizacional*
Zentraler Gegenstand der A. ist die menschliche →Arbeit und ihre →Organisation. Ihre allgemeinen Aufgaben liegen in der Mitwirkung an der Beschreibung, Analyse, Erklärung, Prognose und Gestaltung menschlicher Arbeit und Organisation. Sie teilt diese Aufgaben mit ihren Nachbardisziplinen sowie der interdisziplinär angelegten →Ergonomie und →Arbeitswissenschaft. Als psychologische Fachdisziplin hat sie spezifische Aufgaben der Untersuchung und Veränderung des menschlichen Verhaltens, Handelns, Denkens oder Fühlens sowie der Entwicklung von Menschen durch Rückgriff auf psychologische Begriffe, Theorien und Methoden.
In den Anfängen wurde für das Gebiet die Bezeichnung Industrielle Psychotechnik verwendet. In den Vereinigten Staaten ist die Gebietsbezeichnung "Industrial and Organizational Psychology" (die Division 14 der American Psychological Association nennt sich Society of Industrial and Organizational Psychology, SIOP). Als Oberbegriff und Standardbezeichnung ist A. für das gesamte Fachgebiet im deutschsprachigen Raum erst seit den 70er Jahren gebräuchlich. Eine Fachgruppe Arbeits- und Organisationspsychologie (FAO) wurde in der Deutschen Ges. für Psychologie 1985 konstituiert. Im

Berufsverband Deutscher Psychologen heißt die entsprechende Sektion Arbeits-, Betriebs- und Organisationspsychologie (ABO-Psychologie), im Berufsverband Österreichischer Psychologen Organisations-, Wirtschafts- und Arbeitspsychologie (OWA) und in der Schweizerischen Ges. für Arbeits- und Organisationspsychologie (SGAOP). Der Europäische Verband heißt European Work and Organizational Psychology (EWOP) [95, 118]. →Verbände im Fachbereich Psychologie; →Methoden im Fachbereich Psychologie

Arrhythmie

e: *arrhythmia*
f: *arythmie*
r: *аритмия*
s: *arritmia*
i. allg.: unregelmäßige Bewegung; Unregelmäßigkeit im Ablauf eines rhythmischen Vorgangs
i.e.S.: zeitliche Unregelmäßigkeit der Herztätigkeit [167].

Arrhythmie der Herzschlagfrequenz
→Herzschlagarrhythmie

Artteilung

e: *division of work by type*
f: *séparation du travail par espèce*
r: *деление работы (на многих работающих или средства труда)*
s: *subdivisión por tipo*
Eine Aufteilung der Arbeit auf mehrere Menschen oder Betriebsmittel, so daß jeder Mensch bzw. jedes Betriebsmittel nur einen (möglichst in sich geschlossenen) Teil des gesamten Arbeitsablaufs ausführt [193]. →Arbeitsteilung; →Mengenteilung

Assessment Center AC

e: *assessment center*
Arbeits- und organisationspsychologische Methode zur →Personalauswahl und →Personalentwicklung, in der die zu Beurteilenden für die Tätigkeit möglichst praxisnah zusammengestellte Arbeitsproben (sogenannte Übungen) durchzuführen haben (z.B. freie Gruppendiskussionen, Vorträge, Bear-

beitung eines Postkorbs). Das Verhalten bei den Arbeitsproben wird von trainierten Beurteilern beobachtet. Sie verwenden dazu Ratingskalen, auf denen ausgewählte, verhaltensnah beschriebene Merkmale einzuschätzen sind (z.B. Initiative, sprachlicher Ausdruck, kooperatives Führungsverhalten, Planung und Organisation) [95].

ATAA →**Analyse von Tätigkeitsstrukturen und prospektive Arbeitsgestaltung bei Automatisierung**

Atemfrequenz

e: respiratory frequency (or: rate)
f: fréquence de la respiration
r: частота дыхания (в мин.)
s: frecuencia respiratoria
Anzahl der Atemzüge pro Minute [96].

Atemminutenvolumen

e: pulmonary capacity; respiratory volume per minute
f: capacité pulmonaire; volume respiratoire par minute
r: респираторный объем (объем вдохнутого воздуха за 1 минуту)
s: capacidad pulmonar; volumen minuto respiratorio
Das in einer Minute veratmete Luftvolumen [96].

Atrophie

e: atrophy; atropia
f: atrophie
r: атрофирование
s: atrofia
Der Schwund von Organen, Geweben und Zellen, wobei Gewebestrukturen und Organaufbau erhalten bleiben [96]. →Unterbelastung;   →Training;
→(Arbeits)hypertrophie

Attenuation →**Dämpfung**

Audiometrie

e: audiometry
f: audiométrie
r: аудиометрия
s: audiometría
Eine Hördiagnostik mit Hilfe von elektroakustischen Hörmeßgeräten (Audiometer)

[186]. Das Audiogramm erlaubt eine Beurteilung der Hörfähigkeit des Menschen, insbesondere die Feststellung der individuellen Hörschwelle [22].

Auditive Wahrnehmung →**Wahrnehmung, auditive**

Aufbauorganisation

e: organization(al) structure
f: organisation structurelle
r: организационная структура
s: organigrama; estructura de la organización
Eine Regelung zur Aufteilung der Aufgaben eines Betriebes, einer Behörde oder eines anderen soziotechnischen Systems auf verschiedene Einheiten und der Beziehungen zwischen diesen Einheiten [193].

Aufgabe →**Arbeitsaufgabe**

Aufgabenanalyse, kontrastive

e: contrast task analysis
f: analyse contrastante des tâches
r: анализ рабочего задания, контрастный
s: análisis de contrastes de las tareas
Eine Bewertung zur Gestaltung von (Arbeits)aufgaben im Umgang mit den neuen Informations- und Kommunikationstechniken, bei denen der Unterschied zwischen menschlichem Denken, Fühlen und Handeln einerseits und maschinellen Prozeduren andererseits untersucht und beachtet werden. Eine solche k.A. will nicht →Mensch und →Maschine "vergleichen", sondern zielt gerade auf die Unvergleichbarkeit und damit auf die Stärken des menschlichen Denkens, Fühlens und Handelns [97]. →Software-Ergonomie

Aufgabenbereicherung; Arbeitsbereicherung

e: job enrichment
f: enrichissement des tâches
r: обогащение рабочего задания, обогащение работы
s: enriquecimiento de la tarea

Die Zusammenfassung von mehreren strukturell verschiedenen, vor-, nach- und nebengelagerten Teilaufgaben zu einer neuen Arbeitsaufgabe. Mit der qualitativen Bereicherung des Arbeitsinhalts wird der Handlungsspielraum des Menschen vergrößert, das heißt, er hat mehr Entscheidungs-, Kontroll-, Durchführungs- und Verantwortungskompetenzen als vorher [193]. →Arbeitsstrukturierung; →Aufgabenerweiterung

Aufgabenerweiterung; Arbeitserweiterung

e: job enlargement
f: enlargissement des tâches
r: расширение рабочего задания, расширение работы
s: ampliación del trabajo (o: de tareas)
Die Zusammenfassung von mehreren strukturell gleichartigen, miteinander in Beziehung stehenden Teilaufgaben zu einer größeren Arbeitsaufgabe. Dadurch wird der Tätigkeitsspielraum des Menschen quantitativ erweitert [193]. →Arbeitsstrukturierung; →Aufgabenbereicherung

Aufgabenwechsel →Arbeitswechsel

Auflösungsvermögen

e: resolving power
f: pouvoir séparateur
r: разрешающая способность
s: poder resolutivo
Die Fähigkeit des Auges, nah beieinander liegende kleine Objekte getrennt wahrzunehmen [22].

Aufmerksamkeit

e: concentration; attention; alertness
f: attention
r: внимательность, концентрация
s: atención
Die auf die Beachtung eines Objekts (Vorgang, Gegenstand, Idee usw.) gerichtete Bewußtseinshaltung, durch die das Beachtungsobjekt apperzipiert wird. Dabei tritt auf der Objektseite ein Herausheben bestimmter Teilinhalte, auf der Subjektseite ein erhöhter, konzentrierter Einsatz des "Aufnahme-

und Verarbeitungsapparates" ein [168]. →Vigilanz

Aufmerksamkeitsbelastung

e: concentrational stress
f: charge de l'attention
r: нагрузка вследствии концентрации, внимательности
s: demanda exigida por la atención
Die durch Vielgestaltigkeit, Menge, Stärke und Dauer bestimmte Einwirkung von Sinnesreizen oder Erlebnissen auf den Menschen, die von ihm willkürlich oder unwillkürlich wahrgenommen werden [156].

Aufmerksamkeitstypen

e: types of concentration
f: types de l'attention
r: типы (виды) концентрации
s: tipificación de la atención
Charakteristische Formen der Aufmerksamkeit. Man unterscheidet:
1. Typ der fixierenden Aufmerksamkeit: eng begrenzt im Umfang, fest beobachtend, einseitig, objektiv
2. Typ der fluktuierenden Aufmerksamkeit: weiter Umfang, schweifend und gedanklich verknüpfend, vielseitig, subjektiv.
Zwischen diesen beiden Extremen gibt es mannigfache Übergangsformen [156].

Aufmerksamkeitsverteilung

e: spread of concentration
f: distribution de l'attention
r: распределение концентрации
s: atención múltiple simultánea
Ein Vorgang oder Zustand, bei dem die →Aufmerksamkeit gleichzeitig in einem bestimmten Verhältnis auf die →Wahrnehmung und Verarbeitung mehrerer Sinnesreize oder Erlebnisse verteilt ist [156].

Aufmerksamkeitszeit

e: duration of concentration
f: temps d'attention
r: время концентрации
s: tiempo de atención
Die Zeit, während der eine Person anwesend sein muß, um bestimmte gegenwärtige oder erwartete Erlebnisinhalte mit gesteigerter

Wachheit und Aufnahmebereitschaft zu beobachten. →Aufmerksamkeit

Auftrag

e: order
f: ordre
r: задание, заказ
s: orden de trabajo
Eine schriftliche oder mündliche Aufforderung zur Ausführung einer bestimmten Arbeit [193].

Auftragszeit

e: job order time allowed
f: temps d'ordre
r: время на задание, заказ
s: tiempo asignado en la orden de trabajo
Die Zeit von der Auftragserteilung über die
Vorbereitung und Durchführung des Auftrages bis zur Fertigmeldung und Auswertung
[62]. →Zeitgliederung

Aufwärmeffekt

e: warming-up effect
f: effet de l'échauffement
r: Эффект разогрева во время
работы
s: efecto del recalentamiento
Die durch →Beanspruchung häufig hervorgerufene Folge, die bald nach Beginn einer
Tätigkeit dazu führt, eine Leistung mit weniger Anstrengung zu erbringen als anfangs
[68, 148].

Augenbezugspunkt AP

e: eye reference point; design-eye-position
f: point de référence de l'oeil
r: точка отсчета, привязаная к
глазам человека
s: punto de referencia del ojo
Ein Bezugspunkt im →Mensch-Maschine-
System, von dem aus Instrumente mit optischer Informationsausgabe dem menschlichen Körper räumlich zugeordnet werden.
Er ist für die verschiedenen Körpergrößen-
Klassen und zugehörigen →Perzentile festgelegt [137]. →Schulterbezugspunkt;
→Sitzbezugspunkt

Ausbeutung

e: exploitation
f: exploitation
r: Эксплуатация
s: explotación
Der Mißbrauch einer Überlegenheit zum
Zwecke der Bereicherung mit dem Mittel,
andere bei unangemessener Vergütung für
sich arbeiten zu lassen [156].

Aus- und Weiterbildung

e: education; training
f: formation
r: обучение
s: formación
Der Prozeß der planmäßigen und zielgerichteten Vermittlung von Kenntnissen und Fertigkeiten sowie der Entwicklung von Fähigkeiten und Handlungskompetenzen als Voraussetzung für eine bestimmte Tätigkeit [18]
oder auch als Oberbegriff für das For-
schungs- und Anwendungsfeld. Der Begriff
Ausbildung bezieht sich dabei speziell auf
den Bereich der beruflichen Erstausbildung.
Weiterbildung wird in der Regel für darauf
aufbauende, systematisch und breiter angelegte Programme und Fortbildung für spe-
zialisierte Einzelmaßnahmen verwendet
[95]. →Berufsausbildung

Ausbildungs- und Forschungsinstitut der Vereinten Nationen UNITAR

e: United Nations Institute for Training and
Research
f: Institut des Nations Unies pour la
formation et la recherche
r: учебный и научно-
исследовательский институт
Организации Объединенных Наций
s: Instituto de las Naciones Unidas para la
Formación Profesional e Investigaciones

Ausfall

e: failure
f: manque
r: выход из строя
s: pérdida
Die Beendigung der Funktionsfähigkeit einer materiellen →Einheit im Rahmen der
zugelassenen Beanspruchung [41].

Ausfallzeiten

e: down (or: unoccupied) time
f: temps d'arrêt
r: время сбоя, связанное с
техническими помехами
s: tiempo de inactividad (o: de parada; de
interrupciones)
Zeiten, in denen ein Betriebsmittel während seiner theoretischen Einsatzzeit infolge von technischen Störungen oder infolge von Maßnahmen, die seiner Erhaltung dienen, außer Einsatz ist [193].

Ausführbarkeit

e: practicability; feasibility
f: praticabilité; possibilité d'exécution
r: возможность реализации чего - то
с позиций возможностей человека
s: posibilidad de ejecución
Ein Kriterium zur Beurteilung, ob eine Arbeit technisch und aufgabengerecht überhaupt erledigt werden kann. A. ist Voraussetzung für →Erträglichkeit. →Kriterien zur Beurteilung der Arbeitsbedingungen; →Arbeitstechnik

Ausführungszeit

e: accomplishing time; time allowed
f: temps d'exécution
r: время выполнения
s: tiempo de ejecución
Die Zeit, die für die Erledigung eines Arbeitsauftrages an allen Einheiten (z.B. Stükken) insgesamt (ohne Rüstzeiten) benötigt wird [156]. →Zeitgliederung

Ausgabe

e: output
f: output; recettes
r: выход (как Элемент рабочей
системы)
s: caudal de salidas del sistema laboral
Ein Element des →Arbeitssystems: Es besteht im allgemeinen aus Arbeitsgegenständen, Informationen und Energie, die im Sinne der Arbeitsaufgaben verändert, verwendet oder neu erstellt wurden [193]. →Eingabe

Ausgleichszeitraum →Mehrarbeit

Auslöseschwelle

e: reaction trigger threshold
f: niveau minimum de déclenchement
r: критический уровень
концентрации (термин из
промгигиены)
s: umbral de desencadenamiento
Die Konzentration eines Stoffes in der Luft, am Arbeitsplatz oder im Körper, bei deren Überschreiten zusätzliche Maßnahmen zum Schutze der Gesundheit erforderlich sind [167].

Ausprägung

e: category; attribute; characteristic
f: catégorie; empreinte
r: категория, характеристика
(чественное или количественное
выражение чего→то)
s: magnitud característica
Qualitativer oder quantitativer Einzelsachverhalt alternativer Art, der mit unterschiedlichen Skalen bewertet werden kann [198]. →Skalierung

Außenarbeiten (ldw.)

e: work outside the farmstead
f: travaux extérieurs
r: полевые работы
s: trabajos exteriores
Alle Arbeiten außerhalb des Betriebsgeländes (speziell: außerhalb eines landwirtschaftlichen Gehöftes) [14].

Aussperrung

e: lockout
f: lock-out
r: уклонение
s: cierre de talleres; lock-out
Das aus der im Grundgesetz verankerten Koalitionsfreiheit abgeleitete Recht der →Arbeitgeber, sich im →Arbeitskampf gegenüber den →Arbeitnehmern von den →Arbeitsverhältnissen und der Lohnzahlungspflicht wenigstens zeitweilig zu lösen [18]. →Streik

Ausstand →Streik

Automatisierung (im psychologischen Sinne)

e: automaticity
f: automatisation
r: автоматизация (с точки зрения психологии)
s: automaticity
Durch Übung erlernte Ausführung von Bewegungen oder Bewegungsfolgen, die durch einen Handlungsimpuls ausgelöst wird und während der Ausführung nicht mehr willentlich gesteuert werden muß [95, G6].

Automatisierung; Automation (im produktionstechnischen Sinne)

e: automation; robotization; robotics
f: automatisation; automation; robotisation
r: автоматизация (с производственно→тех нической точки зрения)
s: automatización; automación
Maßnahmen zum vollkommenen oder teilweise selbsttätigen Ablauf von Prozessen, die ohne Eingreifen des Menschen geregelt werden [193]. →Mechanisierung

autonom

e: autonomous
f: autonome
r: автономный, независимый
s: autónomo
eigengesetzlich; selbständig; nicht willkürlich beeinflußbar [167]. →Nervensystem, autonomes

autonome Arbeitsgruppe
→Arbeitsgruppe

AZO = Arbeitszeitordnung

B

BAB →Beurteilung arbeitsbedingter Belastung

Basalpuls

e: basal pulse
f: pouls basal
r: самая низкая частота сердцебиения (во время глубокого сна)
s: pulso basal
Die →Herzschlagfrequenz während mindestens einer Stunde Tiefschlaf (niedrigster, regelmäßiger Puls ohne Umwelteinflüsse) [175]. →Ruhepuls

Bauer (ldw.)

e: farmer (US: farm operator)
f: agriculteur
r: крестьянин, фермер
s: agricultor
Mitarbeitender, das Risiko tragender Leiter eines landwirtschaftlichen Betriebes [14].

Beanspruchung

e: strain
f: contrainte
r: напряженность труда
s: esfuerzo
Durch die individuellen Eigenschaften geprägte Reaktion des Menschen auf eine →Belastung, d. h. auf von außen einwirkende Faktoren [136, 209]. →Arbeitsbeanspruchung

Beanspruchung, physische; körperliche Beanspruchung

e: physical strain
f: contrainte physique
r: напряженность труда при физической работе
s: esfuerzo físico (o: corporal)
Die individuelle, zeitlich unmittelbare und nicht langfristige Auswirkung der →physischen Belastung im Menschen in Abhängigkeit von seinen individuellen Voraussetzungen und seinem Zustand, einschließlich seines individuellen Stils zur →Bewältigung

der Beanspruchung [68, 148, 232]. →Beanspruchung; →Arbeitsbeanspruchung

Beanspruchung, psychische; syn.: mentale oder geistige B.

e: psychic strain; mental strain
f: contrainte psychique (ou: mentale)
r: напряженность труда, психологическая, при умственной работе
s: esfuerzo psíquico
Die individuelle, zeitlich unmittelbare und nicht langfristige Auswirkung der →psychischen Belastung im Menschen in Abhängigkeit von seinen individuellen Voraussetzungen und seinem Zustand, einschließlich seines individuellen Stils zur →Bewältigung der Beanspruchung [68, 148]. →Beanspruchung; →Arbeitsbeanspruchung

Bearbeitung

e: processing; machining; treatment
f: façonnement
r: обработка
s: elaboración
Eine Tätigkeit mit dem Ziel der Veränderung des →Arbeitsgegenstandes in seiner Form und/oder in seinen Stoffeigenschaften [178]. →Fertigung

Bearbeitungszeit

e: net process (or: machining) time
f: temps de traitement (ou: transformation)
r: время обработки (машинное), связанное с обработкой одной единицы задания
s: tiempo de elaboración
Die Zeit vom Beginn bis zum Abschluß der Behandlung der einzelnen Einheit oder gleichzeitig mehrerer Einheiten eines Auftrages [156]. →Zeitgliederung

BEAT

= Betriebssoziologischer Erhebungsbogen zur Arbeitsplatz- und Tätigkeitsanalyse.
Ein Verfahren von LINKE zur Ermittlung von Eigendisponierbarkeit, Kontrollspielräumen und Komplexität der Aufgabenstruktur [152].

BEDAUX-System

e: BEDAUX-system
f: système BEDAUX
r: система БЕДАУС (оценка
производительности труда
работающего по методике РЕФА)
s: sistema BEDAUX
Wie beim Leistungsgradbeurteilen nach REFA, so wird auch beim B. die körperliche Tätigkeit mit dem zugehörigen geistigen Anteil vom Zeitstudienmann subjektiv beurteilt. Dabei wird eine sogenannte Arbeitseinheit 1 B (1 BEDAUX) für die menschliche Arbeitsleistung gebildet, wie etwa für die physikalische Arbeit 1 Nm (= Newton · Meter) die Einheit darstellt. "Unter der Arbeitseinheit 1 B versteht man die Arbeitsmenge, die ein Arbeiter bei normaler Arbeitsgeschwindigkeit unter normalen Verhältnissen in 1 Minute leistet, dabei ist bereits die Zeitdauer berücksichtigt, die der Arbeiter zu seiner Erholung benötigt." (Definition nach ROCHAU) [198].

Bedienelement; syn.: Bedienteil

e: control; control actuator
f: (organe de) commande
r: элемент управления
s: elemento de mando (o: ajuste)
Eine technische Einrichtung an der Eingangsseite der Maschine, die von einer Bedienperson aktiviert wird (z.B. Schalter, Hebel, berührungsempfindliche Bildschirme). (Es besteht offensichtlich kein wesentlicher Unterschied zum →Stellteil.) [209].

Bedienung (einer Maschine)

e: control; operation
f: commande; conduite; maniement
r: управление (машиной)
s: servicio; manejo; manipulación
Eine Benennung, die häufig fälschlich anstelle von →Betätigung, →Steuerung oder →Handhabung einer Maschine gebraucht wird [156].

Bedürfnispyramide

e: needs hierarchy
f: hiérarchie des besoins
r: пирамида потребностей
s: jerarquía de necesidades
Eine von MASLOW formulierte Inhaltstheorie der Motivation, die menschliche →Bedürfnisse in eine Hierarchie einordnet. Diese Rangfolge besteht aus physiologischen und sozialen Bedürfnissen, Sicherheitsbedürfnissen, Wertschätzung sowie Selbstverwirklichung. Nur jeweils unbefriedigte Bedürfnisse erzeugen einen motivierenden Spannungszustand; Bedürfnisse der in der Rangfolge untergelagerten Schicht müssen zunächst weitgehend befriedigt sein, bevor hierarchisch höhergelagerte handlungswirksam werden [184].

Bedürfnisse

e: needs; wants; wants and needs
f: besoins
r: потребности (человека)
s: necesidades
Psychologisch sind B. mit dem Erlebnis eines Mangels und mit dem Streben nach der Beseitigung dieses Mangels verbunden (B.befriedigung) Unterschieden werden primäre (physiologische) und sekundäre (erworbene oder erlernte) B. Die Abgrenzung zu Trieb oder Motiv (→Motivation) ist unscharf [95].
Wirtschaftlich werden B. als Bestimmungsgründe für das Handeln von Wirtschaftssubjekten gesehen, die teils bewußt, teils verborgen, psychisch und sozial bedingt sind. Aus der Spannung zwischen der relativen Unbegrenztheit der B. und der relativen Knappheit bedarfsdeckender Mittel erwächst die Notwendigkeit wirtschaftlichen Handelns [9].

Beeinträchtigungsfreiheit; Schädigungslosigkeit

e: freedom from impairment
f: manque des contraintes
r: безущербность, безвредность
(для здоровья человека)
s: libertad de perjuicio
Kriterien zur Beurteilung extremer →Belastungshöhe und damit zur ergonomischen →Arbeitsgestaltung. →Erträglichkeit ist Voraussetzung für Beeinträchtigungsfreiheit; diese wiederum ist gemeinsam mit →Arbeitssicherheit Bedingung für Schä-

digungslosigkeit [167]. →Kriterien zur Beurteilung →der Arbeitsbedingungen

Befähigung →**Eignung**

Befragung

e: *inquiry; survey*
f: *enquête; interrogation*
r: *опрос*
s: *encuesta; interrogatorio*
Die Ermittlung von Daten, die im Erfah-
rungsbereich von Personen existieren und
deren Ausprägungen sich in Meinungen,
Einstellungen oder Wünschen dieser Personen äußern. Mit B. lassen sich betriebliche
Schwachstellen analysieren und die Wirksamkeit von organisatorischen Maßnahmen
ergründen. Die B. kann in mündlicher Form
(Interview) oder in schriftlicher Form
(Fragebogenmethode), als Einzel- oder
Gruppeninterview durchgeführt werden
[196].

Begabung

e: *talents*
f: *talent*
r: *талант*
s: *talento*
alltagssprachlich: Das Gefüge angeborener
außergewöhnlicher →Fähigkeiten, die in
ihrem Zusammenwirken Art und Höhe besonderer Leistungen beeinflussen [95, 156].

Begriff

e: *concept*
f: *concept*
r: *понятие, определение*
s: *concepto*
Eine Denkeinheit, die aus einer Menge von
Gegenständen unter Ermittlung der diesen
Gegenständen gemeinsamen Eigenschaften
mittels Abstraktion gebildet wird. Begriffe
werden sprachlich durch Benennungen und
Definitionen repräsentiert. Eine Benennung
(nicht: Begriff) ist eine aus einem Wort oder
mehreren Wörtern bestehende Bezeichnung.
Eine Definition ist eine Begriffsbestimmung
(= Festlegung eines Begriffs aufgrund seiner
Merkmale im Rahmen eines Begriffssy-
stems) mit sprachlichen Mitteln [46].

Behaglichkeit, (thermische)

e: *(thermal) comfort*
f: *confort (thermique)*
r: *температурный комфорт, уют
(субъективное восприятие
человеком)*
s: *comodidad*
Ein Zustand subjektiven Wohlbefindens
beim Menschen, bedingt durch optimale,
insbesondere thermisch neutrale Klimabedingungen. →PMV-Index; →Komfortbedin-
gungen; →Effektivtemperatur

Behaviorismus

e: *behaviourism*
f: *béhaviorisme*
r: *бехавиоризмус (американская
школа психологии основанная
Ватсоном в 1913г)*
s: *behaviorismo*
Eine 1913 von WATSON begründete ame-
rikanische Schule der Psychologie. Nach ihr
sollte sich die Psychologie auf das objektiv
beobachtbare und meßbare →Verhalten be-
schränken und auf die Beschreibung von
Bewußtseinsinhalten vollständig verzichten
[95].

Beidhandanalyse

e: *two-handed process chart*
f: *analyse bimanuelle*
r: *анализ двигательной активности
обеих рук человека*
s: *análisis bimanual*
Eine Untersuchung, mit der die Aktivitäten
und Beziehungen beider Hände des arbeitenden Menschen geklärt und zumeist in
einem Ablaufdiagramm dargestellt werden
[17].

Beinahe-Unfall

e: *near accident*
f: *presque-accident*
r: *почти (чуть ли не) несчастный
случай*
s: *casi accidente*
Ein oder mehrere kritische Ereignisse, die
unerwartet auftreten und zu einer Abweichung vom normalen Arbeitsablauf sowie zu
einer Gefährdung führen, ohne daß eine tatsächliche oder schwerwiegende Verletzung

eintritt [10]. →Unfall; →Gefährdungsanalyse

Belastbarkeit

e: stress capacity
f: capacité de charge
r: нагружаемость (способность организма выдерживать рабочие перегрузки)
s: capacidad de carga
Die individuelle Fähigkeit des Organismus oder des Menschen, physische und psychische Belastung ohne Schädigung zu ertragen [14]. →Belastung

Belastung →Arbeitsbelastung

Belastung, physische; syn.: körperliche oder energetische Belastung.

e: physical stress (or: load)
f: charge physique
r: нагрузка, физическая (синонимы Энергетическая нагрузка)
s: carga física (o: corporal)
Die Gesamtheit der erfaßbaren Einflüsse, die von außen auf den Menschen zukommen und auf ihn physisch einwirken [68].
→Belastung; →Arbeitsbelastung

Belastung, psychische; syn.: mentale, geistige oder informatorische Belastung.

e: psychic (or: mental) stress (or: load)
f: charge psychique (ou: mentale)
r: нагрузка, психологическая (синонимы умственная или информационная нагрузка)
s: carga psíquica (o: mentale)
Die Gesamtheit der erfaßbaren Einflüsse, die von außen auf den Menschen zukommen und auf ihn psychisch einwirken [68].
→Belastung; →Arbeitsbelastung

Belastungs-Beanspruchungs-Konzept

e: stress-strain concept
f: concept du charge et de la contrainte
r: концепт рабочая нагрузка - напряженность труда (по Ромерту, 1973)
s: concepto carga-esfuerzo
Ein Modell für die Abhängigkeit der →Beanspruchung von der →Belastung und den individuellen →Fähigkeiten des arbeitenden Menschen. Es beruht auf dem Konzept der Ursache-Wirkungsbeziehung in der Mechanik [137].

Belastungsgrenze, pragmatische

e: pragmatic stress limit
f: limite pragmatique de charge
r: граничная рабочая нагрузка, прагматичная
s: límite pragmático de carga
Eine durch Setzung begründete Grenze für die Belastung. Solche Setzungen beruhen auf verfügbaren wissenschaftlichen Erkenntnissen und Erfahrungen, ohne daß diese im einzelnen, z.B. nach statistischen Kriterien, als gesichert gelten können [167].
→Dauerleistungsgrenze

Belastungstyp

e: type of work load
f: type de charge
r: тип рабочей нагрузки
s: tipo de carga
Einteilung in energetische und informatorische Belastung sowie in Belastung durch physikalische und chemische sowie soziale Umgebung. (→Arbeitstypen) [167].

Belästigung, sexuelle

e: sexual harassment
f: molestation sexuelle
r: надоедание на сексуальной почве
s: molestia sexual
Jedes vorsätzliche, sexuell bestimmte Verhalten am Arbeitsplatz, das die Würde von Beschäftigten verletzt; solches Verhalten kann sexuelle Handlungen umfassen, die gegen das Strafgesetz verstoßen oder sexuell bestimmte körperliche Berührungen, Bemerkungen sexuellen Inhalts sowie Zeigen pornographischer Abbildungen beinhalten, die von den Betroffenen erkennbar abgelehnt werden. (Gesetz zum Schutz der Beschäftigten vor sexueller Belästigung am Arbeitsplatz - Beschäftigtenschutzgesetz vom 24. Juni 1994, § 2 Abs. 2)

Belegungszeit

e: holding time
f: temps d'occupation
r: заложенное время, необходимое для выполнения работы средствами труда
s: tiempo de uso (carga de máquina)
Die Zeit, während der das →Betriebsmittel für die Ausführung einer Arbeit zur Verfügung stehen muß [156]. →Zeitgliederung

Beleuchtung (Innenbeleuchtung)

e: lighting; illumination
f: éclairage; illumination
r: освещение (внутреннее освещение)
s: iluminación
Maßnahmen oder technische Einrichtungen mit der Aufgabe, gute Sehbedingungen zu schaffen, dem Menschen eine Umwelt zu vermitteln, die zu seinem physischen und psychischen Wohlbefinden beiträgt. Das Beleuchtungsniveau wird bestimmt von →Leuchtdichte und →Beleuchtungsstärke [49]. →Lichtstärke; →Lichtstrom

Beleuchtungsstärke E

e: luminous intensity
f: intensité lumineuse
r: сила освещенности (Е)
s: intensidad de iluminación
Der Quotient aus dem auf eine Fläche auftreffenden Lichtstrom Φ und der beleuchteten Fläche A:
$E = \Phi / A$ (Einheit: lx (Lux)).
Für verschiedene Sehaufgaben werden in [49] entsprechende Nennbeleuchtungsstärken angegeben [48]. →Beleuchtung

Benummern

e: number
f: numéroter
r: номерация
s: numerar
Das Zuordnen einer Nummer zu einem Nummerungsobjekt [52]. →Codieren; →Kodifizieren

Benutzerführung

e: user guidance
f: guidage pour utilisateur
r: ведение, поддержка пользователя (оператора в диалоге человек→машина)
s: guía de uso
Maßnahmen zur Förderung des →Mensch-Maschine-Dialogs, insbesondere des Mensch-Rechner-Dialogs, um die Sicherheit eines Operateurs zu unterstützen, richtige Aktionen auszuführen [209].

Beobachtung

e: observation
f: observation
r: наблюдение
s: observación
Eine aufmerksame, eine äußere Situation erfassende Sinneswahrnehmung [156].

Beobachtungsgabe

e: power of observation; perception
f: talent d'observation
r: наблюдательность (способность человека)
s: espíritu de observación; talento (de) observador
Die Fähigkeit, Einblick in Merkmale oder Vorgänge zu gewinnen, die außerhalb der eigenen Person oder in ihr selbst vorliegen, und diese festzuhalten [156]. →Beobachtung

Beobachtungsinterview

e: observation interview
f: interview d'observation
r: наблюдение вместе с интервью
s: entrevista de observación
Ein Interview, bei dem sich der Beobachter die benötigten Informationen im freien Dialog mit der Arbeitsperson während der Beobachtung der betreffenden Arbeitstätigkeit beschafft. Es wird insbesondere bei Arbeitsanalyseverfahren angewendet [182].

Beobachtungszeit

e: attention (or: observation) time
f: temps d'observation
r: время наблюдения
s: tiempo de la observación
Zeit für einen →Teilvorgang mit der Aufgabe, zu beobachten oder zum Eingreifen be-

reit zu sein [160]. →Beobachtung; →Aufmerksamkeitszeit

Bereitschaftszeit

e: on-call time
f: temps de permanence
r: время готовности к работе
s: tiempo de permanencia (para disposición)
Die Zeit, in der sich Arbeitnehmer, Beschäftigte oder Bedienstete an einem bestimmten Ort bereithalten müssen, damit sie jederzeit für eine Arbeitsleistung in Anspruch genommen werden können [156]. →Zeitgliederung

Beruf

e: occupation; profession; job; vocation; trade
f: occupation; profession; emploi; métier
r: профессия, специальность
s: ocupación
Die hauptsächliche Erwerbstätigkeit des arbeitenden Menschen, die auf seiner Ausbildung bzw. dem Zusammenwirken seiner Kenntnisse, Fertigkeiten und Erfahrungen gegründet ist. Sie bildet langfristig angelegte Lebensgrundlage, und durch sie gliedert er sich sinnvoll in die arbeitsteilig strukturierte Gesellschaft ein [18, 156].

Berufliche Sozialisation

e: occupational socialization
f: socialisation professionnelle
r: профессиональная социализация
s: socialización profesional
Die Entwicklung psychologischer Merkmale der Person in der, durch die und für die Arbeitstätigkeit. In der beruflichen Sozialisationsforschung werden die Wechselwirkungen zwischen Arbeit und Persönlichkeitsentwicklung untersucht. Dabei werden soziologische und psychologische Theorien zusammengeführt [95, 107, 138].

Berufsausbildung

e: vocational training
f: éducation (ou: formation) professionnelle
r: профессиональное обучение
s: formación profesional
Der Prozeß der planmäßigen und zielgerichteten Vermittlung von Kenntnissen und Fertigkeiten sowie der Entwicklung von Fähig-

keiten und Handlungskompetenzen als Voraussetzung für die Ausübung eines Berufes [18]. →Ausbildung

Berufsberatung

e: vocational guidance
f: orientation professionnelle
r: консультирование по профессии
s: orientación profesional
Die Erteilung von Rat und Auskunft bei Berufswahl und Berufswechsel, bes. an neu ins Berufsleben eintretende Jugendliche, die zu einem ihren →Anlagen und Neigungen entsprechenden →Beruf gelangen sollen [18].

Berufsbild

e: career (or: job) profile; job description;
f: description de carrière
r: описание профессии
s: perfil profesional
Die Festlegung von Ziel, Umfang und Inhalt eines Lehr- oder Anlernberufs, wobei das Arbeitsgebiet des erwachsenen Berufstätigen, die Lehrzeit sowie die zu vermittelnden Fertigkeiten und Kenntnisse umrissen werden [156].

Berufserfahrung

e: professional (or: work) experience
f: expérience professionnelle (ou: d'emploi)
r: профессиональный опыт
s: experiencia laboral
Erfahrungen einer Person bei beruflicher Arbeit. (Erfahrungen = einprägsame Erlebnisse in einem geordneten Zusammenhang) [18, 142].

Berufsgenossenschaft

e: mutual accident insurance association
f: association préventive des accidents du travail
r: ассоциация по виду труда, отрасли
s: asociación profesional
Eine branchenspezifische Körperschaft des öffentlichen Rechts, die Träger der gesetzlichen →Unfallversicherung ist und die Einhaltung gesetzlicher Regelungen zur →Unfallverhütung überwacht. Die zur je-

weiligen Branche gehörenden →Unternehmen sind Zwangsmitglieder [203].

Berufsgruppe

e: occupational group
f: groupe professionnel
r: группа профессий
s: familia de ocupaciones
Eine Gruppe von Berufen, die ähnliche Kenntnisse, Fertigkeiten und Qualifikationen erfordern [142].

Berufskrankheit(en)

e: occupational disease
f: maladie professionnelle
r: профессиональное(ые)
заболевание(я)
s: enfermedad profesional
Ein beruflich bedingter Gesundheitsschaden, der nicht plötzlich, sondern in einem Zeitraum länger als eine Schicht entsteht. Er wird durch →Arbeitsverfahren, →Arbeitsweise, →Arbeitsmittel, →Gefahrstoffe u. ä. hervorgerufen und tritt in bestimmten Berufen oder bei besonderen Tätigkeiten gehäuft auf.- Diese Krankheiten sind in § 551 Abs. 1 der Reichsversicherungsordnung definiert und durch Rechtsverordnung bezeichnet. Ein Versicherter erleidet sie bei einer der in den §§ 539, 540 und 543 bis 545 benannten Tätigkeiten. Für sie besteht eine Entschädigungspflicht durch die zuständigen Versicherungsträger [136, 156, 193, 215].

Berufskrankheitenverordnung BeKVO

Diese Verordnung in der letzten Fassung vom 18.12.1992 enthält eine Auflistung der vom Arbeitgeber oder durch den feststellenden Arzt anzuzeigenden und entschädigungspflichtigen →Berufskrankheiten [186].

Berufspädagogik

e: vocational teaching
f: pédagogie professionnelle
r: профессиональная педагогика
s: pedagogía aplicada
Ein Teilgebiet der angewandten Pädagogik, das sich mit der Erforschung der für eine erfolgreiche Vermittlung von Fertigkeiten (→Berufsausbildung und →Berufserzie-

hung) erforderlichen pädagogischen Voraussetzungen und Bedingungen sowie der zweckmäßigen Gestaltung der Ausbildungsmethoden befaßt [156].

Berufspsychologie

e: vocational psychology
f: psychologie professionnelle
r: психология изучения профессий
s: psicología profesional
Ein Teilgebiet der Angewandten Psychologie, das (a) die Erforschung der einzelnen Berufe unter psychologischem Aspekt, (b) die berufliche Entwicklung des Individuums zum Gegenstand hat. Die B. wird unterschiedlich eingeordnet:
1. als eigenständige Spezialdisziplin,
2. als Teilgebiet der Personal Psychology oder aber
3. als spezielles Arbeitsfeld der →Arbeits- und Organisationspsychologie.

Die B. beschäftigt sich mit Phasen der Vorbereitung auf den Beruf, mit der Berufswahl, mit dem Beginn der Erwerbstätigkeit, mit Einarbeitungs- und Eingliederungsprozessen, mit Veränderungen von Arbeitstätigkeiten oder typischen Übergängen zwischen Firmen, zwischen Beruf und Familienarbeit sowie Wechsel zwischen Beruf und Erwerbslosigkeit oder in den Ruhestand (→Berufliche Sozialisation) [95].
→Verbände im Fachbereich Psychologie;
→Methoden im Fachbereich Psychologie

Berufsunfähigkeit

e: occupational disability; incapacity to work
f: incapacité professionnelle
r: неспособность дальше работать по профессии
s: incapacidad profesional
Das Absinken der Erwerbsfähigkeit eines Versicherten infolge von Krankheit oder anderer Gebrechen oder Schwäche seiner körperlichen oder geistigen Kräfte auf weniger als die Hälfte derjenigen eines körperlich und geistig gesunden Versicherten mit ähnlicher Ausbildung und gleichwertigen

Kenntnissen und Fähigkeiten [193].
→Arbeitsunfähigkeit; →Erwerbsunfähigkeit

Beschäftigte

e: employed persons; employees
f: personnes occupées; employés; salariés
r: работающий человек (рабочий,
служащий, практикант)
s: personal ocupado
Alle in einer organisatorischen Einheit (z.B.
Betrieb, Wirtschaftszweig, Verwaltung) tätigen Personen (Arbeiter, Angestellte, Beam-
te, Lehrlinge, Volontäre, Praktikanten,
Werkstudenten einschließlich der tätigen
Inhaber und Teilhaber, der Vorstandsmit-
glieder und der Direktoren sowie der mithel-
fenden Familienmitglieder) [156].

Beschäftigungsgrad

e: level of employment; employment index
f: degré d'occupation; taux d'emploi
r: степень занятости
s: relación porcentual de ocupación
Das Verhältnis der innerhalb einer bestimmten Zeitspanne in einer organisatorischen
Einheit (Betrieb) Beschäftigten zur Be-
schäftigungsmöglichkeit bei Vollausnutzung
der Kapazität [156].

Betätigen

e: operate; actuate
f: opérer; commander; actionner;
manoeuvrer
r: оперировать, манипулировать
s: manipular
Die Gesamtheit aller Tätigkeiten bei der
Nutzung [63].

Betätigungsraum

e: actual work space; area of operation (or:
manipulation)
f: espace d'actionnement (ou: d'activité; de
manoeuvre)
r: область движений
s: area de operación
Der Teil des →Bewegungsraumes, in dem
vor allem die Hände und Füße ihre Aufgaben mit den entsprechenden →Arbeitsmit-
teln und →Stellteilen funktionsgerecht ausüben können. Dabei sind Körperab-
messungen, Gliedmaßenfunktionen und
Körperkräfte mit den entsprechenden an-

thropometrischen, anatomischen und physiologischen Grundlagen zu berücksichtigen.
→Greifraum; →Somatographie

Betrieb; (landwirtschaftlicher Betrieb)

e: (agricultural) firm; (farm) enterprise
f: exploitation (agricole); entreprise;
(ferme)
r: предприятие, с/х предприятие,
ферма
s: establecimiento; explotación (agrícola;
agraria)
Eine wirtschaftlich-organisatorische und in
der Regel räumliche Einheit von Menschen,
Gebäuden bzw. Anlagen, Einrichtungen und
sonstigen Arbeitsmitteln, die zum Zweck der
Erfüllung bestimmter Unternehmensziele
gebildet wird. (Zur Unterscheidung von
„Betrieb" und „Unternehmen": Ein B. ist
eine örtliche, technische und organisatorische Einheit, im Gegensatz zum →Unter-
nehmen, das eine rechtliche und wirtschaft-
lich-finanzielle Einheit darstellt.) [193, 199].

Betriebsklima

e: shop moral; employee attitude; working
atmosphere
f: climat social
r: производственная атмосфера
(климат)
s: ambiente laboral
Die für einen Betrieb durchschnittlich-
charakteristische Stimmungs- und Gefühlslage der in ihm arbeitenden Menschen [193].

Betriebsmittel

e: equipment; means of production
f: moyens d'exploitation (ou: de production)
r: средство производства
s: medios de elaboración (M.E.)
Ein Element des →Arbeitssystems: Ge-
brauchsfertige technische Gegenstände und
Einrichtungen, die im →Betrieb verwendet
werden (z.B. Anlagen, Maschinen, Werkzeuge, Vorrichtungen, Betriebs- und Hilfs-
stoffe). [64, 199]. →Arbeitsmittel

Betriebsmittelzeit

e: available machine (or: process) time
f: temps des moyens d'exploitation (ou: de
disponibilité du matériel)
r: время, связанное со средством

производства
s: disponibilidad activa
Die Zeit, in der das Betriebsmittel dem Betrieb zweckentsprechend zur Verfügung steht. Sie gliedert sich in →Nutzungszeit und in →Brachzeit [156]. →Zeitgliederung

Betriebsorganisation, (landwirtschaftliche)

e: industrial (farm) organization
f: organisation de l'entreprise (agricole)
r: организация предприятия
s: organización industrial; organización de la empresa; (agrícola)
Der Ordnungsrahmen zur Optimierung eines ganzheitlichen, zugleich wirtschaftlichen und menschengerechten Betriebsgeschehens [193].

Betriebspsychologie

e: industrial psychology
f: psychologie industrielle
r: производственная психология
s: psicología laboral (o: industrial)
(Ältere Bezeichnung für →Organisationspsychologie). Ein Teilgebiet der →Arbeits- und Organisationspsychologie, das sich speziell mit dem Verhalten und Erleben von Individuen und Gruppen in Industriebetrieben beschäftigt [95, 118]. →Verbände im Fachbereich Psychologie; →Methoden im Fachbereich Psychologie

Betriebsrat

e: workers' council; shop (or: works) committee
f: délégués du personnel; comité d'entreprise
r: совет трудового коллектива
s: comité (o: consejo) de empresa
Das von den →Arbeitnehmern eines (privatwirtschaftlichen) Betriebes gewählte Organ, das im Rahmen des →Betriebsverfassungsrechts als Partner des →Arbeitgebers in den Angelegenheiten des Betriebes mitbestimmt und mitwirkt [38]. →Personalrat; →Mitbestimmung

Betriebsvereinbarung

e: shop agreement (between workers' council and employer)

f: accord d'entreprise
r: коллективный договор (между работодателем и советом трудового коллектива
s: acuerdo colectivo interno
Ein privatrechtlicher Vertrag zwischen Arbeitgeber und Betriebsrat, der gegenseitige Pflichten, Angelegenheiten des Betriebes und der Betriebsverfassung zum Gegenstand haben, ferner sich auf die Arbeitsverhältnisse und -bedingungen des Betriebes beziehen kann [38].

Betriebsverfassungsrecht; Betriebsverfassungsgesetz

e: industrial constitution law
f: droit (loi) sur le statut des entreprises
r: законодательное право о предприятии, закон о предприятии
s: ley de comites de empresa
Die Gesamtheit der Normen, welche die nicht unmittelbar das Arbeitsverhältnis betreffenden Beziehungen des Arbeitgebers zu den Arbeitnehmern und deren Vertretungen (insbesondere Betriebs- und Personalrat) regeln. Das →Betriebsverfassungsrecht ist für die private Wirtschaft im →Betriebsverfassungsgesetz (BetrVG) von 1972 und in den Mitbestimmungsgesetzen niedergelegt. Der 4. Abschnitt des BetrVG ist der Gestaltung von Arbeitsplatz, Arbeitsablauf, und Arbeitsumgebung gewidmet. Darin befassen sich die §§ 90 und 91 mit den Unterrichtungs- und Beratungsrechten sowie den Mitbestimmungsrechten des Betriebsrates [38]. →Gesetze

Betriebswirtschaft, (landwirtschaftliche)

e: (farm) management; industrial management (US)
f: économie de l'entreprise (rurale)
r: экономика производства
s: economía de la empresa (agrícola)
Das planvoll gelenkte Zusammenwirken von Betriebszweigen und Betriebsmitteln zur nachhaltigen und wirkungsvollen (ökonomischen) Erreichung des gesetzten Betriebszweckes unter Berücksichtigung des unternehmerischen Umfeldes [14].

Betriebszeit

e: operational time
f: temps de fonctionnement
r: производственное время
s: período en servicio
Nutzungszeit der Anlagen, Dauer der Betriebsbereitschaft (z.B. Produktionsaggregate, Rechenzentrum, Datensichtgeräte, Telephonzentrale) oder bei Dienstleistungen Ansprechzeit für interne und externe Kunden (z.B. Instandhaltungsabteilung) [11].

Beurteilung

e: estimation; rating; assessment
f: appréciation; évaluation
r: оценка, суждение
s: apreciación; evaluación
Vergleich der Ergebnisse einer Bewertung mit vorher vereinbarten Kriterien (z.B. Ausführbarkeit, Zumutbarkeit). - Eine Beurteilung setzt also eine Bewertung voraus [167].
→Bewertung

Beurteilung arbeitsbedingter Belastung BAB

Ein Verfahren der arbeitswissenschaftlichen Arbeitsplatzanalyse mit 31 Items in vier Fragegruppen (Physische Belastungen, Umweltbedingungen, psychische Belastungen, Arbeitssicherheit) [137].

Beurteilungs-Schwingstärke K_r

Die Gesamtbelastung während eines Tages in Abhängigkeit von der tatsächlichen Einwirkungsdauer T_e und der Beurteilungsdauer T_r (8 Stunden für eine Arbeitsschicht):
$K_r = K_{eq} \cdot \sqrt{(T_e/T_r)}$. Dabei ist K_{eq} der energieäquivalente Mittelwert der bewerteten Schwingstärke (K-Wert). Er wird aus dem gleitenden Effektivwert durch nochmalige Effektivwertbildung gewonnen [209].
→Schwingstärke, bewertete

Beurteilungsebenen menschlicher Arbeit →Kriterien zur Beurteilung der Arbeitsbedingungen

Beurteilungspegel L_r

e: noise rating level
f: niveau d'appréciation dû à bruit
r: уровень оценки шума
s: nivel de apreciación del ruido
Ein Maß für die durchschnittliche Geräuschimmission an einem Arbeitstag, z.B. der mittlere Schalldruckpegel über eine 8-Stunden-Schicht [157]. →Schalldruckpegel; →Lärmschutz

Bewältigung

e: coping
f: accomplissement
r: преодоление
s: vencimiento; solución
Eine aktive und gezielte Veränderung zum Abbau von oder zumindest zum Schutz vor Hemmnissen, Schwierigkeiten und →Belastungen [152].

Bewegungsablauf

e: motion sequence
f: processus du mouvement
r: процесс движения (в пространстве и времени) тела человека или его частей
s: proceso de movimiento
Die räumliche und zeitliche Folge von Bewegungen einzelner Körperteile [156].

Bewegungselement

e: motion element
f: mouvement élémentaire; geste
r: элемент движения
s: elemento de movimiento
Eine vom Menschen ausgeführte Grundbewegung als Bestandteil einer Arbeitsbewegung, deren weitere Unterteilung für die Durchführung von Arbeitsstudien nicht mehr sinnvoll ist (z.B. Bringen, Fügen, Greifen, Hinlangen bei den →Systemen vorbestimmter Zeiten) [156]. →Gliederung in Arbeitsablaufabschnitte; →Arbeitsanalyse, bewegungstechnische; →Therblig

Bewegungsraum

e: motional range
f: espace (ou: course) de mouvement
r: область движения
s: espacio de movimiento
Der Mindestraum innerhalb eines →Arbeitsplatzes, der für den Menschen zur bequemen und sicheren Ausübung seiner Ar-

beitsfunktionen vorhanden sein muß. Dabei sind Körperhaltung und -abmessungen sowie zu betätigende Arbeitsmittel und zu übertragende Körperkräfte zu berücksichtigen. →Betätigungsraum

Bewegungsstudie; Bewegungsanalyse

e: motion study; motion analysis
f: étude de mouvement
r: изучение движений, анализ движений
s: estudio de movimientos
Die methodische Untersuchung (Analyse und Synthese) zur Gestaltung von Bewegungsabläufen zumeist unter Anwendung bildtechnischer Hilfsmittel. Ziel der Analyse ist i.d.R. die Definition von →Bewegungselementen, deren Dauer mit Hilfe von Zeitnormen quantifizierbar ist [2, 156]. →Systeme vorbestimmter Zeiten; →Therblig

Bewegungstechnische Arbeitsanalyse
→A., bewegungstechnische

Bewertung

e: assessment; appraisal
f: appréciation; valorisation
r: оценка
s: valoración
Vergleich eines Sachverhalts mit einem vorher vereinbarten Wert mit bestimmter →Skalierung [167]. →Beurteilung

Bewertungsfilter

e: weighting network
f: réseau de pondération
r: оценочный фильтр
s: filtro de ponderación
Ein passives oder aktives elektronisches Netzwerk, dessen frequenzabhängiger Übertragungsfaktor so gestaltet ist, daß die Wirkung mechanischer oder akustischer Schwingungen auf den Menschen in Abhängigkeit von der Frequenz berücksichtigt wird [80, 224]. →Schwingungen, mechanische

Beziehungen, menschliche

e: human relations
f: relations humaines
r: отношения, человеческие
s: relaciones humanas
Die wechselseitige Abhängigkeit des →Verhaltens von einzelnen Menschen in gesellschaftlichen Gruppen und Gemeinschaften, z.B. im →Betrieb [135]. →Konflikt

Beziehungszahl; Verhältniszahl

e: reference data (or: value); base
f: chiffres (ou: grandeur) de référence
r: число отношения, коэффициент
s: número de referencia
Verhältniszahl (Quotient), bei dem im Zähler und Nenner Daten verschiedener Art stehen. Diese Daten können Grundzahlen oder bereits Verhältniszahlen sein [193]. →Kennzahl; →Anteil; →Quote; →Rate

Bezugsleistung

e: (relative) reference performance; performance of comparison
f: allure de référence
r: относительная производительность
s: rendimiento de referencia
Die einer →Soll-Zeit zugrunde liegende Leistung. Im allgemeinen erhält die Bezugsleistung den Leistungsgrad 100 %. Sie wird benötigt, um die unterschiedliche →Leistungsfähigkeit der Arbeitspersonen zu erfassen und bei Vergleichen oder der Herleitung von Vorgabezeiten zu berücksichtigen [193, 192]. →Durchschnittsleistung

Bezugsschalldruck; Referenzschalldruck

e: audiometric reference level
f: niveau de référence audiométrique
r: пороговое значение звукового давления
s: nivel de referencia audiométrica
Der Schalldruck p_0 an der Hörschwelle bei 1000 Hz:
$$p_0 = 2 \cdot 10^{-5} \text{ Pa } (1 \text{ Pa} = 1 \text{ N/m}^2) \text{ [157]}.$$

Bezugssystem →Vergleichssystem

Bildungsbedarfsanalyse

e: needs assessment
Oberbegriff für spezielle Methoden zur Ermittlung der Ziele, Aufgaben und Metho-

den für Maßnahmen zur Aus-, Fort- und
Weiterbildung (→Aus- und Weiterbildung).
Die B. ist der erste wichtige Schritt bei der
Planung und Entwicklung von Bildungs-
oder Trainingsprogrammen [95].

Bildungsmarketing

e: educational marketing
Das B. umfaßt eine Anwendung des gesamten Marketinginstrumentariums auf Bil-
dungsangebote und -inhalte durch öffentliche, kommerzielle oder betriebsinterne Bil-
dungsanbieter mit dem Ziel einer größtmöglichen Nachfrageorientierung [13, 95].

Biodynamik

e: biodynamics
f: biodynamique
r: биодинамика
s: biodinámica
Die Wissenschaft von den physikalischen,
biologischen und mechanischen Merkmalen
oder Reaktionen des Körpers, seiner Gewe-
be, Organe, Teile und Systeme, entweder
bezogen auf einwirkende Kräfte und Bewegung (externe B.) oder im Verhältnis zu den
körpereigenen mechanischen Aktivitäten
(interne B.) [146]. →Biostatik

Biographischer Fragebogen

e: biographic inventory
f: questionnaire biographique
r: опросник биографических данных
s: cuestinario biográfico

In der →Arbeits- und Organisationspsychologie verwendete spezielle Gruppe von Fra-
gebogeninstrumenten, vorwiegend zur
→Personalauswahl. Erfragt werden sogenannte biographische Daten, das sind nach-
prüfbare objektive oder subjektive Informationen und Einschätzungen früherer, gegen-
wärtiger und zukünftiger Merkmale der be-
vorzugten Arbeitsweise oder beruflicher
Ziele der Stellenbewerberinnen und -
bewerber [95].

Bioklimatik; Bioklimatologie

e: bioclimatic; bioclimatology
f: bioclimatologie

r: биоклимат биоклиматология
s: bioclimatología
Die Wissenschaft, die sich mit der →Wir-
kung des Klimas und Wetters auf Menschen
(Tiere und Pflanzen) befaßt [186]. →Wet-
terfühligkeit

Biologischer Arbeitsplatztoleranzwert

→Arbeitsplatztoleranzwert, biologischer

Biomechanik; biomechanisch

e: biomechanics; biomechanic
f: biomécanique
r: биомеханика, биомеханический
s: biomecánica
Die Anwendung der Gesetze und Erkenntnisse der Mechanik auf lebende Körper oder
Organe zur Analyse der Belastung; hier
durch Einwirkung von Kräften [167].

Biometrie, biometrisch; Biostatistik

e: biometry, biometrics, biometric;
biostatistics
f: biométrie, biométrique; biostatistique
r: биометрия, биометрический,
биостатистика
s: biometría; biométrica; bioestadística
Die Anwendung mathematischer Methoden
(bes. der Methoden der mathematischen
Statistik) in der Medizin und den Biowissen-
schaften für die Versuchsplanung und deren
Auswertung [96].

Biorhythmus; Biorhythmik

e: biorhythm
f: biorythme
r: биоритм
s: bioritmo
i. allg.: Der regelmäßige Ablauf des Lebens
von Organismen.
i.e.S.: Die Theorie, nach der das Leben des
Menschen in wellenförmigen (rhythmischen) Phasen abläuft [167]. →Tagesrhyth-
mik; →circadian

Biostatik

e: biostatics
f: biostatique
r: биостатика
s: biostática

Ein Gebiet der Wissenschaft, das sich mit den mechanischen Auswirkungen äußerer Kräfte auf den Körper von Mensch und Tier in statisch-mechanischen Zuständen beschäftigt, d. h. in solchen Situationen, in denen sich Größe sowie Richtung der Kräfte und die Körperstellung (bzw. die Lage einzelner Körpergliedmaßen) nicht ändern [209]. →Biodynamik

Biotechnik

e: biotechnics; bio-engineering
f: biotechnique; bionique
r: биотехника
s: biotécnica
1. Verfahren zur Steuerung und Regelung biologischer Vorgänge durch physikalische oder chemische Maßnahmen (z.B. künstliche Besamung).
2. Technische Anwendung und Ausnutzung biologischer Vorgänge (z.B. Abwasserklärung) [39].

Black-Box

e: black-box
f: boîte noire
r: черный ящик
s: caja negra
Ein →System mit unbekannter innerer Struktur, aber bekannten funktionellen Beziehungen zwischen Eingangs- und Ausgangsgrößen [178]. →Black-Box-Methode

Black-Box-Methode

e: black-box-method
f: méthode de boîte noire
r: метод черного ящика (black-box)
s: método de la caja negra
Wissenschaftliche →Methode zur Untersuchung der Ein-/Ausgangsbeziehungen in Systemen, die nicht zerlegt werden können. Dabei werden deren äußere Reaktionen auf bestimmte Reize beobachtet und in Beziehung zueinander gesetzt (z.B. durch Vorher-Nachher-Vergleich). Darauf aufbauend wird auf die inneren Strukturen des beobachteten Sachverhalts geschlossen. Die Reiz-Reaktions-Beobachtung kann mit Hilfe des gezielten Experiments oder der Trial- and Error-Methode geschehen [198]. →Black-Box

Blendung, physiologische

e: blinding; dazzle; glare
f: éblouissement
r: ослепление, физиологическое
s: deslumbramiento
Störungen durch zu hohe →Leuchtdichten und/oder zu große Leuchtdichteunterschiede im Gesichtsfeld [49].

Blickfeld

e: field of view
f: champ visuel
r: область обзора
s: campo visual
Der räumliche Bereich, der das umfaßt, was ein Mensch bei fixiertem Kopf, aber bewegtem Auge fixieren kann [209]. →Gesichtsfeld

Blockdiagramm

e: system's chart; block diagram
f: bloc-diagramme
r: блок - диаграмма
s: diagrama de bloques
Die graphische Darstellung vom Aufbau eines komplexen Systems [17]. →Flußdiagramm

Blockzeitspanne (ldw.)

e: period; agrotechnical period
f: période des travaux
r: период времени (в с/х общий срок на сев или посадку и т. п.)
s: lapso de tiempo; período
Ein terminlich abgegrenzter, mehrtägiger Zeitabschnitt für die rechtzeitige Erledigung zusammenhängender, termin- oder fristgebundener Feldarbeiten. (Anwendung insbesondere im →Arbeitsvoranschlag nach KREHER [159]:
→Frühjahrsbestellung,
→Hackfruchtpflege-Heuernte, →Frühgetreideernte, →Spätgetreideernte, →Hackfruchternte und →Spätherbstarbeiten →Zeitspanne

Blutdruck

e: blood pressure (BP)
f: tension artérielle (TA)
r: давление крови
s: presión arterial (PA)
Druck des Blutes auf die Gefäßwand [96].

Blutdruck, diastolischer

e: diastolic pressure
f: tension diastole
r: давление крови, диастолическое
s: presión diastólica
→Blutdruck im Augenblick der Erschlaffung des Herzmuskels [96].

Blutdruck, systolischer

e: systolic pressure
f: tension systole
r: давление крови, цистолическое
s: presión sistólica
→Blutdruck im Augenblick der Kontraktion des Herzmuskels [96].

Brachzeit; Leerlaufzeit; Stillstandzeit

e: idle (or: dead, lost, unoccupied) time; machine downtime
f: temps en friche (ou: d'inactivité, mort, perdu)
r: время простоя машины, время холостой работы машины
s: tiempo de interrupción (o: de barbecho)
Die Zeit, in der ein Betriebsmittel weder vorbereitet noch genutzt wird, also brach liegt. Sie gliedert sich in arbeitsablaufbedingte Brachzeiten und Zeiten der Außerbetriebnahme [156].

Brainstorming

e: brainstorming
f: remue-méninges; invention collective
r: метод мозгового штурма
s: brainstorming
Ein Verfahren zur Ideenentwicklung, indem die an einer Ideenkonferenz teilnehmenden Personen ermutigt werden, frei und ungehemmt eine möglichst große Anzahl von Lösungsvorschlägen für eine vorgegebene Problemstellung zu produzieren [193].

Brückentage

e: days of the week between holidays and weekends
f: jours de la semaine se trouvant entre des

jours fériés et la fin-de-semaine
r: дни недели между праздниками и выходными
s: dias de trabajo entre feriados y fin de semana
Wochentage zwischen Wochenende und Feiertagen (z.B. der Freitag nach Christi Himmelfahrt) [11].

Bruttolohn

e: gross wage
f: salaire brut; rémunération brute
r: полная зарплата (брутто)
s: salario bruto
Das gesamte tariflich oder frei vereinbarte Arbeitsentgelt, das dem →Arbeitnehmer vom →Arbeitgeber gezahlt wird [193].
→Nettolohn

Bundesanstalt für Arbeit BfA

Eine selbstverwaltende Körperschaft des öffentlichen Rechts unter der Aufsicht des Bundesministers für Arbeit und Soziales mit folgenden Aufgaben: Arbeitslosenversicherung, Arbeitslosenhilfe, Schlechtwetter- und Kurzarbeitergeld sowie die im Arbeitsförderungsgesetz genannten Bereiche [203].

Bundespersonalvertretungsgesetz BPersVG

Nach diesem Gesetz vom 1.4.1974 (§ 75) hat der Personalrat ... mitzubestimmen u.a. über

1. Beginn und Ende der täglichen →Arbeitszeit und der Pausen sowie die Verteilung der →Arbeitszeit auf die einzelnen Wochentage;
2. Fragen der Lohngestaltung, ..., Festsetzung der Akkord- und Prämiensätze;
3. Maßnahmen zur Verhütung von Dienst- und Arbeitsunfällen und sonstigen Gesundheitsschädigungen;
4. Gestaltung der Arbeitsplätze.
        Nach § 73 ferner über
5. Maßnahmen zur Hebung der Arbeitsleistung und Erleichterung des Arbeitsablaufs;
6. Einführung grundlegend neuer Arbeitsmethoden [137]. →Gesetze

Hinweis: Der vorstehende Gesetzestext wird hier nur auszugsweise wiedergegeben.

Burnout; Ausbrennen

e: burnout
f: épuisement; exténuation
r: истощение (депрессия)
s: agotamiento del trabajador

Zustand körperlicher, geistiger und emotionaler →Erschöpfung, der mit Phänomenen von Depression, →Ermüdung und →Sättigung verbunden ist; er kann als Resultat von Erfolglosigkeit und Resignation beim Einsatz für andere Menschen („Helfer-Syndrom") trotz intensiver Bemühungen bei großem Einsatz und hoher Identifikation mit dem →Beruf entstehen. [30, 185, 212, 223]

C

Cafeteria-System

e: cafeteria system
f: système de cafétéria
r: система кафетерия
s: sistema de cafetería
Wahlmöglichkeit des Arbeitnehmers im Rahmen der →Arbeitsflexibilisierung unter folgenden Varianten:
1. Freie Wahl der Arbeitszeit.
2. Wahl zwischen Arbeitszeit oder Arbeitsentgelt und freiwilligen Sozialleistungen.
(Beispiel: Verrechnung einer Entgelterhöhung mit der Arbeitszeit durch frühere Pensionierung, längeren Urlaub oder kürzere Wochenarbeitszeit [11].

CEN

= Comité Européen de Normalisation (= Europäisches Komitee für Normung)

Checkliste →Prüfliste

CIGR →Internationale Vereinigung für Agrartechnik

CIOSTA →Internationaler Ring für Landarbeit

circadian

e: circadian
f: circadien
r: 23-часовой биоритм
s: circadiano
Einen biologischen (23-Stunden-)Rhythmus aufweisend; also ungefähr einem Tag entsprechend [167].

CIS →Internationales Informationszentrum für Arbeitsschutz

Codieren; Kodieren

e: coding
f: codification
r: кодирование
s: codificación

1. im arbeitswissenschaftlichen Sinne: Die Gestaltung der Signalgeber und Armaturen derart, daß sie optisch, akustisch oder taktil leicht erkannt und voneinander unterschieden werden können.
2. im informationstechnischen Sinne: Verschlüsseln, d.h. systematisches Zuordnen von Zeichen.
Hinweis: Im bisherigen Sprachgebrauch der Nummerungstechnik wurde Codieren sowohl für →Benummern als auch für Verschlüsseln benutzt. Wegen dieser Mehrdeutigkeit sollten die Benennungen "Codieren" und alle daraus abgeleiteten Benennungen (z.B. Umcodieren, Decodieren) in der Nummerungstechnik vermieden werden [52, 79, 156].

Critical Incident Technique →Ereignis, kritisches

D

Dämmung; Schwingungsdämmung

e: insulation
f: isolation
r: изоляция, виброизоляция
s: aislamiento
Die Minderung der Schwingungsübertragung vom Erreger oder Sender zum Empfänger durch eine Trennung (z.B.: elastische Bauelemente; Schwingmetall; Gummi-, Filz- oder Korkunterlagen; Sitzpolster; schalldämmende Wände; Schallschutzschirme und -vorhänge; Gehörschutzkapseln) [193]. →Dämpfung; →Schalldämmung

Dämpfung; Schwingungsdämpfung

e: attenuation; damping
f: atténuation; amortissement
r: гашение, глушение, виброгашение
s: atenuación
Die Bremsung oder Minderung mechanischer oder akustischer Schwingungen durch D. der Eigenschwingungen und durch Erhöhen der inneren Material-Reibungsverluste [151, 232]. →Dämmung; →Schalldämpfung

Dauer

e: duration
f: durée
r: продолжительность
s: duración
Zeitspanne vom Anfang bis zum Ende eines Vorganges [83].

Dauerleistung

e: endurance standard
f: puissance continue
r: длительная производительность труда
s: potencia continua
Die Leistung, die ohne größere →Ermüdung und vermehrte zwischenzeitliche Erholungspausen über einen ganzen Arbeitstag abgegeben werden kann, weil Energieangebot und -bedarf ausgeglichen sind. Die D. ist ein wesentlicher Begriff zur →Beurteilung der

physischen →Beanspruchung [136, 167]. →Dauerleistungsgrenze

Dauerleistungsgrenze

e: endurance limit; normal performance limit
f: limite d'endurance
r: граница длительной производительности труда (по Мюллеру)
s: límite de potencia continua
Die höchste Belastung, die unabhängig von der Dauer der Beanspruchung ohne eine Vergrößerung der Erholungspulssumme möglich ist. (Ursprungsdefinition von E.A. MÜLLER)
Die höchste noch mögliche Leistung, die ohne größere →Ermüdung und ohne zusätzliche Erholungspausen über einen ganzen Arbeitstag abgegeben werden kann [167, 193]. →Dauerleistung

Deckungsbeitrag

e: contribution margin
f: marge brute
r: добавка к стоимости
s: utilidad bruta
Die Differenz zwischen Nettoerlös und Grenzkosten [193].

deduktiv

e: deductive
f: déductif
r: дедуктивный
s: deductivo
aus dem Allgemeinen das Besondere ableitend. →induktiv; →Methode

Delegation

e: delegation
f: délégation
r: делегирование
s: delegación
Die Übertragung von Entscheidungs- und Realisationsaufgaben mit entsprechender Ausstattung der notwendigen Rechte zur Aufgabenerfüllung und der daraus resultierenden Verantwortung auf nachgeordnete Instanzen [18]. Die D. kann sich als "vollständige D." auf umfassende Aufgabenbe-

reiche oder als "unvollständige D." auf definierte Teilbereiche erstrecken.

Dezibel (dB) = 1 Zehntel-Bel

e: decibel (dB)
f: décibel (dB)
r: децибел (дB)
s: decibelio (dB)
i. allg.: Logarithmisches (dekadischer Logarithmus) Verhältnis zweier Größen gleicher Art, z.B. das logarithmische Verhältnis einer gemessenen Größe y zu einer definierten Bezugsgröße y_0.
i.e.S.: Einheit für den →Schalldruckpegel [157]. →Größen, physikalische

Diastolischer Blutdruck →Blutdruck, diastolischer

Dichtemittel; Modalwert

e: modal value; mode
f: mode; dominante
r: модальное значение
s: valor de la moda
Der häufigste Wert in einer →Stichprobe von Einzelwerten [167]. →Mittelwerte: arithmetischer, geometrischer, gewogener, gleitender und quadratischer; →Zentralwert

Dienstleistung →Produkt

Differenzzeit →Fortschrittszeitverfahren

e: subtracted time
f: temps de soustraction
r: разница во времени, метод прогрессирующего времени
s: tiempo diferencial

DIN = Deutsches Institut für Normung

Dioptrie

e: diopter
f: dioptrie
r: диоптрия
s: dioptria
Die Maßeinheit für die optische Brechkraft einer Linse. Eine D. (1 dpt) entspricht der Brechkraft einer Linse mit einer Brennweite von 1 m [167].

Diskontinuierliches Schichtsystem →Schichtsystem, diskontinuierliches

Disponibilität; syn.: Disponierbarkeit, Steuerbarkeit, Beeinflußbarkeit

e: availability; opportunities at one's disposal
f: disponibilité
r: распоряжаемость, управляемость
s: disponibilidad
Art und Ausmaß von Beschränkungen, denen die Handelnden bei der alleinigen oder mitwirkenden Bestimmung (Steuerung, Beeinflussung) von Handlungsalternativen unterliegen [109].

Disposition

e: disposition
f: disposition
r: диспозиция, склонность
s: disposición
medizinisch: Eine organische oder gesundheitliche Veranlagung; insbesondere: Empfänglichkeit, Anfälligkeit für Krankheiten. [167]. Psychologisch: Reaktionsbereitschaft einer Person oder →Fähigkeit [95].

dispositiv

e: directing
f: dispositif
r: склонный
s: dispositivo
anordnend; verfügend [167].

Disstreß →Streß

distal

e: distal
f: distal
r: дистальный
s: distale
anatomisch weiter vom Rumpf entfernt liegend [180]. →proximal

Dokumentation

e: documentation
f: documentation
r: документация
s: documentatión
Eine für die Fachinformation wesentliche →Tätigkeit, die das systematische Sammeln und Auswählen, das formale Erfassen, in-

haltliche Auswerten und Speichern von Dokumenten umfaßt, um sie zum Zweck der gezielten →Information rasch und treffsicher auffinden zu können [41].

Doppeltätigkeitsmethode (von BORNE-MANN)

Wissenschaftliche Methode zur Ermittlung vorwiegend nicht-körperlicher Beanspruchung durch subjektbezogene Messung von Begleiterscheinungen. Erläuterungen: BORNEMANN geht von der Hypothese aus, daß

1. eine Proportionalität zwischen Leistung (output) und geistiger Beanspruchung vorliegt,
2. die relativen Beanspruchungen (= Ist-Leistung/Maximalleistung) zweier Tätigkeiten sich addieren lassen und
3. die Summe der relativen Beanspruchung zweier Tätigkeiten eine Konstante darstellt.

Die D. mißt bei beliebigen geistigen Tätigkeiten die Leistungsminderung in einer Zweittätigkeit (Kopfrechnen) und setzt den Prozentsatz der Leistungsminderung gleich der Beanspruchung. Die Ergebnisse dieser Methode sind stark abhängig von der Art der Meßtätigkeit und der →Motivation der betrachteten Versuchsperson [198]. →Mehrfachbelastung

dorsal

e: dorsal
f: dorsal
r: торсальная часть, относящаяся
к спине
s: dorsale
Zum Rücken gehörig, rückseitig gelegen [180]. →ventral

Durchgangsöffnung

e: opening for whole body access
f: ouvertures destinées au passage de l'ensemble de corps
r: проход, проем, отверстие для прохода
s: apertura para el acceso del cuerpo
Eine Öffnung, die den Durchgang oder Einstieg einer Person mit dem ganzen Körper ermöglicht, um Maßnahmen wie das →Handhaben von →Stellteilen, das Überwachen von Arbeitsabläufen und das Prüfen von Arbeitsergebnissen ausführen zu können [86]. →Zugangsöffnung

Durchschnitt →Mittelwert

Durchschnittsleistung

e: mean performance
f: performance moyenne
r: средняя производительность
s: rendimiento promedio
Die →Bezugsleistung, die sich aus dem Mittelwert einer Großzahl von Ist-Leistungen ergibt [192].

E

Echtzeitverarbeitung

e: real time processing
f: traitement en temps réel (ou: en direct)
r: непосредственная обработка
данных времени
s: tratamiento de datos en tiempo real
Eine Form der Datenverarbeitung bei Computersystemen. Dabei werden Daten erfaßt und unmittelbar anschließend durch den Computer verarbeitet [8]. →Stapelverarbeitung

Ecklohn

e: basic (or: corner) wage
f: salaire de base (ou: de référence)
r: базовая зарплата
s: salario base
Der in einem Tarifvertrag für eine bestimmte repräsentative Lohngruppe bezeichnete Grundlohn, nach dem sich die Grundlöhne der anderen Lohngruppen gemäß einem tariflich vereinbarten Schlüssel errechnen [156].

Effektivlohn

e: effective wage
f: salaire effectif
r: эффективная зарплата (состоит
из тарифной зарплаты и добавок)
s: salario indicativo (o: effectivo)
Der tatsächliche, dem →Arbeitnehmer gezahlte Lohn. Er setzt sich aus dem →Tariflohn, Überstundenvergütungen und sonstigen Zuschlägen zusammen. Die Abweichung von E. und Tariflohn wird als Lohndrift bezeichnet [203, 214].

Effektivtemperatur

e: effective temperature
f: température effective
r: эффективная температура (по
Яглоу)
s: temperatura effectiva
Ein Klimasummenmaß nach YAGLOU. Durch Versuche wurden alle Klimakombinationen aus Lufttemperatur, Luftfeuchte und Luftgeschwindigkeit ermittelt, bei denen das Klimaempfinden der untersuchten Per-

sonen gleich war. Als E. wird dann die Lufttemperatur des Bezugsklimas bei Sättigung mit Wasserdampf (relative Feuchte 100 %) und bei vernachlässigbarer Luftgeschwindigkeit (0,1 m/s) verwendet. - Die auf den bekleideten Menschen bezogene E. wird als Normal-Effektivtemperatur (NET) bezeichnet. - Die korrigierte Normal-Effektivtemperatur (CNET) wird mit dem Globethermometer gemessen [193].
Hinweis: Nachteilig ist, daß die E. nur auf den Bereich thermisch behaglicher Bedingungen begrenzt ist. Deshalb hat sich international die Beurteilung sog. →Komfortbedingungen mit dem →PMV-Index durchgesetzt.

Effektivwert →Mittelwert, quadratischer

Eigenfrequenz

e: natural (or: resonant) frequency
f: fréquence propre
r: собственная частота колебаний
s: frecuencia natural
Die Frequenz, mit der jedes mechanische oder biologische System in Abhängigkeit von seiner eigenen Masse und Federsteifigkeit schwingt, nachdem es durch eine äußere Kraft angeregt wurde [113]. →Resonanz

Eigentümer

e: owner
f: propriétaire
r: владелец собственности,
собственник
s: proprietario; dueño
Derjenige, der das umfassende, nur durch die allgemeinen Gesetze des Staates eingeschränkte Besitz-, Verfügungs- und Nutzungsrecht über Grund und Boden (unbewegliche Sachen) und sonstige Habe (bewegliche Sachen, Rechte u.a.) hat [14, 18].

Eignung

e: suitability
f: aptitude; qualification
r: пригодность
s: aptitud; idoneidad
Das Vorhandensein körperlicher Voraussetzungen, →Fähigkeiten (leistungsbezogene, stabile und situationsunabhängige Eigen-

schaften), Handlungskompetenzen (situations- und aufgabenbezogenes Fach- und Erfahrungswissen, Kenntnisse über Verhaltensregeln, soziale Kompetenzen) und →Fertigkeiten (stabile, aufgabenbezogene Verhaltensmuster) zur erfolgreichen Bewältigung bestimmter Arbeitstätigkeit und Anforderungen. [116, 156, 167]. In der Gegenwart setzt sich ein umfassender Qualifikationsbegriff durch, der neben der Fachkompetenz (fachspezifisches und fachübergreifendes Wissen) auch Methodenkompetenz (Fähigkeit, Fachwissen zu nutzen, zu kombinieren und zu ergänzen) und Sozialkompetenz (Team-, Kooperations- und Kommunikationsfähigkeit, Toleranz, Verantwortungsbewußtsein und Solidarität) oder Selbstorganisationskompetenzen beinhaltet [23, 116].

Eignungsdiagnostik; Eignungsprüfung
→**Personalauswahl**

Eignungstest

e: aptitude test
f: test (ou: examen) d'aptitude
r: тест на пригодность, экзамен на пригодность
s: examen (o: prueba) de aptitud
Ein Verfahren zur Untersuchung der →Eignung von Personen (→Assessment Center). Dabei werden diagnostische Verfahren vor allem der Medizin und der Psychologie unter standardisierten Bedingungen angewendet [95, 136, 156]. Die wichtigsten Testgütekriterien sind →Objektivität, →Reliabilität (Zuverlässigkeit) und →Validität (Gültigkeit) sowie Ökonomie, Nützlichkeit, Normierung und Vergleichbarkeit. Die Anforderungen an die Konstruktion und Durchführung psychologischer Tests wurden vom Berufsverband Deutscher Psychologen in den "Berufsethischen Verpflichtungen für Psychologen" niedergelegt [95].

Einarbeitung; Einarbeiten

e: initial training; adjustment; learning
f: entraînement; mise au courant
r: вхождение в курс дел, ввойти в
курс дел, освоиться
s: iniciación; entrenamiento
Eine ungewohnte Tätigkeit oder Tätigkeitsfolge erlernen, einüben und schrittweise bis zur sicheren Fertigkeit übernehmen [193]. →Übung; →Training

Einflußgröße; Faktor

e: (influence) factor
f: facteur
r: влияющая величина, фактор
s: factor
Man unterscheidet folgende Arten von Einflußgrößen [193]:
- unwesentliche (nicht signifikante) E.
- wesentliche (signifikante) E.
- veränderliche (variable) E.
- feste (konstante) E.
- Meß- und zählbare (quantitative) E.
- beurteilbare (qualitative) Einflußgrößen.
→Signifikanz; →Skalierung; →Variable

Eingabe

e: input
f: entrée; input
r: вход (элемент рабочей системы)
s: caudal de entrada
Ein Element des →Arbeitssystems: Es besteht im allgemeinen aus Arbeitsgegenständen, Informationen und Energie, die im Sinne der Arbeitsaufgaben verändert werden [193]. →Ausgabe

Einheit

e: unity; unit
f: unité
r: единица
s: unidad
Ein materieller oder immaterieller Gegenstand der Betrachtung [41].

Einheiten →Größen, physikalische

Einkommen

e: income, remuneration
f: revenu, rémunération
r: доход
s: ingreso; renta
Ökonomische Verfügungsmittel einer Person (personales E.), nicht einer Organisation. (Sie können in Geld, Sachleistungen

oder Rechten bestehen.) [109]. →Arbeitsein-kommen

Einschränkung

e: constraint
f: restriction
r: ограничение
s: restricción
Ein begrenzender Faktor, der die vollständige Realisierung eines Zieles verhindert [17].

Einstellenarbeit

e: single-activity work
f: travail monoplace
r: работа на одном рабочем месте
s: trabajo en un solo puesto (de trabajo)
Art der Arbeitsausführung, bei der ein oder mehrere Menschen die Arbeitsaufgabe eines Arbeitssystems an einer Stelle erfüllen [193, 199]. →Mehrstellenarbeit

Einstellungsgespräch; Einstellungsinterview; Auswahlgespräch

e: employment interview
f: interview de recrutement
r: собеседование при приеме на работу
s: entrevista de empleo
Oberbegriff für systematisch anhand eines Leitfadens strukturierte Interviews mit Stellenbewerberinnen oder -bewerbern zur Ermittlung der →Eignung (→Personalauswahl). Sie können gleichzeitig zum persönlichen Kennenlernen, zur Information über die mit einer Position verbundenen →Aufgaben und →Arbeitstätigkeiten oder über die →Organisation dienen. Das E. kann auch zur gegenseitigen Information über Erwartungen und das Aushandeln von Vertragsbedingungen genutzt werden [95].

Einstufung

e: classification; grading
f: classement; classification
r: классификация, градация
s: clasificación
Das Ordnen von Tätigkeiten nach bestimmten Merkmalen (z.B. Inhalt, Umfang, Schwierigkeit) in Rangreihen [156].

Einwirkungszeit

e: influencing time; time of exposition; time needed for effect
f: temps d'influence
r: время влияния
s: tiempo de transformación
Die Zeit, in der sich entweder durch Tätigsein des Arbeiters oder der technischen Betriebsmittel oder durch physikalische, chemische oder biologische Vorgänge der Zustand oder die Form des Werkstoffes ändert [156].

Einzelarbeit

e: individual work
f: travail individuel
r: работа одного работающего
s: trabajo individual
Art der Arbeitsausführung, bei der nur ein Mensch die Arbeitsaufgabe eines Arbeitssystems erfüllt [193]. →Gruppenarbeit; →Kolonnenarbeit; →Rottenarbeit

Einzelzeitmessung

e: flyback (or: snap-back) timing
f: méthode du retour à zéro
r: измерение одного отрезка времени
s: medición de tiempo parcial
Ein Verfahren der Arbeitszeitmessung, nach dem die Zeiger einer Stoppuhr oder die digitale Anzeige eines elektronischen Gerätes am Ende jedes einzelnen →Arbeitsablaufabschnitts und nach dem Ablesen des Meßwertes auf Null zurückgestellt werden. Anschließend wird die Dauer des darauf folgenden Arbeitsablaufabschnitts angezeigt. Um die Dauer des gesamten Ablaufs zu messen, müssen alle darin enthaltenen Abschnitte lückenlos erfaßt und deren Dauer summiert werden [162]. →Fortschrittszeitmessung

Elektroencephalogramm EEG; Elektroencephalographie

e: electroencephalogram; electroencephalography
f: électroencéphalogramme; électroencéphalographie
r: электроэнцефалограмма, электроэнцефалография
s: electroencefalograma

Die Aufzeichnung der durch Elektroden an der Kopfhaut ableitbaren Potentialdifferenzen (Veränderungen der Hirnaktionsströme), die durch die Tätigkeit des Nervennetzes des Gehirns hervorgerufen werden. Durch Spektralanalyse dieser elektrischen Aktivität lassen sich spezifische Rhythmen unterscheiden, insbesondere der Alpharhythmus und Betarhythmus, die unter geistiger Beanspruchung starke Veränderungen zeigen [198].

Elektrokardiogramm EKG; Elektrokardiographie

e: electrocardiogram; electrocardiography
f: électrocardiogramme; électrocardiographie
r: электрокардиограмма, метод электрокардиографии
s: electrocardiograma
Die Aufzeichnung der durch Elektroden am Herzmuskel ableitbaren Potentialdifferenzen (Veränderungen der Herzaktionsströme), die bei jedem Herzschlag im Herzmuskel auftreten. Daraus sind zwei Beanspruchungskriterien zu entnehmen: →Herzschlagfrequenz und →Herzschlagarrhythmie [167, 198].

Elektromyogramm EMG; Elektromyographie

e: electromyogram; electromyography
f: électromyogramme; électromyographie
r: электромиограмма, метод электромиографии
s: electromiograma
Die Aufzeichnung der durch Elektroden an Muskeln ableitbaren Potentialdifferenzen (Veränderungen der Muskelaktionsströme), die durch die Tätigkeit der Muskeln hervorgerufen werden. Aus dem E. kann man auf die Stärke der Anspannung der untersuchten Muskulatur sowohl bei statischer als auch dynamischer muskulärer Arbeit und damit auf die Höhe der Beanspruchung schließen [167, 198].

Elektrookulogramm EOG; Elektrookulographie

e: electrooculogram; electrooculography
f: électrooculogramme; électrooculographie

r: электроокулограмма, метод электроокулографии
s: electrooculograma
Die Aufzeichnung der Augenbewegungen durch Ableitung der Potentialdifferenzen zwischen vorderem und hinterem Augenpol. Dieses Verfahren wird vor allem eingesetzt, um die informatorische Beanspruchung zu ermitteln [22, 186].

Elementarbewegung; Kleinstbewegung

e: elemental (or: basic) motion (or: movement); micromotion
f: micromouvement
r: элементарное движение, микродвижение
s: movimiento elemental
Eine Bewegung, die als Bestandteil einer Arbeitsbewegung nicht weiter unterteilt werden kann [156].

Emission

e: emission
f: émission
r: эмиссия
s: emisión
Die Abgabe von Luftverunreinigungen (z.B. Gase, Dämpfe, Stäube) oder Strahlung, Lärm usw. aus einem Bereich [136].
→Immission

Emotion

e: emotion
f: émotion
r: эмоции
s: emoción
Gefühlsprozesse und -erlebnisse oder Gemütsbewegungen, die die Beziehung eines Menschen zu Objekten, Zuständen, Ereignissen, Situationen, anderen Personen und zu sich selbst unmittelbar wertend widerspiegeln; dies jeweils auf der Basis vorhandener eigener Bedürfnisse, Wertorientierungen und des eigenen aktuellen Zustandes.
E. sind eng verbunden mit biochemischen und physiologischen Aktivierungsprozessen, mit motorischen Abläufen und Ausdruckserscheinungen (z.B. Mimik, Gestik, Lust-Unlust, Spannung-Entspannung und Zuwendung-Abneigung, Sprechweise). Sie stehen in Wechselbeziehung zu anderen psychischen (z.B. Wahrnehmung) und mentalen

Vorgängen. Außerdem sind sie in unterschiedlicher Weise in die Handlungs- und Verhaltensregulation, damit auch in die Arbeit integriert (z.B. emotionale Bewertung als Komponente der Verhaltensregulation, Spontanauslösung von Verhaltensmustern durch E., Erzeugen bzw. Vermeiden bestimmter emotionaler Zustände als Ziel für persönliche Arbeitsfolgen, Erzeugen und Vermitteln von E. als Bestandteil der Arbeitsaufgabe bei personenorientierten Tätigkeiten) [187, 217]. →Affekt

Empfindung

e: sensation
f: sensation
r: восприятие
s: sensación

Das Ergebnis einer Reihe von Sinneseindrücken, die durch Reizaufnahme der äußeren Sinne (Gesichts-, Gehörs-, Tast-, Geruchs-, Geschmacks-, Temperatur- und Schmerzempfindung) oder durch körperliche Zustände (Bewegungs-, Muskel-, Gelenk-, Lage-, Organ-, Gemeinempfinden) entstehen. Es handelt sich dabei um einfachste und elementare Eindrücke, die nicht weiter zurückzuführen sind, z.B. hell, rot, fest, bitter, kalt usw. Erst durch die Verknüpfung von E. mit Erfahrungen und Erlerntem (Gedächtnisinhalten) entsteht eine →Wahrnehmung [135, 186].

empirisch

e: empiric(al)
f: empirique
r: эмпирический
s: empirico

erfahrungsgemäß; aus der Erfahrung, durch Beobachtung; dem Experiment entnommen [167].

Energetisch-effektorische Arbeit →Arbeit, energetisch-effektorische

Energetische Arbeit →Arbeit, energetische

Energieumsatz; Energieverbrauch

e: metabolic heat production; energy exchange; energy consumption
f: transformation énergétique; consommation énergétique
r: объем энергии, энергозатраты,
s: metabolismo; consumo de energía

Die vom Körper zur Aufrechterhaltung seiner organischen Funktionen (z.B. Kreislauf, Atmung, Gehirn- und Nerventätigkeit sowie Wärmeerzeugung) und zur Arbeitsverrichtung umgewandelte Energiemenge:

E. = Grundumsatz + Arbeitsenergieumsatz.

→Grundumsatz; →Arbeitsenergieumsatz

Engineering, simultaneous SE

e: simultaneous engineering SE

Die integrierte und zeitgleiche Abwicklung der Produkt- und Prozeßgestaltung mit dem Ziel,
- die Frist "Time-to-market" von der Produktidee bis zur Einführung des Produktes zu verkürzen,
- die Entwicklungs- und Herstellungskosten zu verringern und
- die Produktqualität im umfassenden Sinne des "Total Quality Managements" zu verbessern [196].

Entgelt; Vergütung

e: remuneration
f: rétribution; rémunération
r: денежное вознаграждение, возмещение
s: retribución; remuneración

Gegenleistung des Arbeit- oder Auftraggebers für eine Leistung des Arbeit- oder Auftragnehmers. →Arbeitsvertrag

Entlohnungsform →Lohnform

Entscheidungsbaum

e: decision tree
f: arbre de décision
r: дерево решений
s: árbol de decisión

Ein Diagramm, mit dem aufeinanderfolgende oder alternative Entscheidungen im Hinblick auf deren wahrscheinliche Folgen und Endergebnisse dargestellt werden [17].

Entscheidungsmatrix

e: decision matrix
f: matrice de décision
r: матрица решений
s: matriz decisiva (o: de decisión)
Eine Matrix, die die Wechselwirkungen zeigt, die durch verschiedene Strategien entstehen [17].

Entscheidungsspielraum

e: range (room) for decision
f: marge pour décision
r: время для принятия решения
s: margen de decisiones
Das weisungsgebundene Ausmaß der selbständigen Verfügung über die Zeiteinteilung und den Einsatz von Personen, Betriebsmitteln und Verfahren im Arbeitsprozeß [156].

Entspannung →Erholung

Epidemiologie

e: epidemiology
f: épidémiologie
r: эпидемиология
s: epidemiología
Dieser Wissenschaftszweig befaßt sich mit der Verteilung von übertragbaren und nicht übertragbaren Krankheiten und deren physikalischen, chemischen, psychischen und sozialen Determinanten und Folgen in der Bevölkerung [186].

Ereignis

e: event; incident
f: événement; incident
r: событие, происшествие
s: suceso; incidente
Das Eintreten eines definierten Zustandes im Ablauf [83].

Ereignis, kritisches

e: critical incident
f: incident critique
r: критическое событие, происшествие - инцидент
s: incidente crítico
Ein wichtiger Vorgang, dessen Ursache und Folgen beobachtet werden können (z.B. Beinahe-Zusammenstoß von Fahrzeugen). In der "Critical Incident Technique" nach FLANAGAN (1954) werden Personen gebeten, konkrete Verhaltensepisoden zu beschreiben, die für Erfolg und Mißerfolg sowie Zufriedenheit und Unzufriedenheit in der Arbeitstätigkeit entscheidend waren. Die Ergebnisse werden mit Kategoriensystemen ausgewertet [95, 180].

Ereignisablaufanalyse

e: event sequence analysis
f: analyse de déroulement d'événement
r: анализ хода события или происшествия
s: análisis del proceso de incidente
Eine Methode zur Untersuchung von Ereignissen, bevorzugt von Störungen und Störfällen, die sich aus einem Anfangsereignis entwickeln können. Ereignisabläufe lassen sich mit ihren möglichen Verzweigungen einfach und übersichtlich in Form eines Ereignisablaufdiagramms (Ereignisbaum) darstellen und analysieren. Die dazu angegebenen graphischen Symbole dienen der Darstellung der logischen Zusammenhänge und liefern zugleich ein Schema zur Berechnung der Wahrscheinlichkeit von Ereignisabläufen. - Die E. ist von der →Fehlerbaumanalyse zu unterscheiden, bei der ein vorgegebenes unerwünschtes Ereignis auf Kombinationen von Primärereignissen zurückgeführt wird [55].

Erfahrung

e: experience
f: expérience
r: опыт
s: experiencia
Die Gesamtheit alles Erlebten, soweit es mittelbar oder unmittelbar wirksam werden kann [156].

Erfahrungswissen

e: experiential knowledge
f: connaissance empirique
r: знания на основе жизненного опыта
s: conocimiento empírico
Ein →Wissen, das durch unmittelbare →Erfahrung gewonnen wird. Es besteht typischerweise aus spezifischen Fakten und Faustregeln (Oberflächenwissen, →Heuristi-

ken). Im Unterschied dazu steht Tiefenwissen, das formale Prinzipien bzw. Theorien umfaßt [24]. →Expertenwissen

Ergometer

e: ergometer
f: ergomètre
r: эргометр (например эрговелосипед)
s: ergómetro
Ein Gerät zur Messung der Leistung von muskulärer Arbeit [167]. →Fahrradergometer; →Laufbandergometer; →Harvard-Stufen-Test

Ergometrie

e: ergometry
f: ergométrie
r: метод эргонометрии
s: ergometría
Verfahren zur Prüfung der Belastbarkeit des Herz-Kreislauf-Systems.
→Ergometer; →PWC

Ergonomie

e: ergonomics; human factors (US)
f: ergonomie
r: Эргономика
s: ergonomía
Teilgebiet der →Arbeitswissenschaft zur menschengerechten Gestaltung der →Arbeitsbedingungen. Dabei sollen Methoden und Erkenntnisse zur Anpassung der Arbeitsbedingungen an die →Fähigkeiten des Menschen geschaffen werden. Dies geschieht mit dem Ziel, belastungsbedingte, gesundheitsschädliche Beeinträchtigungen systematisch auszuschalten. Gleichzeitig soll die Entfaltung der menschlichen →Arbeitsfähigkeit gefördert werden, wobei eine möglichst hohe →Arbeitszufriedenheit angestrebt wird. - Wesentliche Teilgebiete sind angewandte →Anatomie, →Arbeitsphysiologie, und -psychologie [136, 167].

Ergonomie, korrektive

e: corrective ergonomics
f: ergonomie corrective
r: Эргономика, коррективная
s: ergonomía de corrección

Die nachträgliche Berücksichtigung ergonomischer Erkenntnisse und arbeitswissenschaftlicher Kriterien erst nach der Realisierung von →Arbeitssystemen, zumeist erst nach Auftreten von Mängeln [167]. →Ergonomie, prospektive

Ergonomie, prospektive

e: prospective ergonomics
f: ergonomie prospective
r: Эргономика, проспективная
s: ergonomía prospectiva
Die rechtzeitige Berücksichtigung ergonomischer Erkenntnisse und arbeitswissenschaftlicher Kriterien bereits bei der Planung von →Arbeitssystemen [167]. →Ergonomie, korrektive

Ergonomische Arbeitsplatzgestaltung
→A., ergonomische

Erholung

e: recovery; recuperation; relaxation; rest
f: récupération; relaxation; repos
r: отдых
s: descanso; recuperación; recreo
Die Wiederherstellung des ursprünglichen Zustandes nach einer vorangegangenen →Ermüdung [167]. →Erschöpfung

Erholungsdauer

e: resting (or: recreation) time
f: durée de repos (ou: récréation)
r: время отдыха
s: duración de descanso
Der Zeitabschnitt, der nach Absetzen der Belastung für die Rückbildung des Pulses auf Ruhepulsniveau gebraucht wird. →Erholungspulssumme

Erholungspuls(frequenz)

e: resting pulse (rate)
f: (fréquence du) pouls de repos
r: частота сердцебиения во время отдыха после работы
s: (frecuencia de) pulso durante el período de descanso
Die →Herzschlagfrequenz während der →Erholungsdauer [232]. →Erholung

Erholungspulssumme EPS

e: resting puls sum
f: somme du pouls de repos
r: сумма ударов сердца за время
отдыха (от окочания работы до
установления частоты
сердцебиения в состоянии покоя)
s: (suma de) pulso durante el período de
descanso

Die oberhalb des →Ruhepulses liegende Summe der Herzschläge während der →Erholungsdauer. Sie ist nach Beendigung der Arbeit zum Ausgleich der O_2-Bilanz erforderlich und daher ein Maß für die Schwere der vorangegangenen Beanspruchung [136].

Erholungszeit; Erholzeit

e: relaxation (or: rest) time
f: temps de repos
r: время, необходимое человеку для
отдыха
s: tiempo de descanso

Die Summe der →Soll-Zeiten aller →Arbeitsablaufabschnitte, die für die →Erholung des Menschen erforderlich sind [193]. →Zeitgliederung

Erholungszeitermittlung

e: determination of relaxation time
f: détermination du temps de repos
r: определение времени,
необходимого человеку для отдыха
s: determinación del tiempo de descanso

Die Berechnung oder Schätzung des →Erholungszuschlags auf Grund der verschiedenen Belastungsfaktoren [2, 175].

Erholungszuschlag

e: relaxation (or: rest) allowance
f: allocation (ou: majoration) pour fatigue
r: дополнительное время,
необходимое человеку для отдыха
s: suplemento por descanso

Prozentualer Zuschlag zur arbeitstechnisch notwendigen →Arbeitszeit, um die angemessene →Erholung zu ermöglichen [136].

Ermüdung

e: fatigue
f: fatigue

r: утомление
s: fatiga

Minderung der Funktions- und →Leistungsfähigkeit eines Organs oder eines Organismus, die aufgrund einer nach Art, Höhe und Dauer bestimmten →Belastung und der sich daraus ergebenden Beanspruchung eintritt und durch →Erholung wieder ausgeglichen werden kann [64]. →Arbeitsermüdung

Ermüdung, mentale

e: mental fatigue
f: fatigue psychique
r: утомление, психическое
s: fatiga psíquica

Eine vorübergehende Beeinträchtigung der psychischen und körperlichen Funktionstüchtigkeit, die je nach Höhe, Dauer und Verlauf von vorangegangener →psychischer Beanspruchung eintreten kann. Wesentliche Ermüdungsphänomene sind (nach SCHMIDTKE) Störungen von Rezeption, Wahrnehmung, Aufmerksamkeit und Konzentration, des Denkens, der personalen Antriebs- und Steuerungsfunktionen sowie der sozialen Beziehungen [68, 136]. →Arbeitsermüdung

Ermüdungsanstieg →Ermüdungsstoffe

Ermüdungsstoffe

e: cenotoxins; kenotoxins
f: cénotoxines
r: продукты обмена веществ при
утомлении
s: cenotoxinas

Stoffwechselprodukte (z.B. Milchsäure im Blut), die bei hohen physischen Leistungen nicht mehr in ausreichendem Maße abgebaut werden können. Ihre zunehmende Konzentration führt zum Ermüdungsanstieg der Pulsfrequenz, bis die Arbeit schließlich nicht mehr fortgeführt werden kann [209].

Ernährungs- und Landwirtschaftsorganisation der Vereinten Nationen FAO

e: Food and Agriculture Organization of the United Nations FAO
f: Organisation des Nations Unies pour l'alimentation et l'agriculture
r: организация по вопросам

питания и с/х продуктов при ООН
s: Organización de las Naciones Unidas
para la Agricultura y la Alimentación FAO

Erschöpfung

e: exhaustion
f: épuisement; exténuation
r: истощение
s: agotamiento
Extremer Grad der →Ermüdung, der eine
Fortsetzung der →Belastung ausschließt,
vielmehr zum Regenerieren eines längeren
Zeitraumes bedarf. Die Eigenschaften ver-
schlechtern sich in höchstem Maße, und die
Arbeitsfähigkeit wird längerfristig vermindert. E. kann z.B. auf einer Energiedepoter-
schöpfung beruhen [167].

Erschwerniszulage

e: hardship allowance (or: pay)
f: prime pour travail pénible (ou:
aggravant)
r: доплата за сложносность работ
s: suplemento por la agravación (o:
dificultad) del trabajo
Eine dem Arbeitnehmer zusätzlich gezahlte
→Vergütung für Tätigkeiten mit außergewöhnlicher →Arbeitsschwierigkeit.

Erträglichkeit

e: tolerability
f: tolérabilité; qualité de ce qui est tolérable
r: терпимость, сносность
s: tolerancia humana
Ein Kriterium zur Beurteilung der Belastungshöhe, die eine Beeinträchtigung der
Gesundheit über die Dauer eines ganzen
Arbeitslebens ausschließt. E. ist eine Bedingung für →Schädigungslosigkeit [167].
→Kriterien zur Beurteilung der Arbeitsbedingungen

Erwerbsfähigkeit

e: employability; earning capacity
f: aptitude à l'emploi
r: способность работать,
трудиться
s: empleabilidad; capacidad laboral
Die dauernde Fähigkeit einer Arbeitsperson,
einen irgendwie nennenswerten Verdienst zu
erlangen. →Erwerbsunfähigkeit

Erwerbslosigkeit

e: unemployment
f: chômage
r: безработица
s: desempleo; desocupación
Verlust des Arbeitsplatzes durch Kündigung
oder erfolglose Bemühung um eine bezahlte
Arbeitstätigkeit. Gebräuchlicher ist die Bezeichnung →Arbeitslosigkeit, sie ist aber
ungenau, weil "Arbeitslose" keineswegs
aufhören zu arbeiten, sondern auch unbezahlte Arbeiten in Haus, Familie oder in
ehrenamtlichen Funktionen auszuführen
haben (→Arbeit, →Frauenarbeit) [95].

Erwerbsminderung (= Minderung der Er-
werbsfähigkeit MdE

e: reduction of earning (or: working)
capacity
f: incapacité partielle de travail
r: снижение способности работать
s: disminución de la capacidad laboral
Die graduelle körperliche oder geistige Beeinträchtigung der Erwerbsmöglichkeiten
eines Versicherten infolge von Krankheit
oder anderer Gebrechen [156]. →Erwerbs-
unfähigkeit

Erwerbsperson

e: economically (or: gainfully) active
person; gainfully occupied person
f: personne active
r: трудоспособный человек
s: persona de edad laboral
Eine mindestens 15 Jahre alte Person mit
ständigem Wohnsitz im Inland. Zu den Erwerbspersonen zählen sowohl die →Er-
werbstätigen als auch die Erwerbslosen
(Arbeitslosen) [214].

Erwerbsquote

e: activity rate; employment percentage
f: taux d'activité
r: количество трудоспособного
населения
s: porcentaje de empleo
Der Anteil der →Erwerbspersonen an der
Wohnbevölkerung [214]. →Arbeitslosen-
quote

Erwerbstätige

e: economically active population
f: population active; les actifs
r: трудоспособное население
s: población activa (o: asalariado;
trabajadora)
Personen, die einer Erwerbstätigkeit nachgehen. E. werden unterteilt in Selbständige und abhängig →Beschäftigte [214].

Erwerbstätigkeit, selbständige

e: self employment
f: travail indépendant
r: трудоспособные, ведущие
хозяйствование самостоятельно
s: trabajo a cuenta propia
Die Ausübung eines Gewerbes, einer Landwirtschaft oder eines freien Berufes ohne abhängiges →Arbeitsverhältnis [18].

Erwerbsunfähigkeit

e: disability; incapacity for work
f: incapacité de travail; invalidité
r: нетрудоспособность
s: incapacidad laboral
Im Sinne der Gesetzlichen Rentenversicherung GRV: Die Unfähigkeit eines Versicherten, auf eine nicht absehbare Zeit eine Erwerbstätigkeit in gewisser Regelmäßigkeit auszuüben oder mehr als nur geringfügige Einkünfte durch Erwerbstätigkeit zu erzielen, dies infolge von Krankheit, anderen Gebrechen oder Schwäche seiner körperlichen oder geistigen Kräfte.
Im Sinne der Gesetzlichen Unfallversicherung GUV: Die dauernde Unfähigkeit eines Verletzten oder Erkrankten, einen irgendwie nennenswerten Verdienst zu erlangen [193].
→Arbeitsunfähigkeit; →Berufsunfähigkeit

Evaporation

e: evaporation
f: évaporation
r: испарение
s: evaporación
Verdampfung; bei der Arbeit: Wärmeabgabe durch Schweiß [232].

Experimentalpsychologie; experimentelle Psychologie

e: experimental psychology
f: psychologie expérimentale
r: экспериментальная психология
s: psicología experimental
Experimente werden in allen Gebieten und nahezu allen Richtungen der Psychologie zur Untersuchung von psychologischen Fragestellungen verwendet. Die experimentelle Psychologie ist deshalb kein Teilbereich der Psychologie und auch keine Richtung im gebräuchlichen Sinne, sondern bezeichnet die mit Experimenten gewonnenen Erkenntnisse der Psychologie [95]. →Verbände im Fachbereich Psychologie; →Methoden im Fachbereich Psychologie

Expertensystem

e: expert system
f: système expert
r: экспертная система
s: sistema experto
Ein Rechnerprogramm, welches das für die Lösung bestimmter Probleme verfügbare Expertenwissen in einer Form anbietet, daß es ohne direkte Befragung von Experten für die Anwendung genutzt werden kann [167].

Expertenwissen

e: expert knowledge
f: connaissance d'expert
r: эспертные знания
s: conocimientos del experto
Die →Fähigkeiten und →Kenntnisse einzelner Personen, deren →Leistungen auf einem bestimmten Gebiet weit über dem Durchschnitt liegen. Das Expertentum besteht oft in riesigen Informationsmengen in Verbindung mit Faustregeln, Vereinfachungen, wenig bekannten Fakten und klugen Verfahrensweisen, die eine effiziente Analyse besonderer Problemtypen ermöglichen [24].
→Erfahrungswissen; →Expertensystem

Exposition

e: exposure; exposition
f: exposition
r: экспозиция
s: exposición
Der Zustand, der Einwirkung von Umgebungsbedingungen (z.B. von luftfremden Stoffen) ausgesetzt zu sein [167].
→MAK-Wert

Expositionszeit; Expositionsdauer

e: exposure time
f: temps d'exposition
r: время экспозиции, длительность
экспозиции
s: tiempo de exposición
Die Zeit (bzw. Dauer), während der ein
Mensch der Einwirkung von Umgebungsbedingungen (z.B. von luftfremden Stoffen)
ausgesetzt ist. →Exposition

F

FAA = Fragebogen zur Arbeitsanalyse
→PAQ

Facharbeiter

e: skilled (or: qualified) worker
f: travailleur (ou: ouvrier) qualifié (ou: spécialisé)
r: квалифицированный рабочий
s: oficial (o: trabajador) calificado
Ein Arbeitnehmer, der in seinem staatlich anerkannten Lehrberuf in Betrieb und Berufsschule mit Erfolg ausgebildet worden ist oder sich die gleichen Fertigkeiten und Kenntnisse in einer mindestens fünfjährigen Praxis angeeignet hat und damit befähigt ist, qualifizierte Arbeit nach Auftrag selbständig und sachgemäß auszuführen [156].

Fähigkeit

e: ability; capacity; faculty; talent
f: aptitude; capacité; talent
r: способность
s: aptitud; capacidad; idoneidad
Eine angeborene oder erworbene, stabile →physische oder →psychische Eigenschaft, die es dem Menschen ermöglicht, →Handlungen auszuführen. [95, 167]. →Fertigkeit

Fahrradergometer

e: bicycle ergometer
f: bicyclette ergométrique
r: эрговелосипед
s: bicicleta ergométrica
Ein →Ergometer in Form eines stationären Fahrrades. Um die Belastung zu variieren, können die Geschwindigkeit durch unterschiedliche Pedalfrequenz (i.d.R. 58/min) und die Schwere durch unterschiedliche Bremskraft verändert werden. →Laufbandergometer; →Harvard-Step-Test

Faktorenanalyse

e: factor analysis
f: analyse factorielle
r: факторный анализ
s: análisis factorial
Eine mathematisch-statistische Methode zur Ordnung, Klassifikation, Interpretation und Reduktion beobachteter Merkmale. Dabei sollen zahlreiche →Einflußgrößen durch möglichst wenige →Faktoren, die voneinander unabhängig sind, möglichst genau und einfach erklärt werden.

Fallstudie

e: case study
f: étude de cas
r: исследование методом случаев (прим. в социологии)
s: estudio de casos
Eine wissenschaftliche Methode vornehmlich der empirischen Sozialforschung, bei der mit Hilfe spezieller Erhebungen (z.B. Beobachtung, Befragung, Inhaltsanalyse) einzelne Untersuchungseinheiten (z.B. Personen, soziale Gruppen, Institutionen oder kulturelle Aggregate), die als typische Fälle oder als bes. interessante und aussagekräftige Beispiele gelten, möglichst vieldimensional und detailliert untersucht und beschrieben werden [18].

Familienarbeitskräfte →Arbeitskräfte, familieneigene

Familienunternehmen; Familienbetrieb

e: family enterprise (farm)
f: entreprise (exploitation) familiale
r: семейное предприятие
s: empresa (granja) familiar
Ein Betrieb mit einer →Arbeitsverfassung, bei der der Inhaber und seine Familie den wesentlichen Teil der Arbeitskräfte bilden [14].

FAO →Ernährungs- und Landwirtschaftsorganisation der Vereinten Nationen

Farbgebung; Farbcodierung →Sicherheitsfarben

Fehldispositionszeit

e: misapplied time
f: temps mort dû à mal organisation
r: потери времени, связанные с ошибочной диспозицией работающего или руководства
s: tiempo de disposición errónea

Die durch fehlerhafte Disposition der Arbeitsperson oder der Betriebsleitung entstehende →Verlustzeit [14]. →Zeitgliederung: Teilzeiten: Verlustzeit

Fehlerbaum

e: fault tree
f: arborescence de défaillances
r: дерево ошибок
s: árbol de defectos (o: errores)
Eine graphische Darstellung der logischen Zusammenhänge zwischen den Fehlerbaumeingängen, die zu einem vorgegebenen unerwünschten Ereignis führen [56].
→Fehlerbaumanalyse

Fehlerbaumanalyse

e: fault tree analysis
f: analyse d'arborescence de défaillances
r: анализ дерева ошибок
s: análisis del árbol de errores
Eine Methode der Risikoanalyse. Um das Unsicherheitsrisiko möglichst realitätsnah erfassen zu können, wird das Gesamtsystem auf mögliche Fehlerereignisse analysiert, und die Konsequenzen von Fehlfunktionen werden in Form von baumartig sich verzweigenden Graphen (→Fehlerbäume) aufgetragen. Die verschiedenen sich dabei ergebenden Fehlersequenzen werden auf ihre Wahrscheinlichkeit untersucht und das damit verbundene Risiko an Hand von Modellberechnungen abgeschätzt. - Während bei der →Ereignisablaufanalyse die unerwünschten Ereignisse, die aus einer bestimmten Ursache resultieren, gesucht werden, gibt man bei der F. das unerwünschte Ereignis vor und sucht nach allen Ursachen, die zu diesem Ereignis führen [18, 56].

Fehlhandlung

e: human error; mistake
f: acte manqué
r: ошибочное действие, поступок
s: desacierto
Ein unbewußt gesteuertes Verhalten, das nicht zum angestrebten Handlungserfolg führt, wobei unterschiedliche psychische Störungen, oft auch nur Ermüdung oder Erregung ursächlich wirken [18, 156].

Feinmotorik

e: minute motor activity
f: activité motrice fine
r: точная моторика (например движения пальцев руки)
s: movimiento psicomotriz de precisión
Zielgerichtete Bewegungen kleiner Körperteile wie Finger, Hände und Füße [156].
→Motorik; →Grobmotorik

Feinstaub

e: fine dust
f: poussière fine
r: мелкая пыль
s: polvo fino
Alveolengängiger →Staub [77].

Feldarbeit (ldw.)

e: field work
f: travail aux champs
r: работа на с/х поле (полевые работы)
s: trabajo de campo
Auf den Feldern verrichtete Arbeit [14].

Feldarbeitstage, verfügbare (ldw.)

e: available field working days
f: jours de travail disponible
r: возможные рабочие дни для работы на с/х поле
s: dias disponibles para laborar; dias practicables
Nach langjährigen Wetterbeobachtungen ermittelte Zahl von Werktagen innerhalb einer →Zeitspanne, die mit bestimmter Wahrscheinlichkeit für die Durchführung einer Feldarbeit zur Verfügung stehen [14].

Feldforschung; Feldstudie

e: field research; field study
f: étude sur le terrain
r: научные исследования, проводимые на производстве
s: estudio sobre el terreno
Die wissenschaftliche Untersuchung eines Phänomens unter zumeist wenig oder nicht reduzierten Bedingungen am Ort seiner natürlichen Entstehung und seines natürlichen Ablaufs [209]. →Laboratoriumsforschung

Fernbedienung; Fernsteuerung

e: remote control
f: commandes à distance; télécommande

r: дистанционное управление
s: telemando; mando a distancia; control remoto
Eine Steuerung, bei der Bedienungseinrichtung und Wirkelemente räumlich voneinander getrennt sind [180].

Fertigkeit

e: dexterity
f: dextérité
r: навык, сноровка, ловкость
s: destreza
Erlernte Verhaltensmuster, die es dem Menschen ermöglichen, bestimmte Handlungen auszuführen. F. setzt gewisse Grundfähigkeiten und Handlungskompetenzen voraus, ist aber auch von Ausbildung, Übung und Erfahrung abhängig [116, 156, 167]. →Fähigkeit; →Grundfertigkeiten; →Geschicklichkeit

Fertigung

e: production; fabrication; making
f: fabrication
r: производство, изготовление
s: fabricación
Die Überführung eines Stoffes oder Körpers von einem Rohzustand in einen Fertigzustand durch schrittweises Verändern der Form und/oder der Stoffeigenschaften sowie die Erzeugung eines zusammengesetzten technischen Gebildes aus Teilen und/oder Teilegruppen [178]. →Bearbeitung

Fertigungsprozeß

e: production process
f: processus de fabrication
r: процесс производства
s: proceso de fabricación
Der planmäßige Ablauf von Arbeitsvorgängen, bei dem Rohmaterial oder Halbfertigwaren mittels physikalischer oder/und chemischer Einwirkung auf einen vorausbestimmten Endzustand gebracht werden [156].

Fertigungszeit

e: production time
f: temps de production
r: время производства
s: tiempo de elaboración
Ausführungszeit je Fertigungseinheit [156].

Feuchttemperatur t_w

e: wet bulb globe temperature WBGT
f: température humide et de globe noir
r: температура влажного термометра
s: temperatura húmeda radiante
Die Temperatur, die von einem Thermometer (Feuchtthermometer) angezeigt wird, an dessen befeuchtetem Temperaturfühler Luft vorbeistreift (Einheit: °C) [81]. →Trockentemperatur; →Schwarzkörpertemperatur

Fingerfertigkeit

e: finger dexterity
f: dextérité
r: сноровка, ловкость пальцев
s: agilidad de los dedos
Die auf Anlage und Übung beruhende Möglichkeit, im Zusammenspiel der Finger eine Tätigkeit flüssig und schnell zu verrichten. F. spielt bes. bei der Arbeit an kleinen oder schwer greifbaren Gegenständen sowie bei verlangter schneller Bewegung der Finger eine Rolle [156]. →Geschicklichkeit

Fixieren

e: fixate
f: fixer
r: зафиксировать
s: fijar
Das "Ins-Auge-Fassen" von visuell zu kontrollierenden Einzelheiten. Dazu muß die Stellung der Augen jeweils so ausgerichtet sein, daß das optisch zu erfassende Objekt mit Hilfe des brechenden Apparates (u.a. der Linse als Objektiv) auf die Netzhautgrube als dem Bereich mit dem höchsten räumlichen →Auflösungsvermögen abgebildet wird [137].

Flexibilisierung der Arbeitszeit

e: flextime working
f: aménagement de temps de travail
r: производство, изготовление
s: flexibilización laboral
aus betrieblicher Sicht: Die Anpassung der Personalkapazität an den täglich, wöchentlich, saisonal oder allgemein konjunkturell schwankenden Personalbedarf.
aus arbeitspsychologischer Sicht: Ein Mittel der Arbeitszeitregelung, um den individuel-

len zeitlichen Dispositionsspielraum der Arbeitspersonen zu vergrößern [152]. →Arbeitszeit, gleitende

Flexibilität

e: flexibility
f: flexibilité
r: гибкость
s: flexibilidad
Biegsamkeit; Elastizität; im Zusammenhang mit menschlichem Verhalten: Anpassungsfähigkeit, d. h. die Fähigkeit des Menschen, sich im Verhalten und Erleben wechselnden Situationen schnell anzupassen [167].

Fließarbeit, transportverbundene

e: flow (or: continuous) work (production) linked to transport
f: travail à la chaîne combiné avec transports
r: поточная работа, связанная с транспортом
s: trabajo en la línea dependiente del transporte
Eine Folge von Arbeitsgängen, die zur Bearbeitung oder Bewegung des gleichen Arbeitsgegenstandes dienen, durch Transporte miteinander verbunden sind und voneinander abhängig ausgeführt werden [100].

Fließfertigung; (Fließarbeit)

e: flow (or: continuous) production (work); line production
f: production (travail) à la chaîne
r: поточное производство
s: producción (trabajo) en la línea
Ein nach dem →Flußprinzip organisierter Fertigungs- (oder Arbeits-)ablauf mit starrer oder loser →Verkettung, der räumlich abgestimmt und an eine →Taktzeit gebunden ist. - Dieses Verfahren eignet sich bes. zur Herstellung größerer Mengen gleichartiger Erzeugnisse. Eine etwaige Liegezeit der Werkstücke zwischen den Arbeitsplätzen wird durch die Art der Förderung (z.B. Fließband) auf ein Mindestmaß gesenkt [75, 156, 199].

Flimmerverschmelzungsfrequenz FVF

e: critical flicker frequency; flicker fusion frequency
f: fréquence de fusion de la lumière
r: критическая частота мерцаний
s: frecuencia critica de fusión
Die Frequenz, oberhalb derer der Mensch in der Helligkeit oszillierende Reize zeitlich nicht mehr auflösen kann, sondern als gleichmäßige Helligkeit wahrnimmt. Die FVF dient der Beurteilung der sensorischen Leistungsfähigkeit und ist ein Indikator für ermüdungsbedingte Aktivitätsminderungen [4, 157].

Fluktuation

e: fluctuation of labour
f: fluctuations de la main-d'oeuvre
r: текучесть (наприм. рабочего персонала)
s: fluctuación
Der Arbeitsplatzwechsel von Arbeitspersonen, entweder innerbetrieblich, außerbetrieblich oder geographisch. Zur "natürlichen Fluktuation" rechnen auch der Eintritt und das Ausscheiden aus dem Berufsleben [156].

Flußdiagramm

e: (work) flow chart (or: diagram, sheet); process chart
f: diagramme de flux; organigramme; schéma fonctionnel
r: диаграмма текучести
s: diagrama de flujos; fluxograma; organigrama
Die graphische Darstellung vom Ablauf eines Prozesses (z.B. eines Arbeitsablaufs oder eines komplexen Leitungsprozesses), eines Algorithmus oder eines Programms. Sie veranschaulicht insbesondere die zweckmäßige Aufeinanderfolge logischer und arithmetischer Operationen sowie die gerichtete Abhängigkeit zwischen den untersuchten Größen. Dabei verwendet man spezielle Symbole (z.B. Pfeile, Kreise, Halbkreise, Ellipsen, Dreiecke, Rechtecke und Quadrate und Rhomben), möglichst die Sinnbilder nach DIN 66001 [4, 18]. →Arbeitsablaufskizze

Flüssigkeitsschall →Schall

Flußprinzip

e: flow principle
f: système de production (travail) à la chaîne

r: поточный принцип
s: principio de flujo
Anordnung von Arbeitssystemen entsprechend der Folge der Arbeitsvorgänge [193].
→Fließfertigung

Föhnempfindlichkeit

e: south wind (or: foehn) susceptibility (or: sensibility)
f: susceptibilité vers vent du midi
r: восприимчивость человека к резким потеплениям
s: sensibilidad del viento del sur
Die durch Mattigkeit, Arbeitsunlust, verminderte →Leistungsfähigkeit, Depressionen und erhöhte Reizbarkeit gekennzeichnete Wirkung von Fallwinden, vorwiegend im Alpengebiet, auf wetterfühlige Personen [156].

Förderung der Persönlichkeit

e: promotion of personality growth
f: promotion de personnalité
r: требование быть личностью
s: promoción de la personalidad
Ein Kriterium zur Beurteilung der Arbeit, ob ihr Inhalt und ihre Bedingungen die Einstellungen, Fähigkeiten, Verhaltensweisen und Lebensäußerungen der Arbeitenden weiterentwickeln. →Kriterien zur Beurteilung der Arbeitsbedingungen

Förderzeit

e: (materials) handling time; transport time
f: temps de transport (ou: de manutention)
r: вид времени, связанный с подачей (или удалением) материала на рабочее место
s: tiempo de transporte
Die Zeit, in der der Werkstoff zum oder vom Arbeitsplatz oder zum oder vom Betriebsmittel transportiert wird, am jeweiligen Arbeitsplatz oder Betriebsmittel in die richtige Lage oder Arbeitsstellung gebracht und gegebenenfalls vorübergehend wieder abgelegt wird [156]. →Zeitgliederung

Formelzeichen →Größen, physikalische

Forschung und Entwicklung

e: research and development
f: recherche et développement
r: научные исследования и развитие
s: investigación y desarrollo
Forschung ist die Gesamtheit der in allen Bereichen der Wissenschaften erfolgenden methodisch-systematischen, schöpferisch-geistigen Bemühungen, die das Gewinnen neuer, allgemein nachprüfbarer Erkenntnisse, sowie das Ermitteln ihrer Gesetzmäßigkeiten ermöglichen. - Entwicklung bezeichnet dagegen die Verwertung und Anwendung bes. natur- und ingenieurwissenschaftlicher Forschungsergebnisse und technischer oder wirtschaftlicher Erfahrungen [18].

Forschungsinstitut der Vereinten Nationen für soziale Entwicklung UNRISD

e: United Nations Research Institute for Social Development
f: Institut de recherche des Nations Unies pour le développement social
r: научно - исследовательский институт ООН по вопросам социального развития
s: Instituto de Investigaciones de las Naciones Unidas para el Desarrollo Social

Forstwirtschaft

e: forestry; silviculture
f: économie forestière; sylviculture
r: лесное хозяйство
s: silvicultura
Auf Landwirtschaft basierender Sektor der Volkswirtschaft, gekennzeichnet durch Waldbau zur Erzeugung von Holz und anderen forstlichen Produkten und zur Gewährleistung von Schutz- und Erholungsfunktionen. →Landbewirtschaftung; →Waldbau [39].

Fortschrittszeitmessung

e: cumulative timing
f: chronométrage continu
r: измерение прогрессирующего времени
s: registro continuo de los tiempos
Ein Verfahren der Arbeitszeitmessung, nach dem die Zeiger einer Stoppuhr während des gesamten zu erfassenden Vorgangs weiterlaufen, ohne nach jedem →Arbeitsablaufabschnitt zurückgestellt zu werden. Zeitmeßpunkte werden jeweils am Anfang und Ende aller Abschnitte gesetzt und erfaßt. Dabei

dient ein Schleppzeiger der genaueren und leichteren Ablesung. Nach Abschluß der Messung wird die Dauer der einzelnen Abschnitte, die Differenz- oder Einzelzeiten tn, durch Subtraktion der aufeinanderfolgenden Fortschrittszeiten F_n gewonnen:

$t_1 = F_1 - F_0;$ $t_2 = F_2 - F_1;$ $t_n = F_n - F_{(n-1)}$ [162]. →Einzelzeitmessung

Fragebogen zur Sicherheitsdiagnose FSD

e: safety diagnosis questionnaire
f: questionnaire diagnostic sur la sécurité
r: опросник для диагноза безопасности
s: cuestinario para el diagnóstico de seguridad
Ein Verfahren zur präventiv anzuwendenden, psychologischen Sicherheitsdiagnose nach BERNHARDT, HAUKE, HOYOS und WENNINGER, 1984. Das Verhalten des Menschen in gefährlichen Situationen steht im Mittelpunkt von FSD [152].

Frauenarbeit

e: female labour
f: travail des femmes; travail féminin
r: женский труд
s: trabajo feminino (o: de la mujer)
Die von Frauen verrichtete oder für Frauen als bes. geeignet angesehene Arbeit[156]. So wurden Frauen in der nationalsozialistischen Arbeitswissenschaft als bes. "monotonieresistent" angesehen, was sich wissenschaftlich nicht bestätigen ließ [114, 177].
Forschungsergebnisse zeigen typische, mit der Frauenrolle in der Gesellschaft verbundene Unterschiede zwischen erwerbstätigen Frauen und Männern. Frauen finden sich selten in den höchsten Positionen, überproportional dagegen in Berufen der niedrigen Qualifikationsstufen. Der Handlungsspielraum in ihren Tätigkeiten ist geringer und die →Belastungen sind höher. Seltener als Männer sind Frauen in dauerhaften Vollzeitarbeitsverhältnissen beschäftigt. Bei der Erforschung der F. ist nicht nur die Erwerbsarbeit, sondern zugleich die Haus- und Familienarbeit einzubeziehen. Der Begriff der →Arbeit wird dabei weiter gefaßt definiert

und schließt auch unbezahlte Arbeit mit ein [95, 118].

Freiheitsgrad FG

e: degree of freedom
f: degré de liberté
r: степень свободы
s: grado de libertad
1. in der Mechanik: Die Möglichkeiten eines Körpers oder materiellen →Systems, im Raum Bewegungen auszuführen. Die Anzahl der F. ist allgemein die Anzahl f der voneinander unabhängigen Bestimmungsstücke (Koordinaten, →Parameter), die zur eindeutigen Bestimmung des Systems notwendig sind. (Man unterscheidet translatorische und rotatorische F.).
2. in der Arbeitspsychologie: Die Möglichkeiten zum unterschiedlichen aufgabenbezogenen Handeln. Denn es ist für Arbeitstätigkeiten in der Produktion charakteristisch, daß das geforderte →Arbeitsergebnis auf verschiedene Art, d.h. mit unterschiedlichen Tätigkeitsstrukturen erreicht werden kann. Dabei existiert sehr häufig nicht nur eine Optimalvariante, sondern eine Reihe strukturell unterschiedlicher, gleich günstiger Varianten. Die F. können sich auf die Verfahrenswahl, den Mitteleinsatz und die zeitliche Organisation von Aufgabenbestandteilen erstrecken [122]. →Handlungsspielraum
3. in der Statistik: Die Zahl der unabhängigen Vergleiche zwischen den Elementen einer Beobachtungsmenge oder auch die Zahl der Werte, die bei gegebener Spezifikation beliebig gewählt werden können [18].

Freischicht

e: overtime compensation days
f: jours libres en compensation des heures supplémentaires
r: компенсационные дни, свободные от работы
s: turno libre
Arbeitsfreie Tage zum Ausgleich für →Überstunden. Freischichten sind notwen-

dig, wenn die tatsächliche durchschnittliche Wochenarbeitszeit größer ist als die tarifliche oder die arbeitsrechtlich vereinbarte und die Mehrarbeit nicht bezahlt wird oder vertraglich kein Ausgleich vorgesehen ist. →Arbeitszeitkorridor;   →Langzeitkonto; →Zusatzschicht

Freizeit

e: leisure; leisure time; spare time
f: loisir; heures libres
r: свободное время
s: ocio; tiempo libre
Die nach Abzug der →Arbeitszeit und der psychophysischen →Rekreationszeit verbleibende Zeit [156].

Fremdarbeiten (ldw.)

e: non-farm work
f: travaux pour des tiers
r: c/x работы, связанные с привлечением гостевых рабочих
s: obrero extranjero
Arbeiten für nichtbetriebliche Zwecke [14].

Fremdbeobachtung

e: extrospection
f: observation extérieure
r: постороннее наблюдение
s: observación exterior
Die →Beobachtung einer Gegebenheit außerhalb des Bewußtseins des Beobachters [18, 239]. →Selbstbeobachtung (Ggs.)

Frequenz *f*

e: frequency
f: fréquence
r: частота
s: frecuencia
Die Zahl der Schwingungen je Zeiteinheit. Sie entspricht dem Reziprokwert einer →Periodendauer.
(Einheit: Hz (Hertz); $1 \text{ Hz} = 1^{-s}$) [19].

Frontalebene (des Körpers)

e: frontal plane
f: plan frontal
r: фронтальная плоскость (тела человека)
s: plano frontal

Eine gedachte Ebene, die parallel zur Stirn (und senkrecht zur →Sagittalebene) durch die Körpermitte verläuft [96]. →Körperebenen

Frühgetreideernte (ldw.)

e: early grain harvest
f: récolte des céréales hâtives
r: урожай ранних сортов зерновых культур (c/x)
s: cosecha temprana
Arbeiten zur Gewinnung und Bergung derjenigen Getreidearten, die vor den Hauptgetreidearten reifen [14]. →Spätgetreideernte; →Blockzeitspanne

Frühjahrsbestellung (ldw.)

e: spring cultivation
f: emblavures de printemps
r: культивация весенних культур (весенний сев) (c/x)
s: cultivo de primavera
Alle Arbeiten im Frühjahr zur Vorbereitung und Durchführung von Saat oder Pflanzung von Feldfrüchten [14]. →Herbstbestellung; →Blockzeitspanne

Fuhrarbeiten

e: transport work
f: opérations de transport
r: транспортные работы
s: trabajo de transporte
Transportarbeiten mit Fahrzeugen [14].

Führungsgröße →Regeln

e: command variable (or: signal)
f: grandeur de référence (ou: de commande)
r: основные величины, правила
s: magnitud piloto

Führung

e: leadership
f: direction
r: управление
s: dirección
Die absichtliche und zielbezogene Einflußnahme durch Inhaber von Vorgesetztenpositionen auf Unterstellte, durch Kommunikationsmittel definiert, u.a. mit der Aufgabe, zwischen Widersprüchen und scheinbaren Gegensätzen auszugleichen [95, 202].

Führungskonzept

e: management model
f: modèle de direction
r: модель управления
s: modelo de dirección (o: administración)
Ein normatives, handlungsorientiertes Soll-Konzept zur Führung von Unternehmen, das i.d.R. im Vergleich zu Führungstheorien vereinfacht auf den Anwendungsbedarf zugeschnitten ist. Das F. beinhaltet neben Handlungsempfehlungen für Führungskräfte zugleich Aussagen über Ziele und Prämissen der Anwendung und Anwendungsbedingungen [184]. →Führungsstil; →Führungsverhalten

Führungsstil

e: management style; style of leadership
f: style de direction
r: стиль руководства
s: estilo de dirección (o: administración)
Eine typische Art und Weise des Umgangs eines Vorgesetzten mit seinen Mitarbeitern, z.B. patriarchalischer, autokratischer, demokratischer oder kooperativer F. [116, 184]. Nach Fragebogenerhebungen und →Faktorenanalysen zum →Führungsverhalten werden zwei Führungsstile unterschieden, die "Aufgabenstrukturierung oder Leistungsorientierung" (Initiating Structure) und Mitarbeiterorientierung bzw. Rücksichtnahme (Consideration) [95].

Führungsverhalten

e: leadership behaviour
f: conduite de direction
r: поведение руководителя
s: conducta de dirección (o: administración)
Das Verhalten eines Vorgesetzten gegenüber seinen Mitarbeitern.

Funktion

e: function
f: fonction
r: функция
s: función
im Sinne einer mathematischen Funktion: Die mathematische Beschreibung der Beziehung oder Abhängigkeit einer →Zielgröße von den sie beeinflussenden anderen Größen (= →Einflußgrößen) [167].

im arbeitsorganisatorischen Sinne: Eine Angabe, welchen Beitrag ein Mensch oder eine Organisationseinheit zur Erfüllung einer Aufgabe leisten soll [193].

Funktionsgleitzeit →Absprache-Gleitzeit

Fußraum

e: leg room
f: zone de pied
r: простанство для ног
s: area para el pie
Ein Raum am Arbeitsplatz, der einer stehenden Arbeitsperson gestattet, ihre Füße bequem am Boden unter der Arbeitsfläche aufzusetzen.

Futterernte (ldw.)

e: fodder (or: forage) harvest
f: récolte des fourrages
r: урожай кормовых культур (с/х)
s: recogida de forrajes
Arbeiten zur Gewinnung und Bergung der als Futter bestimmten Pflanzen [14].

G

Ganzheit; Ganzheitlichkeit

e: totality; whole
f: tout; totalité
r: цельность, целостность
s: totalidad; integridad

Die besondere Struktur komplexer, aus qualitativ mehr oder minder gleichartigen Elementen bestehender →Systeme, die als Einheiten aufgefaßt werden. Ganzheitliche Gebilde unterscheiden sich von additiv zusammengesetzten dadurch, daß sich die Beiträge der Elemente nicht summieren. - Diese Erkenntnis liegt der bekannten Feststellung "Das Ganze ist mehr als die Summe der Teile" zugrunde. Typische G. sind Organismen und Kunstwerke [18]. →Gestalt

Ganzkörper-Schwingung →Schwingung, Ganzkörper-

Garantielohn

e: guaranteed wage
f: salaire garanti
r: гарантированная зарплата
s: salario garantizado

Die Mindesthöhe des Entgelts in verschiedenen →Lohnsystemen, um Bezieher von →Akkordlohn gegenüber Beziehern von →Zeitlohn nicht schlechter zu stellen [18].

Gase

e: gases
f: gazes
r: газы
s: gases

Molekulare Beimengungen zur Raumluft [193]. →MAK-Wert

Gastarbeiter

e: foreign (or: guest) worker
f: travailleur étranger
r: иностранный рабочий
s: trabajador extranjero

Ein ausländischer Arbeitnehmer [18].

Gedinge

e: piece work; contract labour; bargain
f: tâche à forfait
r: выборная должность в группе шахтеров
s: destajo

Der Arbeitsvertrag zwischen Bergleuten (Einmann-, Gruppen- und Kameradschaftsgedinge) und Bergwerksbesitzer als Grundlage für das Leistungslohnsystem. Das G. wird "vor Ort" ausgehandelt und schließt wegen der sich häufig ändernden Arbeitsbedingungen übliche Betriebsstörungen im Regelfall ein, größere Störungen jedoch aus. Grundlage für das G. ist nicht die Stunde, sondern die Schicht [156].

Gefahr

e: danger (= Gefahr für Personen); hazard (= Gefahr für Sachen)
f: danger; péril
r: опасность
s: peligro

Der Zustand eines →Arbeitssystems infolge eines Sicherheitsdefizits mit latenter Schädigungsmöglichkeit (Sicherheitsdefizit = eine Sachlage, bei der das →Risiko größer ist als das →Grenzrisiko). Er kann Leben und Gesundheit der →Beschäftigten insbesondere durch Verletzungen schädigen, weil er mit Energien verbunden ist, die größer sind als die Widerstandsfähigkeit des jeweils betroffenen Körperteils. Im Unterschied zur →Gefährdung ist eine augenblickliche Schädigung jedoch nicht möglich, solange sich der Mensch räumlich und zeitlich nicht im →Gefährdungsbereich befindet [60, 85, 210, 215].

Gefahrbereich; Gefährdungsbereich

e: danger zone
f: zone dangereuse
r: опасная зона, зона риска
s: zona de peligros

Der räumliche und zeitliche Bereich, in dem eine Person dem latenten (→Gefahr) bzw. akuten (→Gefährdung) →Risiko einer Verletzung oder Gesundheitsschädigung ausgesetzt ist [92].

Gefährdung

e: hazard; risk
f: risque; phénomène dangereux
r: риск
s: riesgo

Der Zustand eines →Arbeitssystems infolge eines Sicherheitsdefizits mit akuter Schädigungsmöglichkeit (Sicherheitsdefizit →Gefahr). Er kann Leben und Gesundheit der →Beschäftigten insbesondere durch Verletzungen schädigen, weil er mit Energien verbunden ist, die größer sind als die Widerstandsfähigkeit des jeweils betroffenen Körperteils. Im Unterschied zur →Gefahr ist eine augenblickliche Schädigung möglich, weil sich der Mensch räumlich und zeitlich im →Gefährdungsbereich befindet [60, 85, 210, 215].

Gefährdungsanalyse

e: risk (or: hazard) analysis
f: analyse de péril (ou: de risque)
r: анализ риска
s: análisis de riesgos

Eine sicherheitsorientierte Untersuchung des →Mensch-Maschine-Systems, mit der in erster Linie die darin enthaltenen Gefahren, aber auch die menschlichen Faktoren ermittelt werden, die die Möglichkeit einer Verletzung begünstigen. - Man unterscheidet direkte und indirekte Gefährdungsanalysen.
Mit einer direkten G. werden Art, Betrag, Wirkungsrichtung und Bedingungen von Energien ermittelt, die in Arbeitssystemen enthalten sind, auf den Menschen einwirken und Verletzungen hervorrufen können. Daraus kann man direkt auf Gefahren und Gefährdungen schließen. (Diese deduktive Methode hat den Vorteil, bereits bei der Systementwicklung und -gestaltung neuer Verfahren und Arbeitsmittel, also vorbeugend, angewendet werden zu können.)
Bei einer indirekten G. werden bereits eingetretene Unfälle - zumeist an Hand von Daten aus Unfallanzeigen - analysiert und aus den Verletzungsfolgen indirekt Hinweise auf Gefährdungen abgeleitet. (Diese induktive, zumeist statistische Methode kann repräsentative Ergebnisse zur Verbesserung bestehender Arbeitssysteme liefern. Sie hat aber den Nachteil, daß erst Unfälle geschehen müssen, um zu Erkenntnissen zu gelangen. Um deshalb möglichst frühzeitig Gefährdungen erkennen zu können, empfiehlt es sich oft, Erhebungen über →Beinahe-Unfälle anzustellen.) [210]. →Gefahrenanalyse

Gefährdungssituation

e: risk (or: hazardous) situation
f: situation périlleuse
r: рискованная ситуация
s: situación riesgosa

Jede Situation, in der ein Mensch einer oder mehreren →Gefährdungen ausgesetzt ist [89].

Gefahrenanalyse

e: danger analysis
f: analyse du danger
r: анализ опасности
s: análisis de peligro

Analyse eines technischen Erzeugnisses, seiner Eigenschaften, seiner verfahrenstechnischen Abläufe und seines Verhaltens zur Ermittlung von →Gefahren [225]. →Gefährdungsanalyse

Gefahrenbewußtsein

e: danger awareness
f: conscience du danger
r: осознание опасности
s: conciencia de peligro

Besitz von Kenntnis (Information) über Gefahren [215].

Gefahrenkognition

e: cognition of danger
f: cognition de danger
r: опознание и принятие опасности
s: cognición del peligro

Das Wahrnehmen und Erkennen von Gefahren [152]. →Gefahrensignale

Gefahrensignale für Arbeitsplätze

e: danger signals for work places
f: signaux de danger pour les lieux de travail
r: сигналы об опасности на рабочих местах
s: señal de peligro

→Reize während des →Arbeitsablaufs, die →Gefahren anzeigen oder sogar voranzeigen [152].

oder:

→Signale, die zumeist mit →Sicherheitskennzeichen auf →Gefahren aufmerksam machen sollen [147]. →Gefahrenkognition

Gefahrstelle

e: hazard point
f: place dangereuse
r: опасное место
s: lugar peligroso
Eine Stelle, an der Personen durch gefahrbringende Teile verletzt werden können [59].

Gefahrstoff

e: dangerous substance
f: substance dangereuse
r: опасное вещество
s: substancia peligrosa
Jeder Stoff, der gesundheitsgefährlich ist, einschließlich der chemischen Stoffe und Zubereitungen, die als sehr giftig, giftig, ätzend oder reizend eingestuft sind, oder erstickend wirken oder alle Mikroorganismen [87]. →Arbeitsstoff

Gefahrstoffverordnung von 1986

Die G. regelt den Umgang mit →Gefahrstoffen und dient dem Ziel, die dadurch entstehende →Gefährdung zu vermindern [167].

Gehörschutz

e: ear (or: hearing) protector (or: defender)
f: protection acoustique; casque protecteur
r: индивидуальное средсво защиты слуха
s: protección contra ruidos
Von einer Person getragenes Hilfsmittel, um unerwünschte akustische Wirkungen zu verhindern, die von Lärmquellen ausgehen. Gehörschutzkapseln *(e: ear-muff)* (ggf. verbunden mit einem Schutzhelm) und Gehörschutzstöpsel *(e: ear-plug)* sind übliche Anwendungsformen [145].

Geistesabwesenheit

e: absent-mindedness
f: absence d'esprit; distraction
r: бессознательная реакция
s: estar mentalmente ausente; distracción
Die Unaufmerksamkeit gegenüber Situationen, die allgemein als bedeutungsvoll angesehen werden. Erscheinungsweisen: Automatik des Verhaltens, Verlegen von Gegenständen, Unaufmerksamkeit gegenüber Gefahren, Vergeßlichkeit [156].

Geistesarbeiter

e: non-manual (or: white collar) worker
f: travailleur non manuel
r: человек умственного труда
s: trabajador no manual (o: intelectual)
Eine Person, die vorwiegend →informatorische Arbeit verrichtet.

Geldakkord →Akkord

Gelegenheitsarbeiter

e: casual worker
f: travailleur occasionnel
r: работник от случая к случаю
s: trabajador ocasional
Ein →Arbeitnehmer, der zu bestimmten Anlässen oder bei besonderem Bedarf ein vorübergehendes →Arbeitsverhältnis eingeht.

Genfer Schema

e: Geneva Scheme; job evaluation scheme of the ILO
f: schéma de Genève
r: женевская схема оценки труда
s: esquema Ginebrina (o: de Ginebra)
Ein Schema zur systematischen Klassifizierung der Arbeitsanforderungen, auf das sich die Internationale Konferenz für Arbeitsbewertung 1950 in Genf geeinigt hat. Ihm liegen die beiden Oberbegriffe Können und Belastung (= Bel.) zugrunde. Die geistigen und körperlichen Anforderungen werden unter jedem dieser beiden Oberbegriffe eingeordnet, so daß im ganzen die sechs mit "+" gekennzeichneten →Anforderungsarten entstehen [137, 199]:

Anforderungen	Können / Bel.	
geistige	+	+
körperliche	+	+
Verantwortung	-	+
Umgebungseinflüsse	-	+

Gerät

e: tool; equipment
f: équipement; outillage
r: прибор, установка
s: equipo

Ein →Arbeits- oder →Betriebsmittel, das zur Ausübung einer →Funktion zur Hand genommen (= Handgerät) oder an eine →Maschine angebaut wird. - Man unterscheidet im allgemeinen eine Hand- bzw. Maschinenseite und eine Wirkseite der Geräte. Die Handseite (auch: Körperseite) oder Maschinenseite ist die Kontaktstelle (→Schnittstelle) des Gerätes mit dem Menschen bzw. mit der Maschine, um Kräfte übertragen zu können. Die Wirk- oder Arbeitsseite ist die Kontaktstelle des Gerätes mit dem →Arbeitsgegenstand und muß zur Ausübung der Funktion entsprechend gestaltet sein (z.B. als Schneide oder Spitze) [136, 151].

Gerätekombination

e: equipment combination
f: combinaison d'équipement
r: комбинация приборов
s: combinación de equipo

Die Verbindung von gleich- oder verschiedenartigen Geräten oder Maschinen, die versetzt oder hintereinander angeordnet sind, um mehrere Arbeitsvorgänge gleichzeitig auszuführen [4]. →Gerätekopplung

Gerätekopplung; Maschinenkopplung

e: equipment coupling; machine coupling
f: couplage d'équipement
r: соединение приборов, соединение машин
s: acoplamiento de equipo; acoplamiento de máquinas

Die Verbindung von gleichartigen Geräten oder Maschinen, die mit Hilfe von Koppelungsvorrichtungen neben- oder hintereinander versetzt angeordnet sind, um die Arbeitsbreite von Arbeitsvorgängen zu vergrößern [4]. →Gerätekombination

Gerätesicherheitsgesetz

Nach dem G. vom 24.6.1968 mit späteren Änderungen dürfen technische →Arbeitsmittel nur in Verkehr gebracht oder ausgestellt werden, wenn sie nach den allgemein anerkannten Regeln der Technik sowie der Arbeitsschutz- und →Unfallverhütungsvorschriften so beschaffen sind, daß Benutzer oder Dritte bei bestimmungsgemäßer Verwendung gegen Gefahren aller Art für Leben oder Gesundheit im Rahmen des Verwendungszwecks geschützt sind. Dies gilt für gewerbsmäßige oder selbständige Hersteller oder Einführer im Rahmen einer wirtschaftlichen Unternehmung, in gewissem Umfang auch für den Handel [38]. →Gesetze

Geräusch

e: noise
f: bruit
r: шум
s: ruido

Schall, der nicht vorwiegend zur Übertragung von Informationen erzeugt wurde (z.B. Maschinen-, Fahrzeug- oder Wohngeräusch) [45]. Gemisch von Tönen (Sinusschwingungen) beliebiger Frequenz [19].

Gesamtarbeit

e: total work
f: l'ensemble du travail
r: общая работа
s: trabajo total

Eine G. umfaßt alle Arbeiten zur Herstellung eines Erzeugnisses mit einem oder vielen Einzelteilen oder eines sonstigen größeren Vorhabens. Sie umfaßt i.d.R. mehrere →Arbeitsvorgänge [2]. →Gliederung in Arbeitsablaufabschnitte

Gesamtarbeitszeit GAZ

e: total working time
f: temps de travail total
r: общее (полное) рабочее время
s: tiempo de trabajo total

Die Zeit für eine →Gesamtarbeit. →Zeitgliederung

Gesamtlohn

e: total wage
f: salaire total
r: общая (полная) зарплата
s: salario total

Gesamtpuls(frequenz)

e: total pulse (rate)
f: fréquence du pouls total
r: полный пульс во время работы
s: frecuencia del pulso total
Die unmittelbar gemessene
→Herzschlagfrequenz, bestehend aus
→Ruhepuls und →Arbeitspuls. (Einheit:
Herzschläge/min) [175].

Geschicklichkeit

e: dexterity; skilfulness
f: dextérité; habileté; agilité
r: ловкость, сноровка
s: habilidad
Die durch Gewandtheit der Hände und des
Körpers bestimmte Fertigkeit, soweit sie zur
Erfüllung der Arbeitsaufgabe benötigt wird.
Die G. beruht auf Anlagen, Übung, Erfahrung und Anpassung. Sie äußert sich in der
Sicherheit und Genauigkeit der Bewegungen
des Körpers oder der einzelnen Gliedmaßen
[193]. →Fertigkeit

Geschwindigkeit, psychomotorische

e: psychomotor velocity (or: speed)
f: vitesse psychomotrice
r: скорость, психомоторная
s: velocidad psicomotora
Die Reaktionsdauer vom Erfassen einer
Aufgabe bis zum Beginn der Ausführung,
bei verschiedenen Reaktionsmöglichkeiten
[167]. →Sensomotorik; →sensomotorisch

**Gesetze, Verordnungen und Vorschriften
mit arbeitswissenschaftlichem Bezug**

Folgende Gesetze und Verordnungen haben
besondere Bedeutung:
→Arbeitssicherheitsgesetz,
→Arbeitsstättenverordnung,
→Arbeitsstoffverordnung,
→Arbeitszeitgesetz,
→Betriebsverfassungsgesetz,
→Bundespersonalvertretungsgesetz,
→Gefahrstoffverordnung,
→Gerätesicherheitsgesetz,
→Jugendarbeitsschutzgesetz,
→Mutterschutzgesetz und
→Strahlenschutzverordnung.

Gesichtsfeld

e: field of vision
f: champ visuel
r: область обзора, зрения
s: ángulo de visión total
Der räumliche Bereich, in dem ein Mensch
bei fixiertem Kopf und Auge Lichtreize
wahrnehmen kann. - Es werden drei Bereiche abnehmender Wirksamkeit für die visuelle Signalentdeckung (z.B. auf →Anzei-
gen) mit "Empfehlenswert", "Akzeptabel"
und "Ungeeignet" bezeichnet (Einzelheiten
dazu s. [88].) [88, 209]. →Blickfeld

**Gestaffelte Arbeitszeit →Arbeitszeit, ge-
staffelte**

Gestalt

e: gestalt; form; pattern; structure
f: forme; configuration
r: форма, вид
s: gestalt; forma
Ein Ganzes, das zu seinen Teilen in bestimmter Relation steht (nicht nur Summierung von Komponenten) [180].

Gestalten

e: designing
f: former; façonner; modeler
*r: формировать, разрабатывать
дизайн*
s: configurar; conformar; crear
Schöpferisches Formen und Ordnen von
Objekten, ihrer Elemente und ihrer Beziehungen untereinander [193].

Gestaltpsychologie

e: gestalt psychology
*f: gestaltpsychologie; psychologie de la
forme*
r: психология формирования
s: psicología gestáltica (o: de la gestalt)
Eine Richtung der Psychologie, die bei
Wahrnehmung, Entscheidung und Handlung
im Gegensatz zur isolierten Betrachtung von

Einzelelementen die Bedeutung ganzheitlicher Beziehungen betont. So wird z.B. ein grauer Farbfleck je nach Helligkeit des Umfeldes von weiß bis fast schwarz wahrgenommen [95, 180].

Gestaltungsgüte, ergonomische

e: level (or: quality) of ergonomic design
f: niveau (ou: qualité) de conception ergonomique
r: уровень эргономического дизайна
s: nivel (o: calidad) de conformación ergonómica
Der Grad der Realisierung ergonomischer/arbeitswissenschaftlicher →Anforderungen für die Kennzeichnung von Gebrauchswerteigenschaften bzw. Qualitätsmerkmalen für →Produkte und →Prozesse, die ein Optimum an Zustands- und Befindlichkeitsveränderung des Menschen im und durch den →Arbeitsprozeß bewirken können [6]. →Arbeitsgestaltung

Gesundheit

e: health
f: santé
r: здоровье
s: salud
im weitesten Sinne nach WHO: Zustand völligen körperlichen, geistigen und sozialen Wohlbefindens.
i.e.S.: Das subjektive Empfinden des Fehlens körperlicher, geistiger und seelischer Störungen oder Veränderungen. G. bedingt im sozialversicherungsrechtlichen Sinne die Arbeits- und die →Erwerbsfähigkeit [193].

Gesundheitsbericht, betrieblicher

Unter Verwendung von Daten zur Arbeitsunfähigkeit (Häufigkeit, Dauer, Diagnosegruppen bzw. Erkrankungsarten) in Kombination mit betrieblichen Daten (Betrieb, Abteilung, Arbeitsplatz) von Trägern der Gesetzlichen Krankenversicherung (z.B. BKK, AOK, IKK) für Unternehmen erstellte Analyse über Art und Umfang des Krankheitsgeschehens im Betrieb, in der Absicht, gestaltungsbedürftige Bereiche zu identifizieren, in denen die Beschäftigten besonde-ren Risiken vorzeitigen Gesundheitsverschleißes ausgesetzt sind. [27, 40]

Gesundheitsförderung

e: health promotion
f: promotion de santé
r: требование к сохранению здоровья человека
s: promoción de la salud
Ein Prozeß der Gesundheitsgestaltung zur Herstellung und Mobilisierung von Bedingungen, die positives Denken und Fühlen sowie ein optimales Maß an körperlicher Be- und Entlastung erlauben [28].

Gesundheitszirkel

Betriebliche Problemlösegruppen nach dem Beispiel der „Quality Circles", in denen Beschäftigte einer homogenen Tätigkeitsgruppe, Arbeitsschutzexperten, Betriebsrat und Management gemeinsam arbeitsbedingte Gefährdungen der Gesundheit erörtern und technische, organisatorische oder personenbezogene Verbesserungsvorschläge menschengerechter Arbeitsgestaltung entwickeln. [27, 40, 238]

Gewerkschaft

e: trade union
f: syndicat (ouvrier)
r: профсоюз
s: sindicato (obrero)
Vereinigung von →Arbeitnehmern (→Arbeitern, →Angestellten und Beamten) zur Förderung ihrer wirtschaftlichen, sozialen und beruflichen Interessen. Sie sind Verhandlungs- und Vertragspartner beim Abschluß von →Tarifverträgen [156].

Gewichtung

e: weighing
f: pondération
r: ранжировать по важности
s: ponderación
Eine Vereinbarung über die Wertigkeit verschiedener Größen und damit eine Festlegung ihrer Rangbeziehungen (= ordinale Beziehungen) [137, 156].

Gewinnbeteiligung

e: profit sharing
f: participation aux bénéfices
r: участие в разделении прибыли
s: participación en los beneficios

Ein System, durch das zusätzlich zum Lohn ein Teil des betrieblichen Gewinns an die Belegschaft verteilt wird. Die Höhe dieser Zahlung richtet sich zumeist nach Leistung und Dauer der Betriebszugehörigkeit. →Entgelt; →Lohn; →Prämie

Gewohnheit

e: habit(ude)
f: habitude; routine
r: привычка
s: hábito

Eine durch Nachahmung, Wiederholung und Aneignung gelernte und weitgehend verfestigte Verhaltensweise, die in bestimmten wiederkehrenden Situationen routinemäßig, gleichsam automatisch-reflexartig und nahezu instinktiv praktiziert wird [18]. →Habituation; →Akklimatisation

Gleitende Arbeitszeit →Arbeitszeit, gleitende

Gleitender Ruhestand →Ruhestand, gleitender

Gleitzeit →Arbeitszeit, gleitende

Gliederung in Arbeitsablaufabschnitte

e: work classification; job breakdown
f: décomposition (ou: subdivision; classification) du travail
r: классификация (деление) рабочего процесса на элементы
s: división del trabajo; descomposición del trabajo

Systematische Unterteilung eines Arbeitsablaufs.

A. Hierarchische Gliederung
    nach →REFA [194]
        Beispiel

1. Gesamtablauf	Haus bauen
2. Teilablauf	Rohbau fertigstellen
3. Ablaufstufe	Kellergeschoß fertigstellen
4. (Arbeits)Vorgang	Innenwand einziehen
5. Teilvorgang	Türöffnung mauern
6. Vorgangsstufe	Stein einsetzen
7. Vorgangselement	Hinlangen zu einem Stein

1.- 4. = Makroablaufabschnitte;
4.- 7. = Mikroablaufabschnitte

B. Hierarchische Gliederung
    nach Auernhammer u. Schön [2]
        Beispiel (ldw.)

1. Gesamtarbeit	Milchvieh halten
2. Arbeitsvorgang	Melken mit Maschine
3. Arbeitsteilvorgang	Melkzeug am Euter ansetzen
4. Arbeitselement	einzelnen Zitzenbecher ansetzen
5. Bewegungselement	zum Zitzenbecher hinlangen
6. Prozeßelement	Milch maschinell entziehen

C. Gliederung eines Arbeitsvorgangs
    in Arbeitsteilvorgänge
    unter finalem Gesichtspunkt
    (= nach Arbeitszweck) [201]

1. Hauptarbeit	Hauptzeit
2. Nebenarbeit	Nebenzeit
2.1 Wenden	Wendezeit
2.2 Versorgung	Versorgungszeit
2.3 Instandhaltung	Instandhaltungszeit
2.4 Erholung	Erholungszeit
3. Rüstarbeit	Rüstzeit
4. Wegearbeit	Wegezeit
5. Arbeit oder Anwesenheit, die nicht zu 1. - 4. rechnet	Verlustzeit
5.1 Unfall	Unfallzeit
5.2 Verlust, apb[1]	Verlustzeit, apb[1]

---

[1] apb = arbeitsunabhängig, persönlich bedingt

5.3 Bummelei Verlustzeit
durch Bummelei
5.4 Fehldisposition Fehldispositionszeit.

→Zeitgliederung; →Teilzeiten

Globetemperatur →Schwarzkugeltemperatur

Greifart

e: type of grasping
f: espèce d'action de saisir
r: вид захвата
s: tipo de agarro
Die Art und Weise, wie Hand und/oder Finger mit der →Handseite des →Arbeitsmittels verbunden sind. Man unterscheidet drei Greifartgruppen: Kontaktgriff, Zufassungsgriff und Umfassungsgriff [22]. →Griff

Greifraum; Wirkraum des Hand-Arm-Systems

e: grasping (or: reaching) area; area of reach
f: zone de travail des mains
r: область досягаемости
s: area de trabajo
Der Bereich, in dem Gegenstände mit der Hand berührt, gegriffen und bewegt werden können [22]. Den Aktionsraum, der mit maximal ausgestrecktem Arm umfahren werden kann, bezeichnet man als den anatomisch maximalen (= optimalen) Greifraum. Für die praktische Anwendung ist jedoch der sogenannte physiologisch maximale Greifraum wichtig, der 10 % kleiner ist und bei dem deshalb Mitbewegungen des Schultergelenks weitgehend vermieden werden [136]. →Wirkraum des Fuß-Bein-Systems

Grenzrisiko

e: marginal (or: limiting) risk
f: risque marginale
r: допустимый (граничный) риск
s: riesgo marginal
Größtes noch vertretbares →Risiko eines bestimmten technischen Zustandes, Ereignisses oder Vorganges [60].

Grenzwert

e: limit; limiting value; threshold value
f: valeur limite
r: допустимое значение
s: valor límite
Der in einer Festlegung enthaltene größte oder kleinste zulässige Wert einer Größe [78].

Griff

e: 1. grasp; 2. grip; 3. handle
f: 1. prise; 2. serrement; 3. manche
r: захват
s: 1. tomar; 2. agarre; 3. manija
1. Hinlangen, d. h. ein Ablauf von Elementarbewegungen der Hand und des Armes mit dem Ziel, einen Gegenstand zu ergreifen,
2. Ergreifen, d. h. die Art und Weise, wie ein Gegenstand ergriffen wird, z.B. mit den Fingerspitzen oder mit der ganzen Hand (→Greifart),
3. der Teil des Gegenstandes, an dem die Hand angreifen soll [156].

Griffeld →Greifraum

Grobmotorik

e: gross motor activity
f: activité motrice grossière
r: моторика (движение) крупных частей тела
s: movimiento psicomotriz grueso
Die zielgerichtete Bewegung des Rumpfes, der Arme und der Beine [156]. →Motorik; →Feinmotorik

Größen, physikalische
Vorsätze, Formelzeichen und Einheiten

e: physical quantities; symbols and units
f: grandeurs physiques; symboles et unités
r: величины, физические (краткая форма), обозначения и единицы измерения
s: magnitudes físicas; símbolos y unidades
Physikalische Größen sind die qualitative und quantitative Beschreibung physikalischer Phänomene (Körper, Vorgänge, Zustände) [44].

SI-Einheiten sind die Einheiten des Internationalen Einheitensystems (SI) [42].

Größe	SI-Einheit	Beziehung

Länge und ihre Potenzen

Länge l	m (Meter)	
Ångström Å	$1\ \text{Å} = 10^{-10}$ m	
(keine SI-Einheit:)		
Fläche A	m^2	
Volumen V	m^3	

Winkel

Winkel	rad (Radiant)
Raumwinkel	sr (Steradiant)

Zeit und Raum

Zeit t	s (Sekunde)
t (Arbeitsstudium)	min (Minute);
	HM = 1/100 min
Frequenz f	Hz (Hertz)
	$1\ \text{Hz} = 1/s$
Geschwindigkeit v	m/s
Beschleunigung a	m/s^2

Mechanik

Masse m	kg
Dichte ρ	kg/m^3
Kraft F	N (Newton)
	$1\ \text{N} = 1\ \text{m·kg/s}^2$
Druck p	Pa (Pascal)
	$1\ \text{Pa} = 1\ \text{N/m}^2$
Arbeit, Energie E	J (Joule)
	$1\ \text{J} = 1\ \text{N·m}$
(alte Einheit:)	cal (Kalorie)
	$1\ \text{J} = 4{,}186$ cal
Kilowattstunde	kWh
	1 kWh = 3,6 MJ
t Steinkohleneinheit	1 SKE = 29308 MJ
Öläquivalent (Heizöl)	1 kg OE = 42,3 MJ
Leistung P	W (Watt)
	$1\ \text{W} = 1\ \text{J/s}$

Stoffmenge

Mol	mol

Elektrizität

elektr. Potential φ	V (Volt)
elektr. Spannung U	V (Volt)
elektr. Stromstärke I	A (Ampere)
elektr. Widerstand R	Ω (Ohm)
	$1\ \Omega = 1$ V/A
elektr. Leitfähigkeit G	S (Siemens)
	1 S = 1 A/V
Elektrizitätsmenge Q	C (Coulomb)
	1 C = As
elektr. Kapazität C	F (Farad)
	1 F = 1 C/V

Wärme, Wärmemenge

Temperatur t	°C (Celsius)
	$t = T - 273{,}15$ K
Thermodynam. T. T	K (Kelvin)
Wärme, W.menge Q	J (Joule)

Licht

Lichtstärke I	cd (Candela)
Lichtstrom Φ	lm (Lumen)
	1 lm = 1 cd·sr
(sr = Einheit für Raumwinkel, s.o.)	
Lichtmenge Q	lm/W
Leuchtdichte L	cd/m^2
Beleuchtungsstärke E	lx (Lux)
	$1\ \text{lx} = 1\ \text{lm/m}^2$

Akustik

Schalldruck p	Pa	
Bezugsschalldruck p_0	$p_0 = 2 \cdot 10^{-5}$ Pa	
Schalldruckpegel L_p	dB	
A-Schallpegel L_A	dB(A)	
Beurteilungspegel L_r	dB(A)	
Lautstärkepegel L_N	phon	
Schallgeschwindigk. c	m/s	
Schalleistung P	W	
Schallintensität I	W/m^2	[42].

außerdem in Anlehnung
(keine SI-Einheiten):

Arbeitszeitbedarf (Soll-Zeit)

Arbeitskraftstunde	AKh
Arbeitskraftminute	AKmin

Arbeitszeitaufwand (Ist-Zeit)

Arbeitspersonenstunde	APh
Arbeitspersonenminute	APmin

Vorsätze und Vorsatzzeichen [42]:

Exa	Trillion	10^{18}	E
Peta	Billiarde	10^{15}	P
Tera	Billion	10^{12}	T
Giga	Milliarde	10^{9}	G
Mega	Million	10^{6}	M

Kilo	Tausend	10^3	k
Hekto	Hundert	10^2	h
Deka	Zehn	10^1	da
Dezi	Zehntel	10^{-1}	d
Zenti	Hundertstel	10^{-2}	c
Milli	Tausendstel	10^{-3}	m
Mikro	Millionstel	10^{-6}	μ
Nano	Milliardstel	10^{-9}	n
Piko	Billionstel	10^{-12}	p

Grundausbildung

e: basic training (or: education)
f: formation de base
r: базовое образование, обучение
s: formación básica
Die Vermittlung von Grundkenntnissen und
→Grundfertigkeiten im Gegensatz zur Spe-
zialausbildung [156].

Grundfertigkeiten

e: basic skills
f: dextérités de base
r: базовые (основные) способности
s: habilidades básicas
→Fertigkeiten, die eine unerläßliche
Grundlage der Berufsausübung und somit
auch der Ausbildung für einen Lehr- oder
Anlernberuf sind. Grundfertigkeiten werden
in der →Grundausbildung erworben [156].
→Arbeitsfertigkeit

Grundgesamtheit

e: population
f: population
r: популяция
s: población
Die Gesamtheit der in Betracht gezogenen
→Einheiten [41]. →Stichprobe

Grundlohn

e: basic wage; base pay (or: wage, rate)
f: salaire de base
r: базовая (основная) зарплата
s: salario base; salario básico
Der nach Lohngruppen gestaffelte Lohn je
Zeiteinheit ohne Bezugnahme auf eine Leistung [199].

Grundumsatz

e: basal metabolic rate; basal metabolism
f: métabolisme basal
r: базовый (основной) оборот
s: metabolismo basal
Die Energiemenge, die der Körper allein zur
Aufrechterhaltung seiner organischen Funktionen (z.B. Kreislauf, Atmung, Gehirn- und
Nerventätigkeit sowie Wärmeerzeugung)
verbraucht. Sie dient also nicht der Muskel-,
Verdauungs- oder ähnlicher Arbeit. Daher
wird sie im Liegen, d. h. bei völliger Mus-
kelruhe, bei einer Raumtemperatur von 20
°C und mindestens 12 Stunden nach der
letzten Nahrungsaufnahme gemessen. Der
G. ist abhängig von Alter, Körpergröße,
Gewicht und Geschlecht [136, 167].
→Energieumsatz; →Arbeitsenergieumsatz

Grundzeit

e: basic time
f: temps de base
r: базовое (основное) время
s: tiempo base
Die Summe der Soll-Zeiten von Ablaufabschnitten, die für die planmäßige Ausführung eines Ablaufs durch den Menschen
erforderlich sind; sie bezieht sich auf die
Mengeneinheit 1 [193]. →Zeitgliederung

Gruppenarbeit

e: team (or: group) work
f: travail de groupe (ou: d'équipe)
r: работа в группе, команде
s: trabajo en grupo (o: equipo)
Oberbegriff für →Organisationen mit fla-
cher Managementhierarchie, in denen kleine,
eng zusammenarbeitende →Arbeitsgruppen
von etwa acht bis zehn Mitgliedern weitgehend selbständig zugewiesene →Aufgaben
weitgehend selbständig organisieren, bearbeiten und kontrollieren. Ziele sind eine humane →Arbeitsgestaltung und Verbesserung
der Effizienz (vor allem durch Verringerung
der Bürokratie und Managementebenen) und
höhere Flexibilität der Gruppen bei der
Umstellung auf veränderte oder neue Aufgaben, insbesondere bei Kleinserienferti-
gung für kleinere, dynamische Märkte oder

bei Einzelfertigung für Kunden mit Sonderwünschen [95]. →Einzelarbeit; →Kolonnenarbeit; →Rottenarbeit

Gruppenpädagogik

e: group methods in education
f: pédagogie des groupes
r: педагогика работы с группой
s: pedagogía de conjunto
Das lehrende und erzieherische Wirken in und mit einer übersehbaren Gruppe. Durch soziales Lernen und gruppendynamische Prozesse wird u.a. angestrebt, die Selbständigkeit der Gruppenmitglieder zu steigern und gleichzeitig ihre soziale Gesinnung und ihr soziales Verhalten zu fördern [18, 156].

Gütemerkmal

e: specification; quality standard
f: marque de qualité; caractéristique de qualité
r: признак (свойство) качества
s: característica de calidad
Ausgewähltes →Merkmal für eine geforderte Arbeitsqualität [100].

H

Habituation

e: habituation
f: accoutumance
r: одна из привычек
s: habituación

Eine Form der Gewöhnung. Sie führt zum Vermindern oder Auslöschen einer Reaktion, wenn die Wiederholung des Reizes dessen Bedeutungslosigkeit erkennen läßt [113]. →Gewohnheit

Hackfruchternte (ldw.)

e: root crop harvest
f: arrachage
r: урожай корнеплодов, пропашных культур (с/х)
s: arrancamiento

Alle Arbeiten zur Gewinnung und Bergung der Hackfrüchte [14]. →Blockzeitspanne

Hackfruchtpflege (ldw.)

e: root crop cultivations
f: travaux d'entretien des plantes sarclées
r: уход за корнеплодами, пропашными культурами (с/х)
s: cultivo de escarda

Alle Arbeiten, die die Wachstumsentwicklung der Hackfrüchte fördern. (Nach KREHER [159] mit der →Heuernte in einer →Blockzeitspanne zusammengefaßt.) [14].

Haltearbeit →Muskelarbeit, statische

Handarbeit

e: manual work
f: travail manuel
r: ручная работа
s: trabajo manual

Die unmittelbar mit der Hand oder mit Handgeräten oder -werkzeugen ausgeführte, überwiegend körperliche Arbeit, bei der der Mensch die alleinige Energiequelle ist [14].

Handgeschick(lichkeit); Handfertigkeit

e: manual skill (or: dexterity)
f: dextérité manuelle; habileté manuelle
r: ловкость рук, умение делать что то руками
s: destreza manual

Die Fähigkeit, manuelle Verrichtungen schnell und sicher auszuführen. Dabei kommt es auf genaue räumliche und energetische Bemessung der Bewegung, die Treffsicherheit und Schnelligkeit an [156].

Handhaben; Handhabung

e: manipulate; handling
f: opérer
r: манипуляция чем – то, что требует применения силы рук
s: manipular; manipulación

Jede Aktivität, die den Einsatz menschlicher Kraft erfordert, um einen Gegenstand zu heben, zu senken, zu tragen, zu bewegen oder festzuhalten. Zumeist wird damit ein Einwirken, Prüfen oder Liegen eingeleitet oder beendet [89, 193]. ("Handhabung" wurde jüngst auch in den Bereich der Robotik mit dem Ersatz menschlicher Kräfte übertragen, z.B. bei "Handhabungsautomaten".)

Händigkeit

e: (right- or left-)handedness
f: dominance manuelle
r: преимущество одной из рук (правой правша, левой левша)
s: dominio manual (derecha o izquierda)

Die Bevorzugung der rechten oder linken Hand (Rechts- oder Linkshändigkeit) [180]. →laterale Dominanz

Handlung

e: action
f: action
r: акция (комплекс движений)
s: acto

Eine oft komplexe Abfolge von Bewegungen, die ein Individuum ausführt, um ein Ziel zu erreichen [95].

Handlungsregulation(stheorie)

e: (theory of) action regulation
f: (théorie de la) régulation d'action
r: теория регуляции действий
s: (teoría de la) regulación de la acción

Eine →Regulation des Arbeitsprozesses in Abhängigkeit von der Erfahrensbildung und der →Komplexität der →Aufgabe auf der intellektuellen, perzeptiv-begrifflichen und/-oder →sensomotorischen Ebene. Im Gedächtnis der Mitarbeiter sind operative Abbilder (HACKER) gespeichert, die sich auf gedankliche Vorwegnahme des Arbeitsergebnisses, das →Wissen um die Ausführungsbedingungen sowie die Hypothesen zu den erforderlichen Operationen beziehen, um vom Ist-Zustand zum Soll-Zustand zu gelangen [109]. Fünf Ebenen der H. können unterschieden werden:

1. Ausführung einer einzelnen →Handlung (sensomotorische →Regulation),
2. Entscheidung über einzelne →Handlungen sowie Planung und Verfolgung des Weges zum →Ziel,
3. Entscheidungen über Ziele in einem Bereich
4. Koordination des Handelns in verschiedenen Bereichen und
5. Erschließung eines neuen Handlungsbereiches [181].

Handlungsspielraum

e: tolerance; allowance; leeway of activity
f: tolérance; marge d'activité
r: рамки действия
s: margen (o: espacio) de la acción
Möglichkeiten zum unterschiedlichen aufgabenbezogenen Handeln. ULICH (1972) unterscheidet zwei Dimensionen des H.: den "Tätigkeitsspielraum" als Variationsbreite gleichstrukturierter Tätigkeiten und den - wesentlich wichtigeren - "Entscheidungs- und Dispositionsspielraum". HACKER (1980) sieht den H. einer Arbeitstätigkeit vor allem durch die "Summe der →Freiheitsgrade" gegeben [32, 182, 229].

Handseite →Gerät

Handzeichen zum Einweisen

e: hand sign for guiding and directing purposes
f: signe à la main pour diriger
r: давать указания при помощи рук
s: señales de la mano para guiar y dirigir

Ein mit Arm, Hand und/oder Finger in Sichtkontakt ohne Hilfsmittel gegebenes Zeichen [72].

Hardware

e: hardware
f: matériel
r: матобеспечение (в компьютерной отрасли)
s: hardware
Ein Sammelbegriff zur Bezeichnung aller physischen Bestandteile eines Computersystems [8]. →Software

Harvard-Stufen-Test

e: Harvard step test
f: steptest de Harvard
r: ступеньчатый тест по Харварду
s: Test-Harvard de escala
Ein einfacher, standardisierter Test zur Bestimmung der physischen Leistungsfähigkeit. Ausführung: Der Proband steigt während einer Dauer von höchstens fünf Minuten mit einer Frequenz von 30/min auf eine 0,50 m (oder 20 Zoll) hohe Bank auf und ab. (Diese Maße können aber für spezielle Bedingungen abgewandelt werden.) Danach wird die Erholungspulsfrequenz während 1 bis 1,5 min beim Sitzen auf dieser Bank gemessen [1]. →Ergometer

Hauptarbeit →Hauptzeit

Haupttätigkeit →Hauptzeit

Hauptzeit

e: effective time
f: temps principal
r: основное время
s: tiempo directo (o: básico, principal)
Zeit für eine Hauptarbeit oder -tätigkeit, ein →Teilvorgang, während dessen der Arbeitszweck unmittelbar verfolgt und damit eine tatsächliche Leistung im Sinne der Arbeitsaufgabe erzielt wird [14]. →Zeitgliederung

Haushalt

e: budget
f: budget
r: домашнее хозяйство
s: presupuesto

Die Gesamtheit der Verfügungen über knappe Mittel einer Person oder Personengruppe zur Deckung des Bedarfs dieser Person bzw. Personengruppe [133]. →Wirtschaft

Hautwiderstand

e: skin resistance
f: résistance cutanée (ou: de la peau)
r: сопротивление кожи (электрическое)
s: resistencia de la piel
Der elektrische Widerstand zwischen zwei auf die menschliche Hautoberfläche aufgesetzten Elektroden, über die ein kleiner, nicht spürbarer Gleichstrom in den Körper eingeleitet wird [180].

Heimarbeit

e: homework; outwork
f: travail à domicile
r: работа на дому
s: trabajo a domicilio
Eine gewerbliche Tätigkeit, die im Auftrage von Gewerbetreibenden oder Zwischenmeistern in der Wohnung oder eigenen Betriebsstätte des Arbeiters ausgeübt wird [156]. →Telearbeit

Herbstbestellung (ldw.)

e: autumn cultivations
f: emblavures d'automne
r: подготовка работ с озимыми культурами (посев озимых)
s: cultivo de otoño
Alle Arbeiten im Herbst zur Vorbereitung und Durchführung von Saat oder Pflanzung nächstjähriger Feldfrüchte [14]. →Frühjahrsbestellung

Herzfrequenz →Herzschlagfrequenz

Herzminutenvolumen HMV

e: cardiac minute volume; cardiac output per minute
f: volume-minute; débit sanguin
r: минутный объем сердца
s: volumen-minuto cardíaco
Die in einer Minute aus dem Herzen ausgetriebene Blutmenge; beim gesunden, ruhenden Menschen 4,5 - 5 l/min [186]:

HMV = →Schlagvol. · Herzschläge/min.

Herzschlagarrhythmie

e: arrhythmia (or: variability) of heart frequency (or: rate)
f: arythmie de pouls fréquence
r: арритмия частоты сердца
s: arritmia de la frecuencia del pulso
Die Schwankung der momentanen Herzschlagfrequenz um ihren zeitlichen Mittelwert. Die H. eignet sich neben anderen Merkmalen als Indikator für die Beanspruchung bei nicht-körperlicher Arbeit [167].

Herzschlagfrequenz; Pulsfrequenz

e: heart (or: pulse) rate (or: frequency)
f: fréquence du pouls
r: частота биения сердца
s: frecuencia del pulso
Anzahl der Herzschläge pro Minute. Die H. reagiert deutlich auf die Belastung durch dynamische und statische muskuläre Arbeit sowie auf emotionale Belastung und physikalische Umwelteinflüsse, jedoch weniger auf mentale Belastung [167]. →Gesamt-, Ruhe- und Arbeitspulsfrequenz; →Schlagvolumen

Heuernte (ldw.)

e: hay-making; haying; hay harvest
f: fenaison; fanage
r: сенокос, уборка сена
s: henificación; cosecha forrajera
Arbeiten zur Gewinnung und Bergung von trockenen, eiweißreichen Grünfutterpflanzen (Gramineen und Leguminosen). (Nach KREHER [159] mit der →Hackfruchtpflege in einer →Blockzeitspanne zusammengefaßt.) [14].

Heuristik = "Erfindungskunst"

e: heuristics
f: heuristique
r: эвристика
s: heurística
Die Lehre von der Anwendung methodisch-logischer Regeln zur Gewinnung neuer Erkenntnisse. Grundlage der Heuristik ist die Analyse von Entdeckungen und Erfindungen, die bereits vorliegen, um daraus Gesetzmäßigkeiten zu erkennen oder deren Existenz zu schlußfolgern. - H. ist die Kunst, wahre Aussagen zu finden, im Unterschied

zur Logik, die lehrt, wahre Aussagen zu begründen [4, 18].

Hilfsarbeiter

e: auxiliary worker
f: travailleur auxiliaire
r: пособный рабочий
s: trabajador auxiliar
Ein zumeist ungelernter →Arbeitnehmer, der →Facharbeiter durch die Ausführung von weniger qualifizierten Arbeiten, durch begleitende Handreichungen oder durch Zulieferung von Material unterstützt.

Hitzeschäden

e: heat-induced injury
f: dommages causés par la chaleur
r: поражения тепловым (световым) излучением
s: daño causado por calor; daño térmico; lesión térmica
Störungen der thermischen Homöostase (= Konstanz der →Thermoregulation) in folgenden Ausprägungen:
1. Hitzeerschöpfung: Starke Schweißverluste ohne ausreichende Flüssigkeitszufuhr; Symptome: Schock, keine Temperaturerhöhung.
2. Hitzschlag: Schwerste Störung der Wärmeregulation nach längerem Einfluß hoher Temperaturen und unzureichender Wärmeabgabe; Symptome: Kopfschmerzen, Übelkeit, Bewußtlosigkeit, erhöhte Pulsfrequenz, Temperatur über 39 °C u.a..
3. Hitzekrämpfe: Muskelzuckungen und Krämpfe bei schwerer Arbeit in hoher Umgebungstemperatur, bei Defizit von 2 - 4 l extrazellulärer Flüssigkeit und Kochsalzmangel.
4. Sonnenstich (= Insolation):. Er entsteht durch unmittelbare Einwirkung der Sonnenstrahlen bes. auf den unbedeckten Kopf und Nacken; äußert sich durch heftige Kopfschmerzen, Übelkeit, Schwindel, Ohrensausen, evtl. Kollaps und Tod [186].
H. durch Hitzearbeit können vermieden werden, solange die damit verbundene thermische Belastung erträglich bleibt, d.h.

nur zu reversibler Erhöhung von Herzschlagfrequenz, Körpertemperatur und Schweißabgabe führt [193].

Hitzeschutz

e: heat protection
f: protection contre la chaleur
r: защита от теплового (светового) излучения
s: protección térmica
Mittel, Maßnahmen und Methoden zur Vermeidung von Belästigungen und zur Verhütung von →Hitzeschäden bei arbeitenden Personen aufgrund der Einwirkung hoher Temperaturen (z.B. durch Wärmeleitung, Wärmeströmung oder Wärmestrahlung) [4].

Hitzschlag →Hitzeschäden

e: heat stroke; thermoplegia
f: coup de soleil (ou: de chaleur)
r: тепловой удар
s: agotamiento por calor

Höchstleistung

e: maximum performance
f: performance maximale
r: наивысшая производительность
s: rendimiento máximo
im arbeitswissenschaftlichen Sinne: Der Arbeitserfolg, der unter Aufbietung aller Kraft vorübergehend erzielt werden kann. Längere Höchstleistungen können zur →Erschöpfung führen.
im wirtschaftlichen Sinne: Die Sachleistung, die unter Ausschaltung aller Zeitverluste und mit guten Arbeitsmitteln in einer Organisationseinheit in einer bestimmten Zeit höchstens erreicht werden kann [156].

Homöostase

e: homeostasis
f: homéostasie
r: гомеостаза
s: homeostasia
Die Aufrechterhaltung eines Gleichgewichts von Körperfunktionen durch interne Regulationsvorgänge [180].

Hörbereich →Hörschall

Hörfähigkeit →Altersschwerhörigkeit; →Audiometrie; →Hörverlust

Hörschall (Schall i.e.S.)

e: audible sound
f: son audible
r: слышимый звук
s: sonido audible
→Schall im Frequenzbereich des menschlichen Hörens (Hörfrequenzbereich etwa 16 Hz bis 16 kHz) [45]. →Infraschall; →Ultraschall

Hörschwelle

e: hearing threshold; threshold of audibility
f: seuil d'audibilité
r: уровень слышимости
s: umbral acústico; limen auditivo limen auditivo
Der Schalldruckpegel, bei dem eine Person unter spezifizierten Bedingungen und nach wiederholten Versuchen 50 % korrekte Antworten auf Testlaute gibt [143]. →Audiometrie; →Lärmschwerhörigkeit

Hörverlust; Hörschädigung; PTS

e: hearing loss
f: perte d'ouïe (ou: de l'audition)
r: потеря слуха, повреждение слуха
s: pérdida auditiva (o: de audición)
Eine dauernde Hörschwellenverschiebung (= permanent threshold shift PTS), die natürlicherweise mit zunehmendem Lebensalter sowie berufsbedingt nach langdauernder Lärmbelastung und unzureichender Erholungszeit eintreten kann. →Audiometrie; →Lärmschwerhörigkeit

Human engineering; human factors engineering

e: human engineering
f: ergonomie
r: инженерная дисциплина с учетом человека (в США)
s: ingeniería humana
Eine ingenieurwissenschaftliche Richtung in Nordamerika, bei der die →human factors wesentlich berücksichtigt werden [156].

Human factors; Mikroergonomie

e: human factors
f: facteurs humains
r: инженерная психология, человеческие факторы
s: factores humanos
Eine nordamerikanische Forschungsrichtung, die etwa der →Ergonomie oder →Arbeitswissenschaft entspricht [156]. →human engineering; →industrial engineering

Humanisierung

e: humanization
f: humanisation
r: гуманизация
s: humanización
allgemein: Maßnahmen zum Wohle der Menschen.
im arbeitswissenschaftlichen Sinne: Die Arbeitsgestaltung zum Schaffen menschengerechter und menschenwürdiger Bedingungen.

Humanität, Kriterium der

e: criterion of humanity
f: critère d'humanité
r: гуманность, критерий гуманности
s: criterio de humanidad
Ein →Merkmal zur →Beurteilung, ob eine Arbeit, die von den Menschen verlangt wird, innerhalb der Grenzen ihrer →Fähigkeiten liegt [198]. →Arbeitsbedingungen, menschengerechte; →Wirtschaftlichkeit

Humankapital

e: human capital
f: capital humain
r: человеческий капитал
s: capital humano
Ein natürliches und durch Ausbildung erworbenes Leistungspotential eines Individuums. (Der Begriff H. drückt den investiven Charakter einer qualifizierten Ausbildung als Wachstumsfaktor aus und ist nicht mit menschlichen →Ressourcen zu verwechseln.) [203].

I

IEA →Internationale Ergonomische Gesellschaft

IILS →Internationales Institut für Arbeitsfragen

ILO →Internationale Arbeitsorganisation

ILR →Internationaler Ring für Landarbeit

Immission
e: pollution of environment; immission
f: immission
r: иммиссия, проникновение
s: inmisión
Das Eindringen von Luftverunreinigungen (z.B. Gase, Dämpfe, Stäube oder Strahlung) in einen Bereich [136]. →Emission; →MIK-Wert

Impedanz, mechanische
e: impedance
f: impédance
r: полное сопротивление, механическое
s: impedancia
allgemein: Der Quotient aus Kraft und Schnelle.
i. bes.: Der Quotient der erregenden Schwingkraft und der Schwinggeschwindigkeit einer Erregerstelle. Sie dient als Hilfsgröße der Aussage über das Schwingungsverhalten bei sinusförmiger Erregung. (Einheit: N · s/m) [42, 136].

Index(zahl)
e: index number
f: indice
r: индекс, число
s: número índice
Eine Verhältniszahl, bei der man den Zähler (Z) in Prozent des Nenners (N) ausdrückt: Indexzahl = Z/N · 100 %. - Zumeist als statistische Kennziffer verwendet, um die relative Veränderung einer Größe in einem bestimmten Zeitraum (Berichtszeitraum) gegenüber einem Bezugszeitraum (Basiszeit-

raum) darzustellen [4, 193]. →Beziehungszahl; →Kennzahl; →Anteil; →Quote; →Rate

Indikator
e: indicator
f: indicateur
r: индикатор
s: indicador
1. Umstand oder →Merkmal, das als beweiskräftiges Anzeichen oder als Hinweis auf etwas anderes dient.
2. Stoff (z.B. Lackmus), der durch Farbwechsel das Ende einer chemischen Reaktion anzeigt [167].

individuell
e: individual
f: individuel
r: индивидуальный
s: individual
Dem Einzelwesen eigentümlich; von besonderer Eigenart; bes. geartet [167].

Individuelle vertragliche Wochenarbeitszeit →Wochenarbeitszeit, individuelle vertragliche

induktiv
e: inductive
f: inductif
r: индуктивный
s: inductivo
Vom Einzelnen und Besonderen zum Allgemeinen hinführend. →deduktiv; →Methode

Industrial engineer →industrial engineering

Industrial engineering; Makroergonomie
e: industrial engineering
f: ingénierie industrielle
r: промышленная инженерия, Эргономика
s: ingeniería industrial
US-amerikanischer Begriff: Die Mitwirkung eines Industrial Engineers bei der Planung und Durchführung gesamtbetrieblicher Aufgaben zur Förderung der Produktivität. Grundlage für diese Tätigkeit sind neben

den technischen auch spezielle arbeits- und wirtschaftswissenschaftliche Kenntnisse [156]. →human engineering

Industrial relations

e: industrial (or: labour) relations
f: relations de travail
r: производственные отношения
s: relaciones industriales
US-amerikanischer Begriff: Die innerbetrieblichen, wechselseitigen Beziehungen der Arbeitnehmer zueinander, zur Betriebsleitung bzw. zu den Vorgesetzten und zur Arbeit selbst. Sie sind zum Teil rechtlich festgelegt [156].

Industrieökologie

e: industrial ecology
f: écologie industrielle
r: промышленная Экология
s: ecología industrial
Die Gesamtheit technischer, biologischer und chemischer Interdependenzen von Industrieproduktion und →Umwelt und ihrer Wirkungen im Sinne eines gezielten und überwiegend prospektiven →Umweltschutzes [6].

Informatik

e: computer science; information (processing) science
f: informatique
r: информатика
s: informática
Eine wissenschaftliche Disziplin, die alle mathematischen und technischen Wissensgebiete zusammenfaßt, die mit der Entwicklung und dem Einsatz von EDV-Anlagen verbunden sind. I. ist somit die Wissenschaft vom Aufbau, der Arbeitsweise und der Gestaltung von Informationssystemen [193].

Information

e: information
f: information
r: информация
s: información
allgemein: Kenntnisse über Sachverhalte und Vorgänge [79]. - oder eingeengt: Eine Nachricht, die eine für den Empfänger vorher nicht bekannte, wesentliche Aussage

enthält [193]. - Veränderliche I. werden mit →Anzeigen, gleichbleibende Informationen über Kennzeichen dargeboten [79, 151, 193].

Informationsmanagement

e: information management
f: management de l'information
r: информационный менеджмент
s: gerencia de la información gerencia
Aufgabe des I. ist es, in Kooperation mit der Unternehmensplanung die Informationssystemstrategie als einen integralen Bestandteil der Unternehmens- und Geschäftsfeldstrategie zu planen [25].

Informationstechnische Arbeitsplatzgestaltung →Arbeitsplatzgestaltung, informationstechnische

Informationstheorie

e: information theory
f: théorie de l'information
r: информационная теория
s: teoría de la información
Die mathematische Theorie, die sich mit Wahrscheinlichkeitsüberlegungen bei Informationsprozessen beschäftigt [180].

Informatorische Tätigkeit →Arbeit, informatorische

Infraschall

e: infrasound; infrasonic (adj.)
f: infrason
r: инфразвук
s: infrasonido
→Schall unterhalb des Hörfrequenzbereiches (d. h. unterhalb von etwa 16 Hz) [45]. →Hörschall; →Ultraschall

Inganghaltungszeit →Teilzeiten

Ingenieurpsychologie

e: engineering psychology
Ein Teilgebiet der angew. Ps., das sich mit der psychologischen Erforschung der Wechselwirkungen zwischen Mensch und Technik am Arbeitsplatz beschäftigt (Mensch-

Maschine, Mensch-Computer). Die I. hat sich im Zuge der Differenzierung der Anwendungsfelder vor allem in den USA und der früheren UdSSR mit einem experimentalpsychologisch ausgerichteten Forschungsprogramm entwickelt und grenzt sich dabei teilweise von der Industrial and Organizational Psychology bzw. →Organisationspsychologie mit ihren Felderhebungsmethoden ab. Enge Bezüge ergeben sich zur →Arbeitspsychologie und zur interdisziplinären Forschung im Gebiet der →Arbeitswissenschaft, →Ergonomie und →Mensch-Computer Interaktion [95, 141]. →Verbände im Fachbereich Psychologie; →Methoden im Fachbereich Psychologie

Innovation

e: innovation
f: innovation
r: инновация
s: innovación
Eine bewußte Einführung und Anwendung von Ideen, Prozessen, Produkten oder Verfahren zur Veränderung von Rollen, Gruppen oder Organisationen, die für die relevante Anwendungseinheit neu sind und für Individuen, Gruppen, Organisationen oder die allgemeine Gesellschaft bedeutsame Vorteile erbringen sollen [237]. →Invention; →Erfindung

Input-Output-Relation

e: input-output relationship
f: relation entrée-sortie
r: отношение вход - выход
s: relación coste-redimiento (o: de input-output)
Verhältnis von Ein- und Ausgabe eines Systems. (Während des Produktionsvorganges wird das eingegebene Objekt gemäß dem Systemzweck und dementsprechender Information durch Einwirkung des Menschen, von Arbeitsmitteln und Energie zur Ausgabe verändert.)

Inspektion

e: inspection
f: inspection
r: инспекция
s: inspección
Maßnahmen zur Feststellung und Beurteilung des Istzustandes von technischen Mitteln eines Systems [61]. →Instandhaltung; →Wartung

Instandhaltung

e: maintenance
f: maintenance
r: техническое обслуживание
s: mantenimiento
Maßnahmen zur Bewahrung und Wiederherstellung des Sollzustandes sowie zur Feststellung und Beurteilung des Istzustandes von technischen Mitteln eines Systems [61]. →Inspektion; →Wartung

Instandhaltungszeit

e: machinery maintenance time
f: temps d'entretien du matériel
r: время на техническое обслуживание
s: tiempo de entretenimiento o cuidado del material
Zeit für einen →Teilvorgang, um die Gesamtheit der Maßnahmen zu erledigen, die dem Bewahren und Wiederherstellen des Soll-Zustandes eines Betriebsmittels sowie dem Feststellen und Beurteilen des Ist-Zustandes für die jeweilige Betrachtungseinheit dienen [14, 193].

Intelligenz

e: intelligence
f: intelligence
r: интеллигентность
s: inteligencia
Die Fähigkeit, sich in neuen Situationen durch die Erfassung der jeweils wesentlichen Zusammenhänge zurechtzufinden oder bisher unbekannte Probleme zu bearbeiten, ohne dabei auf vorliegende Erfahrungen zurückgreifen zu können. (Die I. kann mit Hilfe sogenannter Intelligenztests quantitativ beschrieben werden. Diese Tests bestehen in der Regel aus verschiedenen Aufgabentypen, deren Lösung unterschiedliche geistige Fähigkeiten verlangt. Der Intelligenzquotient (IQ) ist ein Zahlenwert, der angibt, um wieviel die mit einem IQ-Test ermittelte

geistige Fähigkeit einer Person von einer Gruppe anderer Personen abweicht, die z.B. hinsichtlich der Ausbildung oder des Alters mit ihr vergleichbar sind, und die sich demselben Test unterzogen haben.) [167].

Intelligenz, künstliche KI

e: artificial intelligence
f: intelligence artificielle
r: искусственный интеллект
s: inteligencia artificial
Ein Teilgebiet der Informatik. Sein Ziel ist die Programmierung von Computern für Aufgaben, deren Bewältigung durch Menschen als intelligente Leistung bezeichnet würde [95]. Zur KI gehören u.a. →Expertensysteme, Sprach- und Bildverarbeitung, Robotik und neuronale Netze.

Intensität

e: intensity
f: intensité
r: интенсивность
s: intensidad
Die Intensität der menschlichen Arbeit äußert sich in der Bewegungsgeschwindigkeit und Kraftanspannung der Bewegungsausführung. Sie ist eine Komponente bei der Beurteilung des Leistungsgrades [192].

interindividuell

e: inter-individual
f: inter-individuel
r: межиндивидуальный
s: interindividual
Zwischen zwei oder mehreren Menschen (z.B. als Unterschied) bestehend; mehrere Menschen betreffend [167]. →individuell; →intraindividuell

Internationale Arbeitsorganisation IAO

e: International Labour Organization ILO
f: Organisation Internationale du Travail OIT
r: Международная Организация Труда (МОТ)
s: Organización Internacional del Trabajo OIT
Gegründet 1919, seit 1946 Spezialorganisation der UN zur internationalen Zusammenarbeit auf dem Gebiet der Arbeit und Sozialpolitik [4].

Internationale Ergonomische Gesellschaft IEA

e: International Ergonomics Association IEA

Internationale Vereinigung für Agrartechnik CIGR

e: International Commission of Agricultural Engineering CIGR
f: Commission Internationale du Génie Rural CIGR
r: Международный Союз Аграриев
s: Comisión Internacional de Ingenieria Rural CIGR
Internationale wissenschaftliche Gesellschaft zur Förderung der Agrartechnik, gegründet 1930.

Internationale Vereinigung für Soziale Sicherheit IVSS

e: International Social Security Association ISSA
f: Association Internationale de la Sécurité Sociale AISS
r: Международное Объединение за Социальную Безопасность
s: Asociación Internacional de la Seguridad Social AISS
Eine internationale nichtstaatliche, 1927 in Brüssel gegründete Organisation mit dem Ziel, die soziale Sicherheit in der Welt zu fördern und weiterzuentwickeln. Sie hat einen Konsultativstatus beim Wirtschafts- und Sozialrat der Vereinten Nationen (UN) [4].

Internationaler Ring für Landarbeit ILR

e: International Committee of Work Study and Labour Management in Agriculture CIOSTA
f: Commission Internationale de l'Organisation Scientifique du Travail en Agriculture CIOSTA
r: Международный Комитет по изучению с/х работ
s: Comisión internacional para la organización científica del trabajo en la agricultura CIOSTA
Internationale wissenschaftliche Gesellschaft zur Förderung der Arbeitswissenschaft im

Landbau, gegründet 1950 auf dem 1. Internationalen Landarbeitstag.

Internationales Informationszentrum
für Arbeitsschutz der IAO

e: International Occupational Safety and Health Information Centre of the ILO
f: Centre International d'Informations de Sécurité et de Hygiène au Travail
r: Международный информационный цетр по охране труда при МОТ
s: Centro Internacional de Información sobre Seguridad e Higiene del Trabajo

Internationales Institut für Arbeitsfragen

e: International Institute for Labour Studies IILS
f: Institut International d'Etudes Sociales IIES
r: Международный Институт по вопросам труда
s: Instituto Internacional de Estudios Laborales IIEL
1960 von der ILO gegründet, verfolgt es das Ziel, in allen Ländern ein besseres Verständnis und objektive Untersuchungen zu politischen Fragen der Arbeit zu fördern.

Intervallstudie

e: interval study
f: étude d'intervalle
r: поэтапные исследования
s: estudio en intervalo
Eine spezielle Form einer wissenschaftlichen Untersuchung, die mit gleichem Ziel und gleicher Methodik zu verschiedenen Zeitpunkten mehrmals wiederholt wird [4].

intraindividuell

e: intraindividual
f: intraindividuel
r: внутрииндивидуальные различия одного человека
s: intraindividual
Innerhalb eines einzelnen Menschen [167].

Invalidität

e: invalidity
f: invalidité
r: инвалидность, нетрудоспособность
s: invalidez

Eine dauernde Arbeitsbehinderung oder -unfähigkeit, die Voraussetzung für den Bezug von Versicherungsleistungen ist [18].

Invention; Erfindung

e: invention
f: invention
r: изобретение (техническая реализация научной разработки)
s: invención
Eine technische Realisierung neuer wissenschaftlicher Erkenntnisse oder neue Kombinationen derselben [184]. →Innovation

Irrtumswahrscheinlichkeit α

e: level of significance (or: of error)
f: probabilité d'erreur
r: вероятность ошибки
s: probabilidad de errores
Die Bezeichnung für die vorgegebene Fehlergrenze eines statistischen Tests [3]. Damit wird die Wahrscheinlichkeit angegeben, daß ein für eine Stichprobe repräsentativer Wert (z.B. der Mittelwert) nicht innerhalb des definierten →Vertrauensbereichs liegt. →Signifikanz

ISO (= Internationale Organisation für Normung

e: International Organization for Standardization ISO
f: Organisation Internationale de Normalisation ISO
r: Международная Организация Стандартов
s: Organización Internacional de Normalización OIN
Internationale Organisation für Normung; seit 1946 Herausgeber für international vereinbarte Normen (= Standards) [167].

Isodynen

e: isodynamic line
f: isodyne
r: изодины (линии одинаковой мышечной силы)
s: isodina
Linien gleicher Körperkräfte [209].

Isometrie; isometrisch

e: isometry; isometric
f: isométrie; isométrique

r: изометрия, аксонометрия
s: isometría; isométrico
Längengleichheit, Längentreue; Isometrie
oder isometrisch im Zusammenhang mit der
Arbeit eines Muskels (z.B. isometrische
Muskelarbeit) bedeutet, daß dieser ohne
Veränderung seiner Länge (Verkürzung oder
Dehnung) Kraft abgibt; isometrisches Mus-
keltraining: Methode des Krafttrainings, bei
der die Muskulatur ohne Änderung der Län-
genausdehnung angespannt wird [167].
→Muskelkontraktion, isometrische

**Isometrische Muskelkontraktion →Mus-
kelkontraktion, isometrische**

Isotonie; isotonisch

e: isotonia; isotonic
f: isotonie; isotonique
r: изотония (физиолог.),
изотонический
s: isotonía; isotónico
Konstanz des osmotischen Drucks der Kör-
perflüssigkeiten beim gesunden Menschen
[96]. →Muskelkontraktion, isotonische

**Isotonische Muskelkontraktion →Mus-
kelkontraktion, isotonische**

Ist-Leistung

e: actual performance (or: attainment,
output)
f: allure effective; puissance réelle
r: производительность в данный
момент
s: rendimiento real
Die Leistung, die tatsächlich erbracht worden ist; man spricht in diesem Sinne auch
von "beobachteter" Leistung, die über oder
unter der →Soll-Leistung liegen kann [156].
→Arbeitszeitaufwand; →Ist-Zeit

Ist-Zeit; Arbeitszeitaufwand

e: actual time; time used; work(ing) time
input
f: temps relevé (ou: passé, de travail
dépensé)
r: актуальное время, затраты
рабочего времени
s: tiempo real
Die für die Ausführung einer Arbeit oder
bestimmter Arbeitsablaufabschnitte vom

Menschen und Betriebsmittel tatsächlich
aufgewendete Zeit. - Diese Ablaufabschnitte
können auf jeder hierarchischen Ebene definiert werden (→Gliederung in Arbeitsablaufabschnitte). (Einheit: APh, APmin oder
1/100 APmin) [193]. →Soll-Zeit; →Arbeits-
zeitbedarf

**IVSS →Internationale Vereinigung für
Soziale Sicherheit**

J

Jahresarbeitsmaß (ldw.)

e: annual work rate
f: mesure de travail annuel
r: годовой объем работы
s: medida de trabajo anual

Anzahl der Einheiten (z.B. Stück Rinder), die von einer Arbeitskraft im Jahresmittel zu versorgen sind. Diese Größe ist von der verfügbaren Jahresarbeitszeit je AK und dem jährlichen Arbeitszeitbedarf je Einheit unter den jeweiligen Bedingungen abhängig [100].

Jahresarbeitszeit

e: annual working time
f: temps de travail annuel
r: годовой временной объем
s: suma del tiempo anual de trabajo

Die Dauer der →Arbeitszeit, die als Summe der in einem Jahr insgesamt zu leistenden Arbeitsstunden festgelegt wird. Sie kann gleichmäßig oder arbeitsanfallorientiert über das Jahr verteilt werden. Im zweiten Fall ist es dennoch möglich, ein konstantes Durchschnittsgehalt über das ganze Jahr zu zahlen [11]. →Jahresarbeitsmaß; →Wochenarbeitszeit

Job

e: job
s: ocupación

Angelsächsischer Begriff: Jegliche entgeltliche Dienstleistung von "profession" (Beruf) bis "occupational activity" (Erwerbstätigkeit).

Im deutschen Sprachgebrauch: Arbeiten, die ohne Rücksicht auf den ideellen Wert lediglich zum Gelderwerb - im Gegensatz zum Beruf als Berufung - ausgeübt werden [156].

Job enlargement →Aufgabenerweiterung

Job enrichment →Aufgabenbereicherung

Job rotation →Arbeitswechsel

Jugendarbeit

e: youth labour
f: travail des jeunes
r: юношеский труд
s: trabajo de jovenes

Die Beschäftigung und die Tätigkeit von Jugendlichen in einem Ausbildungs- oder Arbeitsverhältnis oder in sonstigen Diensten, die der Arbeit in einem Ausbildungs- oder Arbeitsverhältnis ähnlich sind [156]. →Kinderarbeit

Jugendarbeitslosigkeit

e: youth unemployment
f: chômage des jeunes
r: безработица среди молодежи (в возрасте от 15 до 23 лет)
s: desempleo de jovenes

Die →Arbeitslosigkeit der Altersgruppe zwischen 15 und 23 Jahren [18].

Jugendarbeitsschutz

e: youth employment protection
f: protection des jeunes travailleurs
r: охрана труда подростков (до 18 лет)
s: protección del trabajo de jovenes

i.e.S.: Gesetzliche Bestimmungen zum Schutze der vor oder in der Erwerbsarbeit oder Berufsausbildung stehenden Jugendlichen.

i.w.S.: Maßnahmen der Arbeitgeber und der Öffentlichkeit zur Erhaltung der Gesundheit der in einem Arbeitsverhältnis stehenden Minderjährigen unter 18 Jahren, gelegentlich auch darüber hinaus bis zum 21. Lebensjahr [156]. →Jugendarbeitsschutzgesetz

Jugendarbeitsschutzgesetz JArbSchG

e: youth occupational protection law
f: loi sur la protection des jeunes travailleurs
r: закон по охране труда подростков (до 18 лет)
s: ley de protección del trabajo de jovenes

Das Gesetz zum Schutz der arbeitenden Jugend vom 12.4.1976 (mit späteren Änderungen) legt das Sonderschutzrecht für Jugendliche unter 18 Jahren fest. Danach sind verboten: Kinderarbeit, Nacht-, Akkord- und tempoabhängige Arbeiten sowie gefährliche Arbeiten mit schädlichen Einwirkungen von

Lärm, Erschütterungen, Strahlen oder von giftigen, ätzenden oder reizenden Stoffen. Arbeitszeit, Pausen, Urlaub werden geregelt [186, 203, 213]. →Jugendarbeitsschutz

K

K-Wert →**Schwingstärke, bewertete**

Kalkül

e: calculus
f: calcul
r: подсчет, калькулирование
s: cálculo
Berechnung, Überlegung [167].

Kalorie (cal)

e: calorie
f: calorie
r: калория
s: caloría
Alte (nicht mehr zulässige) Einheit der Arbeit, Energie und Wärmemenge. →Größen, physikalische

Kanalkapazität

e: channel capacity
f: capacité d'un canal unique
r: максимальный объем пропуска информации
s: capacidad de un canal
Die maximale Informationsmenge, die pro Zeiteinheit an einem bestimmten Informationsweg entlang geleitet und verarbeitet werden kann [232].

Kapazität

e: capacity
f: capacité
r: объем, возможность
s: capacidad
Das Vermögen, mit verfügbaren Menschen und/oder Arbeitsmitteln eine Aufgabe in bestimmter Zeit zu erledigen.

Kapazitätsorientierte variable Arbeitszeit
→**Arbeitszeit, kapazitätsorientierte variable**

Katecholamine

e: catecholamines
f: catécholamines
r: катехоламины (гормон.)
s: catecolaminas
Sammelbegriff für bestimmte Hormone (die wichtigsten sind Adrenalin und Norad-renalin). Die Ausschüttung in Blut und Harn wird durch nervöse Impulse gesteuert [167].

Kennfarben

e: identification colours
f: couleurs d'identification
r: индефикационные цвета
s: colores de identificación
Aufsichtfarben zum Kennzeichnen von Schildern, Behältern, Leitungen, Maschinen, Geräten, Bedienteilen usw. Die Farben sind so ausgewählt, daß sie auch bei ungünstigen Beleuchtungsverhältnissen gut voneinander unterschieden werden können. (Zur Farbgebung s. Sicherheitsfarben) [50].

Kenngröße

e: characteristic quantity; parameter
f: grandeur caractéristique; paramètre
r: количественные величины
s: magnitud característica
Ein quantitativer Ausdruck oder ein quantitatives Merkmal für eine oder mehrere Eigenschaften eines Sachverhalts oder von Beziehungen zwischen mehreren Sachverhalten. Eine K. besteht aus der Definition und dem Kennwert. Dieser ist der zahlenmäßige Wert einer Kenngröße [178]. →Kennzahl

Kenntnisse

e: cognition; knowledges
f: connaissances
r: знания
s: conocimientos
Im Gedächtnis gespeicherte und aktualisierte Wissensbestände, die auf Ausbildung und Erfahrungen beruhen. Der Begriff wird in der Pädagogik verwendet und auf verschiedene Arten von K. (z.B. Sachkenntnisse) bezogen. Nach psychologischen Kriterien lassen sich K. nicht als besondere Klasse kognitiver Wissensstrukturen abgrenzen [95].

Kennzahl

e: index
f: indice
r: показатель
s: índice

Verhältniszahl (Quotient) mit sinnvoller Aussage über Unternehmungen, Betriebe oder Betriebsteile [193]:

Kennzahl = Beobachtungszahl / Bezugszahl, z.B.: AK-Besatz = 3 AK / 100 ha.

→Anteil; →Beziehungszahl; →Quote; →Rate

Kennzeichen →Information

Kernzeit

e: working hours with mandatory presence
f: heures de présence obligatoires pendant travail
r: рабочее время с обязательным присутствием на работе
s: tiempo de estancia obligatoria
Der Zeitraum innerhalb der gesamten Arbeitszeit (Tag, Woche, Monat oder Jahr), während dessen der Arbeitnehmer am Arbeitsplatz anwesend sein sollte; dies gilt z.B. für Sprechzeiten, Schalterstunden und Materialausgabe. Keine Anwesenheitspflicht besteht dagegen während der →Gleitzeit [11]. →Flexibilisierung der Arbeitszeit

Kinderarbeit

e: child labour
f: travail des enfants
r: детский труд
s: trabajo de menores
Die Beschäftigung von Personen unter 14 Jahren oder vor Beendigung ihrer Grundschulpflicht gegen Entgelt [156]. →Jugendarbeit

Kinematik

e: kinematics
f: cinématique
r: кинематика
s: cinemática
Bewegungslehre; Untersuchung von Bewegungsvorgängen nur im Hinblick auf Zeit und Raum [231]. →Kinetik

Kinetik

e: kinetics
f: cinétique
r: кинетика
s: cinética
Die Lehre von der Bewegung durch Kräfte; Untersuchung von Bewegungsvorgängen in Verbindung mit dabei auftretenden Energien und Kräften [231]. →Kinematik

Kinetosen; Reisekrankheiten

e: motion sicknesses; kinetoses
f: males des transports; cinétoses
r: кинетоз, недомогание тела вследствии движения
s: cinetoses; cinepatias
Krankheitsbilder, die durch tatsächliche oder empfundene Bewegung des Körpers oder seiner Umgebung hervorgerufen werden: See-, Flug-, Luft-, Eisenbahn- und Autokrankheit. Dabei primär Reizung des Vestibularapparates, von dort Impulse zu den vegetativen Stammhirnzentren. Symptome: Erbrechen, Schwindel, Schweißausbruch, Übelkeit und allgemeines Unwohlsein [146, 186].

Klang

e: complex tone; sound
f: ton complexe; son
r: тональность, комплексное звучание
s: sonido
Der aus Grund- und Obertönen bestehende Hörschall [98, 157].

Klima

e: climate
f: climat
r: климат
s: clima
Der charakteristische Ablauf von Zuständen der Atmosphäre an einem Ort [81]. (Dabei ist die Atmosphäre ein Gemisch aus Gasen und ggf. weiteren Bestandteilen, das ein bestimmtes Objekt umgibt oder ein festgelegtes Volumen einnimmt.)

Klima (am Arbeitsplatz)

e: climate (at the workplace)
f: climat
r: микроклимат на рабочем месте
s: clima
Sammelbegriff für die physikalischen Größen, die vor allem den Wärmeaustausch des Körpers mit seiner Umgebung beeinflussen; diese sind i.d.R. Lufttemperatur, Luftfeuch-

te, Luftgeschwindigkeit und Wärmestrahlung; ggf. sind auch Luftverunreinigungen als Bestandteile der Atmosphäre zu berücksichtigen [81, 198, 232]. (zu Einzelheiten s. [67]).

Klimagebiet (ldw.)

e: climatic area
f: région (ou: zone) climatique
r: климатическая зона, область
s: región (o: zona) climática
Ein geographischer Bereich, in dem landwirtschaftliche Arbeiten innerhalb weitgehend gleicher →Zeitspannen erledigt werden können.

Klimasummenmaß

e: cumulative climate indicator
f: valeur cumulée climatique
r: суммарный показатель микроклимата (наприм. Эффективная температура)
s: valor acumulado de las características climáticas
Zusammenfassung verschiedener Klimameßgrößen (z.B. Temperatur, Feuchte usw.) zu einem Zahlenwert zur Beschreibung des aus dem Zusammenwirken der Einzelgrößen entstehenden thermischen Empfindens des Menschen (Beispiele: →Effektivtemperatur; →Feuchttemperatur; →WBGT) [167]; (Einzelheiten s. [67, T. 4]).

Klinische Betriebspsychologie; Klinische Organisationspsychologie

e: Clinical Organizational Psychology
Ein Problemfeld im Grenzbereich zwischen →Arbeits- und Organisationspsychologie und Klinischer Psychologie, das sich mit der Untersuchung und Intervention bei psychischen oder psychosomatischen Störungen sowie der Förderung des Gesundheitsverhaltens beschäftigt [95]. →Verbände im Fachbereich Psychologie; →Methoden im Fachbereich Psychologie

Koalitionsrecht; Koalitionsfreiheit

e: right of association; freedom of association
f: droit syndicale; liberté syndicale
r: коалиционное право, коалиционная свобода
s: ley sindical; libertad sindical
Das Recht, sich zur Wahrung von Interessen, z.B. in Gewerkschaften oder Arbeitgeberverbänden, zusammenzuschließen [156].

Kodieren →Codieren

Kolonnenarbeit

e: gang work
f: travail en lignes
r: работа в колонне (группе)
s: trabajo en cuadrilla
Eine Art der →Gruppenarbeit, bei der mehrere Personen mit gleichem Verfahren und möglichst gleicher Geschwindigkeit nebeneinander arbeiten. Dabei sollte die Leistung jeder einzelnen Person aber für sich erkennbar bleiben [14]. →Rottenarbeit

Kombination; kombinativ

e: combination; combinative
f: combinaison
r: комбинация, комбинированный
s: combinación
Eine sinnvolle Verknüpfung von Wahrnehmungen, Vorstellungen und Erinnerungen. kombinativ: gedanklich verbindend, verknüpfend [156, 167].

Kombinatorische Tätigkeit →Tätigkeit, kombinatorische

Komfort

e: comfort
f: confort
r: комфорт
s: confort; comodidad
Der subjektive Zustand des Wohlbefindens im Verhältnis zur Arbeitsumgebung oder vom Menschen geschaffenen Umgebung [146]. →Komfortbedingungen; →Behaglichkeit; →Effektivtemperatur

Komfortbedingungen, klimatische

e: comfort conditions
f: conditions confortables
r: комфортные условия
s: condiciones de comodidad (o: confort)

Ein Klima, das von der größtmöglichen Gruppe von Personen als "thermisch neutral" empfunden wird. K. lassen sich beispielsweise aus einer "Behaglichkeitsgleichung" berechnen oder mit speziellen Geräten direkt messen (→PMV-Index) [167]. →Behaglichkeit; →Effektivtemperatur

Kommunikation

e: communication
f: communication
r: коммуникация
s: comunicación
Der Prozeß der Übermittlung und Vermittlung von →Information durch Ausdruck und →Wahrnehmung (Transaktion) von Zeichen aller Art, systematisch einzuordnen auf einer biophysischen Ebene (körperliche Berührungen und →Affekte wie Lachen und Weinen), einer motorischen (→Körperhaltung, Mimik, Gestik), einer lautlichen (→Geräusch und Sprache) und einer technischen Ebene (Medien). Intrapersonale K.-Vorgänge (in ein und derselben Person) sind Denken und Fühlen. Interpersonale K., auch Interaktion genannt, geschieht in ihrer einfachsten Form zwischen zwei Personen, im Dialog zwischen Kommunikator (Quelle der Information) und Rezipient (Empfänger der Information), kann aber auch Interaktions- und Transaktionsprozesse zwischen Angehörigen von Gruppen, →Organisationen, Institutionen und großen Personenverbänden umfassen. Durch K. sind Menschen und Tiere in der Lage, Gemeinsamkeiten zu stiften, Gruppen, Organisationen, Gesellschaften zu bilden. Einer der grundlegenden Prozesse für diese sozialen Gebilde ist die Umwandlung von Umweltdaten in →Wissen (Information) durch K. [18].

Kompatibilität

e: compatibility
f: compatibilité
r: совместимость, компатибельность
s: compatibilidad

Die Vereinbarkeit zweier realer oder abstrakter Gegenstände, Vorgänge oder Systeme (z.B. von Stecker und Steckdose, von Geschehen und diesbezüglicher Erwartung, von Ursache und →Wirkung, von →Reiz und Reaktion, von →Wahrnehmung und Bewegung, von →Handlung und deren Effekt oder von zwei Datensätzen). →Verhaltensstereotypien

Komplexarbeit (Komplexeinsatz)

e: complex work
f: système complexe du travail
r: комплексная работа
s: trabajo complejo
Die koordinierte Zusammenarbeit einer oder mehrerer →Arbeitsgruppen zur Ausführung einer umfassenderen Aufgabe mit mehreren gleich- oder verschiedenartigen und in ihrer Kapazität untereinander abgestimmten →Arbeitsverfahren und -mitteln (z.B. Getreideernte, -transport und -einlagerung oder Zuckerrübenkraut- und Zuckerrübenernte) [4, 100]. →Komplexgröße

Komplexgröße

e: complex size
f: capacité de complexe
r: размер (величина) комплексности
s: tamaño del complejo
Die Anzahl der für eine →Komplexarbeit erforderlichen Arbeitskräfte und -mittel, Versorgungs- und Betreuungseinrichtungen [100].

Komplexität

e: complexity
f: complexité
r: комплексность
s: complejidad
Die Verknüpfung von Einzelheiten zu einem →ganzheitlich bestimmten Gebilde oder Gefüge [109].

Kondition

e: condition
f: condition
r: кондиция
s: condición

Allgemeine körperliche Verfassung, die sich z.B. durch Übung, Training oder Erkrankung ändern kann [96]. →Konstitution

Konfidenzintervall →**Vertrauensbereich**

Konflikt

e: conflict
f: conflit
s: conflicto
Das Zusammentreffen zweier oder mehrerer unterschiedlicher Positionen innerhalb einer Person (innerer Widerstreit von →Motiven, Wünschen, Bestrebungen, bes. von ethischen Werten) oder zwischen mehreren Personen oder zwischen Gruppen, Staaten u.a. Gemeinschaften [162]. →Beziehungen, menschliche

Können

e: skill
f: pouvoir
r: уметь
s: aptitud
Das angeborene oder erworbene Vermögen einer →Arbeitsperson, eine →Arbeitsaufgabe einwandfrei auszuführen [162]. K. ist komplex und umfaßt →Fähigkeiten, →Fertigkeiten und →Wissen.

Konsole; Steuerpult

e: console; control panel (or: desk)
f: pupitre; panneau de commande
r: консоль, пульт управления
s: consola; pupitre de mando
Ein tischähnliches Betriebsmittel, das neben einer wie auch immer gearteten Arbeitsplatte zugleich Sicht- und Anzeigegeräte sowie →Stellteile aufnimmt [209].

Konstitution

e: constitution
f: constitution
r: общие кондиции человека
s: constitución
Gesamtverfassung des Individuums aufgrund der angeborenen Faktoren körperlicher und geistiger Art [96]. →Kondition

Kontent-Faktoren

e: content factors
f: facteurs de contentement
r: факторы, влияющие на удовлетворение от труда (по теории мотивации
s: factores de satisfacción
Nach HERZBERGs Theorie der Arbeitsmotivation (1959) Faktoren, die auf die Zufriedenheit mit der Arbeit einwirken. Sie haben durchweg mit der Arbeit selbst zu tun, lassen sich jedoch im Gegensatz zu den →Kontext-Faktoren weniger der Arbeitsumgebung zuordnen, z.B: die Tätigkeit selbst; die Möglichkeit, etwas zu leisten; die Möglichkeit, sich weiterzuentwickeln; Verantwortung bei der Arbeit; Aufstiegsmöglichkeiten und Anerkennung.

Kontext-Faktoren

e: context factors
f: facteurs de contexte
r: факторы, влияющие на неудовлетворенность от труда (по теории мотивации Герцберга)
s: factores secundarios (o: externos)
Nach HERZBERGs Theorie der Arbeitsmotivation (1959) Faktoren, die Unzufriedenheit bewirken können. Sie lassen sich in erster Linie der Arbeitsumgebung zuordnen, z.B.: Gestaltung der äußeren Arbeitsbedingungen; soziale Beziehungen; Unternehmenspolitik und -administration; Bezahlung einschließlich Sozialleistungen; Krisensicherheit des Arbeitsplatzes. Im Gegensatz dazu haben →Kontent-Faktoren durchweg mit der Arbeit selbst zu tun.

Kontinuierliches Schichtsystem →**Schichtsystem, kontinuierliches**

Kontrast, optischer K

e: contrast of luminance
f: contraste optique
r: контраст, оптический
s: contraste óptico
Das Verhältnis der →Leuchtdichten L_1 und L_2 zweier aneinander grenzender Flächen (Einheit: cd/m^2 (Candela/m^2)) gemäß folgender Formel: $C = (L_1 - L_2) / L_1$.

Dabei ist als L_2 die kleinere Größe zu wählen [156].

Kontrastempfindlichkeit

e: contrast sensibleness
f: sensibilité aux contrastes
r: восприимчивость к контрасту
s: sensibilidad al contraste
Der Grad der Fähigkeit zur Unterscheidung verschiedener Leuchtdichten oder Farbtöne, die gleichzeitig benachbarte oder nacheinander dieselben Netzhautteile treffen [156].
→Kontrast, optischer

Kontrolle am Arbeitsplatz

e: control at workplace
f: contrôle à la place de travail
r: контроль на рабочем месте
s: control en el puesto de trabajo
Eine →Qualitätskontrolle, die nicht erst am Ende des gesamten Produktionsvorganges oder bestimmter Abschnitte desselben, sondern am einzelnen →Arbeitsplatz, ggf. von der dort tätigen →Arbeitsperson selbst und eigenverantwortlich durchgeführt wird. Damit soll auf kürzestem Wege für die Erkenntnis ursächlicher Zusammenhänge, für →Qualitätssicherung sowie für ein Minimum an Ausschuß und an damit verbundenen Kosten gesorgt werden [110].

Kontrollieren

e: control; check
f: contrôler
r: контроллировать
s: controlar
Überwachen der Ausführung und des Ergebnisses durch →Soll-Ist-Vergleich [193].

Konvektion

e: convection
f: convection
r: конвекция
s: convección
Das Mitführen bzw. Übertragen einer physikalischen Eigenschaft oder Größe, wie z.B. Wärme oder elektrische Ladung, durch Strömungen von Gasen oder Flüssigkeiten. Die Strömung kann als Ausgleichsvorgang von selbst entstehen (freie K.) oder mit Hilfe von Gebläsen oder Pumpen (erzwungene K.) erzeugt werden [18].

Konvergenz des Auges

e: convergence
f: convergence
r: конвергенция глаза
s: convergencia ocular
Die gleichsinnige Augenbewegung nach innen zur Erkennung eines nahe vor dem Auge gelegenen Punktes oder Gegenstandes [96].

Konzentration

e: concentration
f: concentration
r: концентрация
s: concentración
Ein mit besonderer Willensanspannung und Sammlung verbundenes zielgerichtetes Verhalten [156].

Kooperation

e: cooperation
f: coopération
r: кооперация
s: cooperación
Die Zusammenarbeit zwischen den Aufgabenträgern in einer →Organisation zum Zweck der gemeinsamen Erfüllung der Unternehmensaufgabe (betriebliche K.) oder die Zusammenarbeit von →Unternehmen aufgrund ausdrücklicher oder stillschweigender Vereinbarungen, oft auch vertraglicher Bindungen (zwischenbetriebliche K.) [18].

Koordination

e: coordination
f: coordination
r: координация
s: coordinación
Maßnahmen, um betriebliche Teilaufgaben zusammenzuführen und so aufeinander abzustimmen, daß das Ziel möglichst optimal erreicht wird [193].

Koppelungsart

e: type of coupling
f: type de l'accouplement

r: вид связи
s: tipo de acoplamiento
Die Art der Kraftübertragung zwischen Hand und/oder Finger und Arbeitsmittel unmittelbar durch Formschluß oder mittelbar durch Reibschluß. Bei Formschluß wirkt die Kraft in einer Ebene, die darauf senkrecht steht, bei Reibschluß wirkt sie in der Berührungsfläche [22]. →Greifart

Körperbautypen; Somatotypen

e: somatotypes
f: types somatologiques
r: типы людей по строению тела
s: tipos de la forma del cuerpo; somatotipos
Gruppen von Menschen mit ähnlichen Körperproportionen. Grundsätzlich werden drei verschiedene Gruppen von Körperbautypen unterschieden:
Leptosomer: Mensch mit schlankem, hagerem Körperbau, langem Hals, mageren Gliedmaßen und schmalem Rumpf.
Athletiker: "Kraftmensch" mit kräftiger, breitschultriger Gestalt, derbem Knochenbau, großen Händen und Füßen, kräftig entwickelter Muskulatur und starker Rumpfbehaarung.
Pykniker: Mensch mit kräftigem, gedrungenem Körperbau mit kurzen Gliedmaßen und Neigung zum Fettansatz [22].

Körperbehinderter

e: physically disabled (or: impeded) person; physically handicapped
f: infirme; invalide
r: инвалидность (физическая)
s: incapacitado físico
Eine Person mit angeborenen oder erworbenen Beeinträchtigungen ihrer körperlichen Funktionen. Wird dadurch die Arbeitsfähigkeit verringert, spricht man von Leistungsgeminderten oder Leistungsbehinderten [156].

Körperebenen

e: planes of the human body; body planes
f: plans du corps humain
r: условные плоскости через тело человека (наприм. фронтальная)
s: planos de cuerpo humano

Verschiedene gedachte, durch oder an den menschlichen Körper gelegte Ebenen: →Frontal-, →Median- und →Sagittalebene.

Körperhaltung

e: body posture
f: posture du corps; maintien
r: положение тела человека
s: postura corporal
Die räumliche Lage des Körpers oder von Körperteilen in Abhängigkeit von der Schwerkraft und in bezug auf ein Koordinatensystem [89, 156, 186]. →Arbeitsstellung; →Kyphose; →Lordose

Körperkerntemperatur

e: body core temperature
f: température du noyau
r: внутренняя (ректальная) температура тела
s: temperatura corporal (o: interna)
Die Temperatur der inneren Organe, der Kopf-, Brust- und Bauchhöhle. Die K. wird indirekt meist als Rektaltemperatur (normal: 37,0 - 37,4 °C) gemessen [180].

Körperkraft

e: physical (or: bodily) strength
f: force physique
r: физическая сила
s: fuerza física
Die Kraft, die im Zusammenhang mit dem menschlichen Körper entsteht. Körperkräfte können in Muskel-, →Massen- und →Aktionskräfte eingeteilt werden [73].

Körpermaße des Menschen

e: human body dimensions (or: measurements)
f: mesures anthropométriques; dimensions du corps humain
r: размеры тела человека (антропометрические)
s: dimensiones de cuerpo humano
Die anthropometrisch ermittelten Maße von Menschen einer bestimmten Population.
Hinweis: Die einzelnen Körpermaße und ihre englischen Benennungen werden in [66] beschrieben [4]. →Anthropometrie

Körperrichtungen

e: directions of the human body
f: directions du corps humain
r: условные направления в теле (от средины)
s: direcciones del cuerpo humano
Verschiedene gedachte, von der Körpermitte des Menschen ausgehende Richtungen: →dorsal, →lateral, →medial, →ventral. →Schwingungsrichtung

Körperschall →Schall

Körperschutzmittel

e: human body protective equipment; personal protective equipment
f: moyen de protection des personnes
r: индивидуальные средства защиты
s: medio de protección del cuerpo humano
Persönliche Schutzmittel zur Abwendung oder Minderung arbeitsbedingter Gesundheitsgefährdungen [4].

Körperstellung →Körperhaltung

Körperumrißschablone

e: body outline stencil
f: pochoir du corps humain
r: шаблоны, соответствующие пропорционально размерам тела человека
s: plantilla del cuerpo humano
Ein Zeichenhilfsmittel zur maßstabsgerechten Darstellung der zweidimensionalen Projektion des unbekleideten menschlichen Körpers (jedoch mit Schuhen) in verschiedenen Stellungen. Es dient insbesondere der maßlichen Auslegung von Arbeitsplätzen und der Zuordnung von Sitzen, Arbeits- und Abstützflächen sowie von Stellteilen und deren Anpaßbarkeit an Personen verschiedener Körpergrößenklassen [71, 76]. →Körpermaße; →Somatographie; →Perzentil

korrektive Ergonomie →Ergonomie, korrektive

Kosten (Festkosten; variable Kosten)

e: costs (fixed costs; proportional costs)
f: frais (frais fixes; frais variables)
r: затраты
s: gastos (gastos fijos; gastos variables)
Die in Geld bewertete Menge an Produktionsfaktoren und Dienstleistungen sowie öffentliche Abgaben, die zur Erstellung betrieblicher Leistungen ver- bzw. gebraucht werden [203]. (Festkosten = vom Produktionsumfang unabhängige K.; variable Kosten = vom Produktionsumfang abhängige K.)

Kosten-Nutzen-Analyse KNA

e: cost-benefit analysis
f: analyse coûts-avantages
r: анализ затрат и пользы
s: analisis de costos y resultados
Die Ermittlung und Messung von →Ressourcen, die für eine Aktivität verwendet werden, und ihr Vergleich mit dem Wert des Nutzens, der aus dieser Aktivität zu ziehen ist [17].

Kräfteatlas

e: atlas of physical strength
f: atlas des forces physiques
r: атлас (справочник) физических сил человека
s: atlas de la fuerza del cuerpo
Die Zusammenstellung von Kräften des Menschen, geordnet nach kraftabgebenden Muskelgruppen und Kraftrichtungen [167].

Kraftmeßplatte

e: force platform
f: plate-forme de contrainte
r: динамометрическая платформа (для измерения физических сил человека)
s: plataforma dinamométrica
Eine Einrichtung zur Messung von auf eine Fläche ausgeübten Kräften [180].

Krankheit

e: disease
f: maladie
r: заболевание, болезнь
s: enfermedad
i.w.S.: Das Fehlen von Gesundheit.
i.e.S.: Das Vorhandensein von subjektiv und/oder objektiv feststellbaren körperlichen, geistigen und/oder seelischen Veränderungen oder Störungen.

im sozialversicherungsrechtlichen Sinne: Das Vorhandensein von Störungen, die Krankenpflege und Therapie und/oder Arbeitsunfähigkeit zur Folge haben [193].

Kreativität

e: creativity
f: créativité
r: умственная способность
s: creatividad

Ein Gefüge intellektueller Fähigkeiten und Persönlichkeitsmerkmale, die als Grundlage für die Entwicklung neuer Ideen und Problemlösungen (→Innovationen) oder originale, schöpferische Leistungen angesehen werden [95, 237].

Kriterien zur Beurteilung der Arbeitsbedingungen

e: evaluation criteria for working conditions
f: critères d'évaluation des conditions de travail
r: критерии для оценки условий труда
s: criterios de evaluación de las condiciones de trabajo

1. Schädigungslosigkeit und Erträglichkeit,
2. Ausführbarkeit von Tätigkeiten,
3. Zumutbarkeit und Beeinträchtigungsfreiheit,
4. Zufriedenheit der Arbeitenden und Förderung der Persönlichkeit durch die Arbeit,
5. Sozialverträglichkeit der Arbeit und Möglichkeit der Beteiligung der Arbeitenden an der Gestaltung

(Die Reihenfolge dieser fünf Stufen entspricht ihrer Bedeutung für die Beurteilung. Man sollte sie in dieser Rangfolge anwenden.) [174].

Kriterium der Humanität →Humanität, Kriterium der

Kriterium der Wirtschaftlichkeit →W., Kriterium der

kritisches Ereignis →E., kritisches

künstliche Intelligenz →Intelligenz, künstliche

Kurzarbeit

e: short-time work
f: travail à temps réduit; chômage partiel
r: укороченное рабочее время
s: trabajo de jornada reducida

Eine strukturell oder konjunkturell bedingte zeitlich begrenzte Form verminderter Beschäftigung im Betrieb. Ihr Zweck ist die Erhaltung von Arbeitsplätzen trotz fehlender Kapazitätsauslastung infolge Auftragsmangels [18]. →Arbeitslosigkeit; →Kurzarbeitergeld

Kurzarbeitergeld

e: short-time allowance (or: money)
f: indemnité (ou: allocation) de chômage partiel
r: оплата за укороченную (по времени) работу
s: subsidio (o: subvención) para los obreros de jornada reducida

Eine Leistung der Arbeitslosenversicherung zur Erhaltung von Arbeitsplätzen gemäß § 61 Arbeitsförderungsgesetz (AFG). Sie wird beitragspflichtigen →Arbeitnehmern gewährt, deren →Arbeitszeit sich aufgrund unvermeidbarer wirtschaftlicher Gründe um mehr als 10 % (bei mindestens einem Drittel der Gesamtbelegschaft) für mindestens vier Wochen verringert [203]. →Kurzarbeit

Kybernetik

e: cybernetics
f: cybernétique
r: кибернетика
s: cibernética

Die Wissenschaft und Lehre von den Steuerungs- und Regelungsvorgängen bei Maschinen und Organismen. (Die zugehörige mathematische Formulierung geschieht an Hand der →Informationstheorie.) [162].

Kyphose

e: kyphosis
f: cyphose
r: кифозис (физиолог. искривление позвоночника)
s: cifosis

Eine abnorme, nach hinten gewölbte Krümmung der (gesamten) Wirbelsäule. Im Normalzustand ist die K. im Bereich der

Brustwirbelsäule angedeutet [186]. →Lordo-
se; →Körperhaltung

L

Laboratoriumsexperiment

e: laboratory experiment
f: expérience de laboratoire
r: лабораторный эксперимент
s: experimento de laboratorio
Im Gegensatz zur →Feldstudie wird das L. unter vorgegebenen Randbedingungen mit Test- oder Versuchspersonen (= Probanden) durchgeführt. Es ist eine realtypische oder idealtypische Simulation. Häufig wird es nach einer Feldstudie als zweiter Untersuchungsschritt angestellt, um deren Ergebnisse zu überprüfen und abzusichern [209].

Landarbeit

e: farm labour (or: work); agricultural labour
f: travail agricole
r: сельскохозяйственная работа
s: trabajo agrario (o: rural)
Arbeit in der →Landwirtschaft

Landarbeiter(in)

e: farm worker; farm hand; agricultural worker
f: travailleur (ou: ouvrier) agricole (ou: rural); ouvrière agricole (= Landarbeiterin)
r: работник в сельском хозяйстве
s: trabajador (o: obrero) agrario (o: rural)
Ein(e) →Arbeiter(in) in der →Landwirtschaft.

Landarbeitslehre

e: farm work science
f: science du travail agricole
r: знания по ведению сельского хозяйства
s: organización científica del trabajo agrario
Die Lehre von den Grundsätzen, nach denen die Arbeit in der Landwirtschaft rationell und menschengerecht organisiert und durchgeführt werden soll.

Landbau (ldw.)

e: agriculture; farming
f: agriculture
r: полеводство (в сельском хозяйстве)
s: cultivo
Die planmäßige Nutzung des Bodens durch Anbau, Ernte und Verwertung (einschließlich Tierproduktion) von Nutzpflanzen des Acker- und Grünlands (→Landwirtschaft im engeren Sinne) [39]. →Ackerbau

Landbau, alternativer (ldw.)

e: alternative agriculture; ecofarming
f: agriculture biologique
r: полеводство, альтернативное (экологическое)
s: cultivo alternativo
Unterschiedliche Formen des →Landbaues, gekennzeichnet durch Nutzung des innerbetrieblichen Stoffkreislaufes bei eingeschränkter Anwendung von Mineraldüngern und Pflanzenbehandlungsmitteln [39].

Landbewirtschaftung (ldw.)

e: economic land management; land use
f: agriculture
r: сельскохозяйственное производство
s: explotación agraria
Methoden und Systeme der Bodennutzung zur Erzielung nachhaltiger Erträge unter Beachtung ökonomischer Grundsätze [39].
→Landwirtschaft; →Forstwirtschaft

Landtechnik (ldw.)

e: agricultural engineering
f: technique agricole; génie rural
r: сельскочозяйственная течника
s: ingeniería agricola; ingeniería rural; ingeniería agrónomica
Die Gesamtheit der technischen Hilfsmittel (Maschinen, Geräte, bauliche Einrichtungen), die in der landwirtschaftlichen Produktion Verwendung finden [14].

Landwirtschaft (ldw.)

e: agriculture; farming
f: agriculture
r: сельское хозяйство
s: agricultura
Auf Landbewirtschaftung basierender Sektor der Volkswirtschaft, gekennzeichnet durch Landbau (einschließlich Tierproduktion), Sonderkulturen wie Garten-, Wein- und

Hopfenbau und zugehörige landwirtschaftliche Gewerbe [39]. →Landbewirtschaftung; →Landbau; →Gartenbau; →Weinbau

Langeweile; langweilig

e: boredom; boring
f: ennui; ennuyeux
r: регистрация (в течении длительного времени) свободных смен
s: aburrimiento; aburrido
Ein unangenehmer, vorübergehender affektiver Zustand herabgesetzter →Aktivierung, der aus quantitativer oder qualitativer →Unterforderung bei der Arbeit resultiert und sich darin äußert, daß die Betroffenen nur durch bewußte →Anstrengung ihre →Aufmerksamkeit aufrecht erhalten und „bei der Sache bleiben" können, was sich in einer Neigung zum Gähnen oder Einschlafen ausdrücken kann. [5, 106, 223]

Langzeitkonto

e: long-term account
f: compte à long-terme
r: регистрация (в течении длительного времени) свободных смен
s: cuenta a largo plazo
Eine Aufzeichnung über dem Arbeitnehmer zustehende →Freischichten. Sie können z.B. zur Verlängerung des Erholungsurlaubs, Weiterbildung, für soziale oder familiäre Aktivitäten oder zur Vorverlegung des Ruhestandes verwendet werden. Das Arbeitsverhältnis bleibt während dieser Zeiten bestehen [155].

Lärm

e: noise
f: bruit
r: шум
s: ruido
Unerwünschter Hörschall; Hörschall, der zu Störungen, Belästigungen, Beeinträchtigungen oder Schäden führen kann [45]. Nach LEHMANN unterscheidet man 5 Lärmbereiche, die eine Klassifizierung nach den Reaktionen des Menschen erlauben [198]:
Lärmbereich 0: bis 30 dB: kein Lärm

Lärmbereich 1: 30 - 65 dB: psychische Reaktionen (z.B. Belästigung)
Lärmbereich 2: 65 - 90 dB: psychische und physische Reaktionen (Verengung der Blutgefäße)
Lärmbereich 3: 90 - 120 dB: Gefahr der Schwerhörigkeit (bei längerer Einwirkung)
Lärmbereich 4: über 120 dB: mechanische Schäden der Nervenzellen (z.B. Lähmungserscheinungen), Schmerzempfinden.

Lärmpegel →Schalldruck(pegel)

Lärmschädigung

e: noise injury
f: lésion acoustique
r: повреждение слуха человека
s: daños por ruido
Eine funktionell oder organisch nachweisbare Beeinträchtigung durch →Lärm. (Meist handelt es sich um Schädigungen des Gehörorganes; es kommen jedoch auch lärmbedingte Funktionsstörungen des vegetativen Nervensystems vor.) [156]. →Lärmschwerhörigkeit; →Vertäubung

Lärmschutz; Schallschutz

e: noise protection (or: control)
f: protection contre les bruits; insonorisation
r: защита от шума, защита от звука
s: protección contra el ruido
Die Gesamtheit aller Maßnahmen, um Beanspruchungen durch Lärm zu vermeiden. Dazu gehören technische, arbeitsorganisatorische, persönliche und arbeitsmedizinische Maßnahmen.

Lärmschwerhörigkeit; Hörverlust; Hörschädigung

e: noise-induced hearing impairment (or: loss)
f: hypoacousie; dommage auditif induit par le bruit
r: тугоухость, потеря слуха, повреждение слуха
s: sordera industrial
Eine durch chronische Einwirkung von Lärm über 82 dB(A), bes. bei jahrelanger Tätigkeit an lärmintensiven Arbeitsplätzen

hervorgerufene Minderung des Hörvermögens [18]. →Lärmschädigung; →Vertäubung

lateral

e: lateral
f: latéral
r: латеральная (наприм. плоскость)
s: lateral
seitlich der →Sagittalebene des Körpers gelegen; seitwärts [180]. →medial

Laufbandergometer

e: treadmill
f: tapis roulant
r: эргометр, движущаяся лента
s: banda de caminar
→Ergometer in Form eines Transportbandes, auf dem Probanden laufen können und dessen Geschwindigkeit und Steigung verstellbar sind, um die Belastung zu variieren.

Lean Management

e: lean management
(sinngemäß für schlankes oder sparsames →Management). Der Begriff geht auf eine Studie des Massachusetts Institute of Technology (MIT) zum Kostenvergleich zwischen der japanischen, amerikanischen und europäischen Automobilindustrie zurück. Dabei zeigte sich, daß die Arbeit in den kostengünstiger produzierenden japanischen Unternehmen in Form von selbstorganisierter →Gruppenarbeit mit weniger Managementebenen (→Führung) und mit verringertem bürokratischen Aufwand durchgeführt wird, daß die Arbeitsgruppen selbständig Fehler und Qualitätsmängel der Produkte und Produktion systematischer (unter Nutzung von Problemlösetechniken) beheben und ständig kleine Verbesserungen vornehmen [95].

Lebenszyklus

e: life cycle
f: cycle de vie
r: цикл жизни
s: ciclo vital
Ein idealtypischer, in Phasen einteilbarer Verlauf der Entwicklung von Produkten, Märkten und Branchen. Der L. durchläuft analog zu biologischen Entwicklungsprozessen folgende Phasen: Entwicklung, Einführung, Wachstum, Reife, Sättigung und Degeneration, wobei die Zahl der aufgeführten Phasen variiert [184].

Leerlaufzeit →Brachzeit

Lehrberuf

e: vocation requiring an apprenticeship; trade
f: profession exigeant un apprentissage
r: полученная специальность (после учебы)
s: profesión docente
Ein staatlich anerkannter Ausbildungsberuf für "gelernte Arbeitskräfte" (Handwerker, Facharbeiter oder Gehilfen) nach mehrjähriger Lehrzeit und abschließender Gesellen-, Facharbeiter- oder Gehilfenprüfung [156].

Lehre

e: apprenticeship
f: apprentissage
r: обучение
s: aprendizaje
Die Ausbildung für einen bestimmten →Lehrberuf im dualen Verbund von Lehrbetrieb und Berufsschule. Zwischen dem →Lehrherrn (= Ausbildenden) und dem →Lehrling (= Auszubildenden) besteht ein →Lehrverhältnis (= Ausbildungsverhältnis), das durch einen →Lehrvertrag (= Ausbildungsvertrag) begründet wird.

Lehrherr(in); Ausbilder(in)

e: master; mistress (= Meisterin); instructor
f: maître(sse) d'apprentissage; instructeur; formateur
r: учитель, наставник
s: patrón; principal
Eine natürliche oder juristische Person, die zur →Lehre befugt ist.

Lehrling; Auszubildender

e: apprentice; trainee (US)
f: apprenti(e); élève
r: обучаемый, ученик
s: aprendiz; aprendiza (= weibl. L.)

Eine natürliche, meist minderjährige Person, die auf Grund eines →Lehrvertrags für einen bestimmten →Lehrberuf ausgebildet wird [156].

Lehrmeister(in); Ausbilder(in)

e: master; mistress (= Meisterin); trainer
f: maître d'apprentissage; maîtresse d'apprentissage (= Meisterin); formateur
r: учитель → *мастер, наставник*
s: maestro; preceptor; instructor
Ein(e) geprüfter (geprüfte) Handwerks- oder Industriemeister(in), der (die) ausschließlich die betriebliche Berufsausbildung von gewerblichen Lehrlingen und Anlernlingen für einen Beruf oder eine Gruppe verwandter Berufe durchzuführen hat. Der (die) Lehrmeister(in) untersteht in größeren Betrieben dem Ausbildungsleiter und überwacht die ihm unterstellten Ausbilder [156].

Lehrverhältnis; Ausbildungsverhältnis

e: terms of apprenticeship; master-apprentice relationship
f: apprentissage
r: взаимоотношения при обучении
s: aprendizaje
Ein durch →Lehrvertrag begründetes Berufsausbildungs- und Erziehungsverhältnis. Neben gewerblichen, handwerklichen und kaufmännischen Lehrverhältnissen gibt es solche in der Landwirtschaft, im Haushalt, in Anwaltsbüros und bei Behörden [156].

Lehrvertrag; Ausbildungsvertrag

e: apprenticeship contract
f: contrat d'apprentissage
r: договор (контракт) на обучение
s: contrato de aprendizaje
Ein Vertrag zwischen →Lehrherrn und →Lehrling zur Begründung eines →Lehrverhältnisses, der das Ausbildungsziel, die Dauer der Lehrzeit sowie die gegenseitigen Rechte und Pflichten aus dem Lehrverhältnis regelt [156].

Leistung *P* (physikalisch)

e: power
f: puissance
r: производительность, мощность

(физическая)
s: potencia
Quotient Energie *E* durch Zeit *t*: $P = E/t$ [51]. →Größen, physikalische; →Arbeitsleistung

Leistungsabgabe

e: output of performance
f: performance débitée
r: отдаваемая мощность
s: rendimiento extregado
Ein Beitrag der Arbeitsperson zum Arbeitsprozeß, der von der →Leistungsfähigkeit und von der →Leistungsbereitschaft abhängt [193]. →Größen, physikalische

Leistungsangebot

e: offer to perform
f: capacité réelle de travail
r: предлагаемая мощность
s: rendimiento ofrecido
Den →Leistungsanforderungen steht das L. der Arbeitsperson gegenüber, das sich aus →Leistungsfähigkeit und →Leistungsbereitschaft zusammensetzt [193]. →Größen, physikalische

Leistungsbedingungen

e: performance conditions
f: conditions de performance de travail
r: условия мощности, производительности
s: condiciones del rendimiento
Äußere und innere Voraussetzungen, die Menge und Güte der Arbeit beeinflussen [156].

Leistungsbereiche

e: performance zones
f: rayon d'action; champ de travail
r: производительные зоны (по мощности)
s: area de rendimiento
nach GRAF kann man drei L. unterscheiden:
1. Bereich der automatisierten Leistungen des menschlichen Organismus, die keiner bewußten Steuerung bedürfen (z.B.: die lebenserhaltenden Vorgänge der Kreislauf- und der Atmungstätigkeit, der Stoff- und Energieumsatz, aber auch zahlreiche

motorische Prozesse, wie das Gehen oder Gestikulieren).

2. Bereich der willkürlich gesteuerten Leistungen, die im wesentlichen zur Arbeit bereitstehen.

3. Bereich der autonom geschützten Leistungsreserven, zu denen nur unter existenzkritischen Bedingungen ein Zugang möglich ist [209].

Leistungsbereitschaft

e: achievement motivation; readiness to work
f: volonté au travail
r: готовность производительно работать
s: disposición para el rendimiento
Die physische und psychische Verfassung des Menschen, seine individuelle →Disposition und →Motivation einzubringen, um eine Arbeitsaufgabe seiner Eignung entsprechend zu erledigen. - Man unterscheidet zwei Phasen der L.:

1. ergotrope Phase (z.B.: tagsüber auf Arbeit eingestellt) und

2. trophotrope Phase (z.B.: nachts auf Ruhe, Erholung und Restitution eingestellt) [113, 167]. →Arbeitsbereitschaft

Leistungsbereitschaft, physiologische

e: physiological readiness to work
f: volonté physiologique au travail
r: готовность производительно работать, физиологическая
s: disposición fisiológica para el rendimiento
Die in Abhängigkeit von der Tageszeit veränderliche (organische) Bereitschaft zu einer Leistung, die ohne besondere Anstrengung erreicht werden kann. Sie erreicht am Vormittag gegen 9 Uhr ein absolutes Maximum, gegen 3 Uhr nachts ein absolutes Minimum [167]. →Arbeitsbereitschaft

Leistungsbewertung

e: assessment of performance
f: valorisation de la performance (ou: de la productivité)
r: оценка производительности
s: valoración del rendimiento

Quantifizierung der →Leistung des Menschen in Form eines Leistungswertes [193].

Leistungsfähigkeit, menschliche

e: efficiency; work (or: productive) capacity
f: efficacité; capacité de travail
r: способность производительно работать
s: eficiencia; rendimiento teórico
Die Gesamtheit der Leistungsvoraussetzungen des Menschen, die für die Bewältigung bestimmter Leistungsanforderungen eingesetzt werden kann.

oder:

Die →Fähigkeit eines Menschen, eine bestimmte →Leistung erbringen zu können [4, 136]. →Leistungsreserven

Leistungsfähigkeit, physische

e: physical capacity
f: capacité physique
r: способность производительно работать, физическая
s: capacidad de rendimiento físico
Die →Fähigkeit eines Menschen, eine physische (oder: körperliche) →Leistung erbringen zu können. →Leistungsfähigkeit

Leistungsfähigkeit, psychische; syn.: L., mentale

e: psychic(al) (or: mental) capacity
f: capacité psychique
r: способность производительно работать, психологическая
s: capacidad de rendimiento psíquico
Die →Fähigkeit eines Menschen, eine psychische oder mentale →Leistung erbringen zu können. →Leistungsfähigkeit

Leistungsgesellschaft

e: meritocracy
f: société de la performance (ou: de la productivité)
r: производительное общество
s: sociedad competitiva
Eine Form der Industriegesellschaft, bei der die individuelle →Leistungsfähigkeit den Ort eines Menschen im sozialen Gefüge angibt. Die Erziehung und Ausbildung zie-

len auf Leistungssteigerung in den Grenzen der Veranlagung.

Leistungsgrad

e: performance index; level of performance
f: niveau d'allure
r: уровень (индекс)
производительности
s: factor de efectividad en %
Ein subjektiv beurteiltes Maß für die Intensität und die Wirksamkeit der menschlichen Kräfte im Arbeitsvollzug (nach BRAMESFELD). Dazu wird das Verhältnis von beobachteter Ist-Leistung P_{Ist} zur vorgestellten Bezugs-Leistung P_{Soll} (→Normalleistung) mit einer Auflösung von 5 % gebildet:
Leistungsgrad in % = $P_{Ist}/P_{Soll} \cdot 100$.
(Die o. g. Intensität äußert sich in der Bewegungsgeschwindigkeit und Kraftanspannung der Bewegungsführung. Die o. g. Wirksamkeit ist ein Ausdruck für die Güte der Arbeitsweise der Arbeitsperson. Sie ist daran zu erkennen, wie geläufig, zügig, beherrscht, harmonisch, (ziel-)sicher, unbewußt, ruhig, rhythmisch und locker gearbeitet wird.) [193, 198]. →Leistungsgradbeurteilung

Leistungsgradbeurteilung

e: (performance) rating
f: jugement d'allure
r: проводить оценку
производительности
s: apreciación del factor de efectividad
Ein Verfahren, um in Verbindung mit der Zeitstudie den →Leistungsgrad durch Beobachten der Arbeit und durch Vergleich mit einer entsprechenden →Normalleistung als Bezugsleistung zu quantifizieren. Diese "Normalleistung" wird nur durch ihre Erscheinung ganzheitlich charakterisiert (phänomenologische Evidenz). - Die L. darf nur bei hinreichend geeigneten und geübten Arbeiten und sicherer Vorstellung von der zugehörigen Normalleistung durchgeführt werden. Da die Richtigkeit dieses subjektiven Verfahrens niemals (durch Nachmessen) überprüft werden kann, spricht man besser nicht vom Leistungsgradschätzen, sondern vom Leistungsgradbeurteilen [198].

Leistungskontrolle

e: work performance control
f: contrôle de performance
r: контроль производительности
s: control de efectividad
Die Anwendung von Techniken des →Zeitstudiums gemeinsam mit anderen Informationen, um Ergebnisse und →Vergütung der Arbeit zu bewerten [17].

Leistungskurve

e: performance (or: output) curve
f: courbe (ou: caractéristique; diagramme) de performance (ou: puissance)
r: кривая производительности
s: curva de efectividad
Die graphische Darstellung des Verlaufs der Arbeitsleistung während einer Zeiteinheit (Minute, Stunde, Tag, Woche, Monat, Jahr) zumeist mit dem Ziel, die →Wirkung leistungsbeeinflussender Faktoren (z.B. Übung, Ermüdung, →Biorhythmen, Motivation) zu veranschaulichen [14].

Leistungslohn →Lohnformen

e: payment by result; performance-linked pay
f: salaire (ou: rémunération) à la performance
r: сдельная оплата труда, формы оплаты
s: remuneración por incentivo

Leistungsprämie →Prämie

Leistungspulsindex LPI

Von E. A. MÜLLER definierter Index, bestimmt durch den Anstieg der Herzschlagfrequenz bei einer kontinuierlich zunehmenden Belastung auf dem Fahrradergometer. Der LPI wird im submaximalen Dauerleistungsbereich von 0 - 100 Watt bei 60 Pedalumdrehungen/min ermittelt. Normalwerte: Männer 3,0; Frauen 5,2. [156, 232].

Leistungsreserven

e: energy reserves
f: réserves (ou: appoint) de puissance (ou: performance)
r: резервы производительности
s: reservas físicas

Psychophysische Kräfte und Kapazität, die im Rahmen der Leistungsdisposition eine zusätzliche Leistung ermöglichen. Sie können zum Teil über den Willen, zum Teil unbewußt mobilisiert werden (= autonom geschützte L.) [14]. →Leistungsbereiche

Leistungsvermögen →Leistungsfähigkeit

Lenkung

e: guidance; steering
f: commande; guidage; direction
r: управление
s: dirección
Bereich der Informationsverarbeitung zur gezielten (zweckgerichteten) Einwirkung auf einen Arbeitsgegenstand [198]. →Steuerung

Lernen

e: learning
f: apprendre
r: изучать
s: aprender
Ein →psychophysischer Prozeß, der bestimmte Organismen befähigt, in höherem Maße situationsgerecht zu reagieren. - Bei motorischer Arbeit: Das bewußte oder unbewußte Aneignen von neuen motorischen Fertigkeiten. Durch L. wird ein Schema für die jeweilige Fertigkeit entwickelt. Dieses im Gedächtnis gespeicherte Schema erlaubt es, den Ablauf der Bewegung durch dauerndes Wiederholen zu verbessern, was man dann als →Übung bezeichnet [167]. (Weitere einschlägige Definitionen, bes. unter verhaltenspsychologischem sowie informations-, abbild- und handlungstheoretischem Aspekt sind in Quelle [193] zu finden.) →Training; →Übung

Lernziel

e: learning goal
f: objectif didactique
r: цель обучения
s: meta de aprendizaje
Ein erstrebtes Endverhalten des Menschen nach einem Lernprozeß [193]. →Lernen

Leuchtdichte *L*

e: luminous density; luminance
f: luminance
r: яркость
s: densidad luminosa (o: lumínica)
Die Lichtstärke *I*, bezogen auf die gesehene Fläche *A*, d.h. das Maß für den Helligkeitseindruck, den das Auge von einer Fläche *A* hat: $L = I/A$. (Einheit: cd/m^2 (Candela/m^2)) [136]. →Beleuchtung

Lichtfarbe

e: light coloration
f: couleur du feu
r: цвет освещения
s: color de la luz
Die L. einer Lichtquelle ist diejenige Farbempfindung, die ein farbtüchtiger Beobachter hat, wenn das Licht dieser Lichtquelle auf eine normalweiße Fläche fällt. (HARTMANN, 1970). Nach [49, Teil 2] lassen sich die Lichtfarben in drei nicht scharf trennbare Gruppen aufteilen:
- tageslichtweiße Lichtfarben (tw),
- neutralweiße Lichtfarben (nw) und
- warmweiße Lichtfarben (ww) [193, 199].

Lichtstärke *I*

e: luminous intensity
f: intensité lumineuse (ou: de lumière)
r: сила света
s: intensidad lumínica
Das Maß für die Lichtausstrahlung einer Lichtquelle in einer bestimmten Richtung. Quotient aus dem von einer Lichtquelle in einer bestimmten Richtung ausgesandten Lichtstrom Φ und dem durchstrahlten Raumwinkel Ω: $I = \Phi/\Omega$. (Einheit: cd (Candela)) [48, 136]. →Beleuchtung

Lichtstrom Φ

e: luminous flux
f: flux lumineux
r: световой поток
s: flujo luminoso
Die Lichtleistung der Lichtquelle. Der Quotient aus Lichtmenge *Q* und Zeit *t*:
$\Phi = Q/t$. (Einheit: lm (Lumen)) [48, 136].
→Beleuchtung

Lidschlagfrequenz LSF

e: blink rate
f: taux de clignement
r: частота мигания века глаза
s: frecuencia de párpadeo
Ein Experimentalkriterium der visuellen Beanspruchung und Ermüdung [180].

Liegezeit

e: rest time; idle time
f: temps de dépôt
r: время храненя, депонирования
s: tiempo de reposo
Die Zeit, in der der Werkstoff ohne eine Zustands-, Form- oder Lageänderung im Sinne des Auftrages im Betrieb liegt [156]. →Zeitgliederung

Lochbrett-Test →O'Connor-Test

Logistik

e: logistics
f: logistique
r: логистика
s: logistica
Die Planung, Gestaltung, Steuerung und Überwachung des gesamten Material- und Informationsflusses mit den damit verbundenen Aufgaben zur Durchführung eines Produktionsprozesses [57, 193].

Lohn

e: wage
f: salaire; paie; paye; rémunération
r: зарплата
s: salario; jornal
Entgelt abhängig Beschäftigter für geleistete Arbeit.

Lohnanreiz

e: wage incentive
f: prime de salaire
r: материальная заинтересованность
s: incentivo en metalico
Zusätzliches Entgelt zur Erhöhung der Leistung [142].

Lohnarbeitskräfte; Arbeitskräfte, familienfremde

e: hired worker (or: labour)
f: main-d'oeuvre salariée; main-d'oeuvre étrangère à la famille
r: получающие зарплату работающие, не принадлежащие в семье владельца фирмы
s: mano de obra ajena; mano de obra asalariada
Nicht zur Familie gehörende Arbeitspersonen.   →Familienbetrieb;   →Arbeitsverfassung

Lohnform; Entlohnungsform; Lohnsystem

e: method of payment; wage plan; wage payment system
f: forme (ou: mode; système) de salaire (ou: rémunération)
r: форма зарплаты, форма оплаты, система оплаты
s: modalidad salarial; sistema de remuneración
Die Art und Methode der Lohnzumessung, entsprechend der Regelung des Verhältnisses zwischen Lohn und Arbeitsleistung bei gegebenem Lohnniveau. Die Lohnformen oder -systeme unterscheiden sich vor allem durch die Art, in der die Leistung des Arbeitenden gemessen wird. Man unterscheidet:

1. Das Jahres-, Monats- oder Wochenentgelt nach der Zeit der arbeitsvertraglichen Bindung.

2. Der Zeitlohn: Vergütung nach der Zeit, die die Arbeitsperson nach Weisung des Arbeitgebers gearbeitet hat oder dazu bereit stand. Je nach der zugrunde gelegten Zeiteinheit spricht man z.B. von Tagelohn oder Stundenlohn.

3. Der Akkord- oder Leistungslohn: Entgelt, das nach dem →Arbeitserfolg errechnet wird. Bei Stücklohn oder Gedingelohn wird der Lohn nach der Zahl der erbrachten Leistungseinheiten (z.B. Werkstück, Kubikmeter bewegter Masse) berechnet. Beim Pauschalakkord, auch Pensumlohn genannt, wird für einen gegebenen und bekannten Gesamtumfang der Arbeit (z.B. Abbruch eines Hauses) ein fester Gesamtlohn vereinbart.

4. Die Tantieme: Entgelt nach dem Ergebnis eines Erzeugungs-, Fertigungs- oder Verteilungsvorganges, auf den (im Gegensatz zum Akkord) der Empfänger nur

indirekt Einfluß hat, so daß zwischen dessen Leistung und dem Ergebnis keine gleichbleibende Beziehung besteht.;

5. Der Prämienlohn: Gewährung festgelegter Zuschläge zum Zeit- oder Akkordlohn für mengen- oder gütemäßig überdurchschnittliche Leistungen, z.B. für Material- und Reparaturkosteneinsparung, Verbesserungsvorschläge [156].

Lohnkosten

e: wage costs; labour costs; expenditure on wage
f: dépenses (ou: coût) des salaires (ou: de la main-d'oeuvre)
r: затраты, связанные с зарплатой
s: coste de la mano de obra; gastos de salarios
Lohnkosten = Ausgaben für Löhne und Gehälter + Wert der Naturallöhne + Mietwert der Werkwohnungen + Lohnansatz [133].

Lohnquote

e: proportion of labour costs in national product
f: part des revenus de travail au produit social
r: квота на зарплату
s: cuota de salarios
Das Verhältnis aus gesamtwirtschaftlichem Lohn- und Volkseinkommen [214].

Lohnstufen

e: wage bracket
f: échelons (ou: paliers) de salaire
r: сетка в оплате (от возраста, лет работы и т.д.)
s: niveles de remuneración por antigüedad
Die Staffelung der Löhne nach Lebensalter, Berufsalter, Dienstalter oder nach Dauer der Betriebszugehörigkeit [156]. →Lohnform

Lohnsystem →**Lohnform**

Lordose

e: lordosis
f: lordose
r: лордозис позвоночника
s: lordosis
Eine abnorme, nach vorn gewölbte Krümmung der (gesamten) Wirbelsäule. Im Normalzustand ist die L. im Bereich der Hals-

und Lendenwirbelsäule gering ausgeprägt [186]. →Kyphose; →Körperhaltung

Losgröße

e: lot size; batch size
f: volume de lot
r: размер партии, величина серии
s: lote
Die Zahl der für die Erledigung eines Auftrages zu fertigenden Stücke, Teile oder Einheiten [167].

Luftdruck *p*

e: atmospheric pressure
f: pression atmosphérique
r: давление воздуха
s: presión atmosférica
Der Gesamtdruck, den eine senkrechte Luftsäule, die sich bis zur Grenze der Erdatmosphäre erstreckt, auf ihre Grundfläche an einem beliebigen Ort der Erdatmosphäre ausübt (Einheit: Pa) [81].

Luftfeuchte, relative U_i

e: relative atmospheric (air) humidity
f: humidité relative de l'air
r: влажность воздуха, относительная
s: humidad del aire
Das Partialdruck-Verhältnis zwischen dem herrschenden Wasserdampfdruck und dem Wasserdampfsättigungsdruck, in bezug auf Eis bei gleichem →Luftdruck und gleicher Temperatur (Einheit: %) [81].

Luftrate

e: ventilation rate; air factor
f: quantité d'air spécifique
r: потребность в воздухе (на человека, в час)
s: cantidad específica de aire
Der Luftbedarf je Person und Stunde. Er ist von der Arbeitsschwere abhängig [193]. →Luftwechselrate

Luftraum

e: (specific) air space
f: espace d'air
r: воздушное пространство
s: espacio (específico) del aire
Der einer Person zur Verfügung stehende, nicht verbaute Raum. (Mindestwerte s. Ar-

beitsstättenverordnung und -richtlinien)
[151].

Luftschall →Schall

Luftwechselrate
e: air exchange rate
f: taux de changement d'air
r: воздухообмен, вентиляционный
объем (отношение приточного
воздуха в час к объему помещения)
s: tasa de cambios del aire
Das Verhältnis von zugeführter Frischluft-
menge je Stunde zum Rauminhalt [151].
→Luftrate

lumbal
e: lumbar
f: lombaire
r: лумбальная часть (физиолог.
напр. позвоночника)
s: lumbar
zur Lende gehörig; im Lendenbereich

M

MAK-Wert (= Maximale Arbeitsplatzkonzentration)

e: *maximum acceptable (or: allowable) concentration MAC*
f: *concentration maximale admissible*
r: *максимальная концентрация вещества на рабочем месте*
s: *concentración máxima admisible del puesto de trabajo*
Die höchstzulässige Konzentration eines Arbeitsstoffes als Gas, Dampf oder Schwebstoff in der Luft am Arbeitsplatz, die nach dem gegenwärtigen Stand der Kenntnis auch bei wiederholter und langfristiger, in der Regel täglich achtstündiger Exposition, jedoch bei Einhaltung einer durchschnittlichen Wochenarbeitszeit von 40 Stunden, im allgemeinen die Gesundheit der Beschäftigten nicht beeinträchtigt und diese nicht unangemessen belästigt [193].

Makroergonomie →Industrial engineering

Management

e: *management*
f: *management; gestion*
r: *управление, управленческое звено в фирме*
s: *gerencia*
M. wird als Begriff in verschiedenen Bedeutungen verwendet:
1. Als Bezeichnung für spezielle Arten von Tätigkeiten, die der Planung, Organisation, Leitung und Kontrolle von Personen oder von Arbeitsaktivitäten bei der effizienten Zielerreichung dienen.
2. Zur Bezeichnung des speziellen Personenkreises in einer Organisation, dem die unter 1. genannten Tätigkeiten zugewiesen werden (bspw. Personen mit Weisungsbefugnis in Organisationen).
Wie diese Definitionen zeigen, bestehen Managementaufgaben nicht nur darin, Personen bei der Aufgabenbearbeitung anzuleiten oder Einfluß auf andere Menschen auszuüben (→Führung), sondern auch in der zielgerichteten Bearbeitung von Sachaufgaben und Projekten (z.B. beim Projektmanagement) [95].

Es gibt mehrere Begriffe für verschiedene Strukturen, Konzepte oder Techniken der Unternehmensleitung, z.B.: management-buy-in, m.-buy-out, m. by decision rules, m. by delegation, m. by exception, m. by objectives, m. by participation, m. by results; s. dazu [203].

Management, lean

e: *lean management*
f: *management maigre*
r: *концепт управления (lean management)*
s: *apoyo gerencial*
Ein Managementkonzept, nach dem →Ziele und Prinzipien der gesamten Unternehmensführung denen der lean →Produktion entsprechen [109].

Manipulation; manipulativ

e: *manipulation; manipulative*
f: *manipulation*
r: *манипулировать (управлять движениями)*
s: *manipulación; manipulativo*
(durch willkürliche Bewegungsvorgänge oder Bewegungsabläufe des Menschen) steuernd, beeinflussend oder veranlassend [199].

Manipulator

e: *manipulator*
f: *manipulateur*
r: *манипулятор*
s: *manipulator*
Eine technische Einrichtung, die das Handhaben von Objekten übernimmt [180].

Manteltarif

e: *collective (or: work) agreement*
f: *convention collective*
r: *общее тарифное соглашение*
s: *convenio colectivo tipo*
Ein über längere Laufzeit als der Lohntarif abgeschlossener Vertrag der Tarifpartner, der die langfristigen allgemeinen →Arbeitsbedingungen (z.B. Arbeitszeit, Lohn- und Gehaltsgruppeneinteilung, Kündigungsfristen, Urlaub) festlegt [109].

Manuelle Tätigkeit →Tätigkeit, manuelle

Maschine

e: *machinery; machine*
f: *machine*
r: *машина*
s: *máquina*

Werkzeuge oder Hilfsmittel, die in bezug auf das "Wollen" des Menschen Verstärkereigenschaft haben. Sie dienen der geregelten Orts- und Formänderung von Energie oder Stoff. In Kraftmaschinen oder Motoren wird Wärme, potentielle oder elektrische Energie in mechanische Energie umgewandelt. In Arbeitsmaschinen wird diese Energie zur Umformung des Stoffs (z.B. Werkzeugmaschinen), zum Transport des Stoffs (z.B. Förderanlagen) oder zur Umformung in elektrische oder potentielle Energie (z.B. elektrische Generatoren) benützt [209].

Maschinenarbeit

e: machine work
f: travail à la machine; travail mécanique
r: машинная работа
s: trabajo mecánico
Die mit Hilfe von →Maschinen ausgeführte Arbeit [156]. →Handarbeit; →Mechanisierung

Maschinenkomplex; Maschinenkette

e: machine complex
f: ensemble des machines
r: комплекс машин, цепочка машин
s: complejo de la máquina
Die Gesamtheit der zur effektiven Durchführung eines →Komplexeinsatzes notwendigen Betriebs- und Arbeitsmittel (z.B. Erntemaschinen und dazugehörende Mechanisierungsmittel mit entsprechender Leistung für Transport und Einlagerung) [100].

Maschinenkopplung →Gerätekopplung

Maschinensatz

e: machine set
f: assortiment (ou: groupe) des machines
r: набор машин, машинный агрегат
s: grupo de máquinas
Die Gesamtheit einer →Schlüsselmaschine und der ihr zugeordneten, leistungsmäßig abgestimmten Betriebsmittel zur Durchführung von (transport)verbundenen Arbeitsprozessen [100].

Maschinensystem

e: machine system
f: système machine
r: система машин
s: sistema máquina
Gesamtheit sich ergänzender, in Funktion und Leistung aufeinander abgestimmter Betriebsmittel, die in einem bestimmten Produktionsverfahren für aufeinanderfolgende Arbeiten zur Herstellung eines Erzeugnisses oder einer Gruppe von Erzeugnissen notwendig sind [100].

Massenkraft

e: inertia force
f: force proportionnelle à la masse; force due à la masse
r: инерционная сила
s: potencia másica de frenado
Eine →Körperkraft, die auf die Körpermasse als →Trägheitskraft wirkt, z.B. dynamisch als Beschleunigungs-, Verzögerungs- oder Zentrifugalkraft bei mobilen Arbeitsplätzen oder statisch als Eigengewichtskraft [73].

Materialfluß

e: material flow
f: flux des matériaux
r: материальный поток
s: flujo de materiales
Die Verkettung aller Vorgänge beim Gewinnen, Be- und Verarbeiten sowie bei der Verteilung von Gütern innerhalb festgelegter Bereiche [57].

Maximalkraft

e: maximum (actuating) force
f: force maximale
r: максимальная сила
s: fuerza máxima
Die größte Kraft, die in einer bestimmten Körperposition willkürlich nach außen abgegeben werden kann. (Ergebnisse von Maximalkraftmessungen sind in [73] zusammengestellt.) [136].

mechanischer Wirkungsgrad der Muskelarbeit →W., mechanischer

Maximalwert →Scheitelwert

Mechanisierung

e: mechanization
f: mécanisation
r: механизация
s: mecanización
Der Ersatz von Muskelkraft und Muskelarbeit des Menschen durch Vorrichtungen und motorisch angetriebene Maschinen [193]. →Automatisierung

Mechanisierungsgrad

e: level of mechanization
f: degré de mécanisation
r: степень механизации
s: grado de mecanización

Der Anteil der menschlichen Arbeit für einzelne Arbeitsaufgaben oder für den Gesamtbetrieb, der durch Maschinen und dazu notwendige Energie ersetzt wird [14].

medial

e: medial
f: médial
r: медиаль
s: medial
nahe der →Sagittalebene des Körpers gelegen [180]. →lateral; →median

median

e: median
f: médian
r: медиаль
s: mediano
in der →Sagittalebene des Körpers gelegen [180]. →medial

Median(wert) →Zentralwert

Medianebene; Mittenebene des Körpers

e: median plane
f: plan médian
r: медиальная плоскость
s: plano mediano (o: longitudinal)
Eine gedachte Ebene, die den Körper in eine symmetrische linke und rechte Hälfte teilt [156]. →Körperebenen

Mehrarbeit

e: extra work; overtime
f: travail supplémentaire
r: сверчурочная работа
s: trabajo adicional
Arbeit, die nach innerbetrieblicher Vereinbarung über eine festgesetzte Normalarbeitszeit hinaus während einer befristeten Zeitspanne geleistet wird, um einen erhöhten Arbeitsanfall zu bewältigen. Die M. wird i.d.R. zunächst auf einem Arbeitszeitkonto gutgeschrieben und später durch →Entgelt oder innerhalb eines Ausgleichszeitraums durch →Freizeit abgegolten (umgangssprachlich auch "Abbummeln" genannt). Diese Regelung dient der →Flexibilisierung der →Arbeitszeit. →Überstunden

Mehrfachbelastung

e: multiple work load
f: charge supplémentaire (ou: multiple)
r: воздействие многочисленных рабочих нагрузок
s: carga múltiple

→Belastung durch Mehrfachtätigkeit. Dabei entscheidet nicht die Menge der gleichzeitig ausgeführten Arbeiten über den Grad der M., sondern das Ausmaß, in dem diese Arbeiten gleiche →Fähigkeiten und Kräfte in Anspruch nehmen [152]. →Doppeltätigkeitsmethode

Mehrstellenarbeit

e: multiple activity
f: travail aux plusieurs postes
r: многостаночная работа (работа на многих машинах)
s: trabajo simultáneo múltiple
Art der Arbeitsausführung, bei der ein oder mehrere Menschen die Arbeitsaufgabe eines Arbeitssystems mit Hilfe mehrerer gleichzeitig eingesetzter Arbeitsmittel (Mehrmaschinenarbeit) oder an mehreren Stellen eines Arbeitsmittels (Mehrplatzarbeit) erfüllen [193]. →Einstellenarbeit

Mengenleistung

e: quantitative performance; quantity performance
f: capacité productive (ou: de rendement)
r: количественная производительность
s: producción horaria
Eine →Leistung, bei der das Arbeitsergebnis als Menge erfaßt wird: M. = Menge/Zeiteinheit [193].

Mengenteilung

e: apportionment of an order
f: division de débit
r: деление работы
s: trabajo en paralelo
Eine Aufteilung der Arbeit auf mehrere Menschen oder Betriebsmittel, so daß jeder Mensch bzw. jedes Betriebsmittel den gesamten Ablauf nur an einer Teilmenge ausführt [193]. →Arbeitsteilung; →Artteilung

Mensch

e: man; human being; person
f: homme
r: человек
s: hombre
Eine geschlechts- und rangneutrale Person im →Arbeitssystem. Ersatzweise ist auch der Begriff "Mitarbeiter" oder "→Arbeitsperson" gebräuchlich [194]. →Arbeitskraft

Mensch-Computer-Interaktion

e: Human-Computer Interaction
f: interaction homme-ordinateur
r: взаимодействие между человеком
и компьютером
s: interacción hombre-computadora
Ein interdisziplinäres Forschungs- und Anwendungsgebiet, in dessen Mittelpunkt die Untersuchung der Wechselwirkungen zwischen Mensch und Computer (Hardware und Software) steht. Erkenntnisse aus unterschiedlichen Wissensgebieten, wie →Arbeitspsychologie, Informatik und Ingenieurwissenschaften (vgl. auch →Software-Ergonomie) werden zur Gestaltung nutzergerechter Computersysteme herangezogen [95].

Mensch-Maschine-System MMS

e: man-machine system
f: système homme-machine
r: система человек - машина ЧМС
s: sistema hombre-máquina
Das Zusammenwirken und die Gesamtheit der Wechselbeziehungen zwischen →Mensch und →Betriebsmitteln bei der Arbeit. →Arbeitssystem; →Mensch-Maschine-Umwelt-System

Mensch-Maschine-Umwelt-System

e: man-machine-environment system
f: système homme-machine-environnement
r: система человек, машина среда ЧМС
s: sistema hombre-máquina-medio ambiente
Das Zusammenwirken und die Gesamtheit der Wechselbeziehungen zwischen →Mensch, →Betriebsmitteln und →Umwelt bei der Arbeit. →Arbeitssystem; →Mensch-Maschine-System

Menschenführung

e: personnel management; leadership
f: conduite des hommes; art de conduire
r: управление людьми
s: conducta des hombres
Die Gesamtheit der Aufgaben, die mit der fürsorgenden Betreuung und Beratung, mit der Arbeitsplatzzuweisung und Gruppenbildung nach →Eignung und →Leistung, mit der Einordnung des einzelnen in die betriebliche Ordnung und besonders auch mit dem sog. →Betriebsklima zu tun haben [95].

menschliche Ressourcen →Ressourcen, menschliche

mental

e: mental
f: mental
r: ментальный, -ая (психолог)
s: mental
geistig; in Gedanken bestehend; in der Vorstellung vorhanden [167].

Mentale Beanspruchung →Beanspruchung, psychische

Mentale Belastung →Belastung, psychische

Merkmal

e: criterion; characteristic
f: caractère distinctif; caractéristique; critère
r: признак, характеристика
s: característica
1. allgemein: Eine bestimmte Eigenschaft, die zum Beschreiben und Unterscheiden von Gegenständen einer Gegenstandsgruppe oder von Gegenstandsgruppen untereinander dient [52].
2. im arbeitswissenschaftlichen Sinn: Anforderungen und Belastungsarten am Arbeitsplatz bzw. bei Tätigkeiten im Sinne der →analytischen Arbeitsbewertung [156].
3. im statistischen Sinn: Die Eigenschaft einer statistischen Untersuchungseinheit. (Beispiel: Person ist Einheit, Geschlecht ist ein →Merkmal dieser Einheit mit den zwei →Ausprägungen "männlich" und "weiblich" [18].

Meßgröße

e: quantity; measurable variable
f: quantité mesurée (ou: à mesurer)
r: измеряемая величина
s: magnitud medida (= gemessene Größe); magnitud a medir (= zu messende Größe)
Die physikalische Größe, der die →Messung gilt [193]. →Größen, physikalische

Meßpunkt; Trennpunkt

e: breakpoint; reading point
f: top; point de mesur(ag)e; point de repère
r: точка (место) измерения
s: punto de medición (o: de referencia)

Der Augenblick, in dem ein Arbeitsablauf-
abschnitt beendet und ein anderer begonnen
wird [162].

Messung

e: measurement
f: mesurage
r: измерение
s: medición
Eine Tätigkeit zum quantitativen Vergleich
der →Meßgröße mit einer →Bezugsgröße
gleicher Dimension des Einheitensystems
[41]. →Größen, physikalische

Meßwert

e: measured value; datum
f: valeur mesurée (= gemessener W.); valeur
à mesurer (= zu messender W.)
r: измерянная величина, данные
измерения
s: valor medido (o: de medición)
Der gemessene spezielle Wert einer →Meß-
größe [193].

Metabolismus →Stoffwechsel

Methode

e: method
f: méthode
r: метод
s: método
Ein dem Gegenstand und Ziel angemesse-
nes, planmäßiges und folgerichtiges Vorge-
hen zur Lösung praktischer und theoreti-
scher Aufgaben; speziell das Charakteristi-
kum für wissenschaftliche Arbeitsweise
[18].   →Verfahren;   →Arbeitsverfahren;
→Beanspruchung, Methoden zur Ermittlung
vorwiegend nicht-körperlicher Beanspruchung

Methode der kleinsten Quadrate

e: method of least squares
f: méthode des moindres carrés
r: метод наименьших квадратов
s: método de los mínimos cuadrados
Ein statistisches Verfahren, mit dem aus
beobachteten Einzelwerten eine diese Einzelwerte möglichst genau beschreibende
mathematische Funktion ermittelt wird. Die
Parameter der gesuchten Funktion werden
dabei so gewählt, daß die Summe aller qua-
drierten Differenzen zwischen beobachteten
und anhand der Funktion berechneten Werten ein Minimum bildet [8].

Methoden im Fachbereich Psychologie

Hinweis: In einem Anhang von [95] wurde
eine systematische Übersicht über diese
Methoden veröffentlicht.

Methodenstudium

e: method(s) study
f: étude méthodologique
r: методическое изучение
s: estudio de métodos
Die systematische Ermittlung und kritische
Prüfung der →Arbeitsausführung mit dem
Ziel, diese zu verbessern [17].

MIK-Wert = Maximale Immissionskon-
zentration

e: maximum immission concentration
f: concentration d'immission maximale
r: максимальная иммисионная
концентрация
s: máxima concentración de imisión
Die Höchstkonzentration an bestimmten
Gasen oder Schwebstoffen in der Atmosphäre, die bei Dauerwirkung oder wiederholter
Einzelwirkung weder zu Gesundheitsschäden noch zu erheblichen Belästigungen der
Anwohner führt [209]. (Einzelheiten s. [226]
und [227]).

Mikroergonomie →Human factors

Mitarbeiterbeteiligung

e: worker-participation
f: participation des travailleurs
r: соучастие сотрудника
s: participación de los trabajadores
i.w.S.: Die →Mitbestimmung der →Arbeit-
nehmer am →Arbeitsplatz bzw. im →Unter-
nehmen.
i.e.S.: Die Teilhabe der →Arbeitnehmer am
Erfolg und/oder am Kapital (z.B. durch verschiedene Formen der
→Gewinnbeteiligung) eines
→Unternehmens, u.a. mit dem Ziel der
Vermögensbildung [18].

Mitbestimmung

e: worker-participation; codetermination
f: participation des travailleurs; cogestion
r: участие в решении или
обсуждении чегото
s: participación de los trabajadores; coge-
stión
Die Beteiligung der →Arbeitnehmer an den
sie betreffenden personellen, sozialen und
wirtschaftlichen Entscheidungen, z.B. Be-

triebsordnung, →Arbeitszeit, Urlaubsplan, →Akkordsätze, Werkwohnungen und →Arbeitsbedingungen im Rahmen der geltenden →Tarifverträge. In deutschen →Unternehmen wird sie gemäß →Betriebsverfassungsgesetz (BetrVG) von 1972 durch Vertretung im Vorstand und Aufsichtsrat beziehungsweise im Wirtschaftsausschuß wahrgenommen [38, 156]. →Betriebsrat; →Personalrat

Mittelwert, arithmetischer

e: *arithmetic mean; mean value; average*
f: *moyenne arithmétique; valeur moyenne*
r: *среднее арифметическое*
s: *media aritmética*
Der Wert M_a, den man durch Summierung der Einzelwerte $x_1,...,x_n$ einer →Stichprobe und anschließende Division durch deren Anzahl berechnet: $M_a = \sum x_i / x_n$ [167]. →Mittelwerte: geometrischer, gewogener, gleitender und quadratischer; →Dichtemittel; →Zentralwert

Mittelwert, geometrischer

e: *geometric mean*
f: *moyenne géométrique*
r: *среднее геометрическое*
s: *media geométrica*
Das geometrische Mittel G der positiven Zahlen x_1, $x_2,...$, x_n ist die n-te Wurzel aus dem Produkt dieser Zahlen:
$G = \sqrt[n]{(x_1 \cdot x_2 ... \cdot x_n)}$ [3]. →Mittelwerte: arithmetischer, gewogener, gleitender und quadratischer; →Dichtemittel; →Zentralwert

Mittelwert, gewogener

e: *weighted average*
f: *moyenne pondérée*
r: *среднее значение с учетом значимости, весомости*
s: *media ponderada*
Ein Mittelwert M_g, bei dem die Einzelwerte $x_1,...,x_n$ mit Wägungsfaktoren (Gewichten) $w_1,...,w_n$ nach der Formel $M_g = \sum(w_i \cdot x_i)/ \sum w_i$ verbunden sind [3]. →Mittelwerte: arithmetischer, geometrischer, gleitender und quadratischer; →Dichtemittel; →Zentralwert

Mittelwert, gleitender

e: *moving average*
f: *moyenne mobile*
r: *среднее значение, скользящее*
s: *media móvil*
Der gleitende Mittelwert dient der Glättung einer Zeitreihe und zur Bestimmung der Trendkomponenten. Solche Zeitreihe ist durch Beobachtung zu äquidistanten Zeitpunkten entstanden: $t_i = t_1, t_2, ..., t_n$. Für eine ungerade Zahl k (z.B. k = 9) aufeinanderfolgender Werte dieser Zeitreihe (z.B. t_1 bis t_9) bildet man ein arithmetisches Mittel, rückt danach jeweils um eine gewählte Zahl p (z.B. p = 5) der Werte weiter und bildet da aus erneut aus k Werten (z.B. t_6 bis t_{14}) ein arithmetisches Mittel usw.. →Mittelwerte: arithmetischer, geometrischer, gewogener und quadratischer; →Dichtemittel; →Zentralwert

Mittelwert, quadratischer; Effektivwert

e: *quadratic mean; root-mean-square (r.m.s.) value*
f: *moyenne quadratique; valeur efficace*
r: *среднее квадратическое значение*
s: *media cuadrática*
Das quadratische Mittel M_q der Zahlen x_1, $x_2,...$, x_n ist die Quadratwurzel des Mittelwertes der Quadrate dieser Zahlen:
$M = \sqrt{((x_1^2 + x_2^2 +...+ x_n^2)/n)}$.
Als Effektivwert wird insbesondere der M_q des Zeitverlaufs einer Schwingungsgröße bezeichnet. Bei Sinusschwingungen beträgt er $1/\sqrt{2} = 0,707$ des →Scheitelwertes [3, 157]. →Mittelwerte: arithmetischer, geometrischer, gewogener und gleitender; →Dichtemittel; →Zentralwert

Mittenebene des Körpers →Medianebene

Mobbing; mobben

e: *mobbing; to mob*
f: *molestation; molester*
r: *вид рабочего поведения озлобление*
s: *atropello del subalterno*
Ein feindseliges, drangsalierendes und schikanierendes →Verhalten in der Arbeitswelt. Es besteht aus negativen kommunikativen →Handlungen, die gegen eine Person gerichtet sind und sehr oft sowie über einen längeren Zeitraum vorkommen. (Sammelbegriff (von "mob" = Pöbel bzw. "to mob" = anpöbeln, jmd. bedrängen, sich gegen jmd. zusammenrotten) [171, 179].

Mobilität

e: *mobility*
f: *mobilité*
r: *мобильность*
s: *mobilidad*
räumliche M.: Die Wohnsitzveränderung natürlicher Personen.

soziale M.: Die Veränderung der Schichtzugehörigkeit von Personen oder Personengruppen im Lebenslauf oder in der Abfolge der Generationen.

Faktormobilität: Die räumliche, qualifikatorische und sektorale Beweglichkeit der Produktionsfaktoren, eine der wesentlichen Voraussetzungen zur Entwicklung einer effizienten Wirtschaftsstruktur [109].

Modalität

e: modality
f: modalité
r: модальность, способ, метод
s: modalidad
Die Art der Sinneswahrnehmung über einen spezifischen Wahrnehmungskanal (z.B. visuell, auditiv, taktil) [180].

Modalwert →Dichtemittel

Modell

e: model
f: modèle
r: модель
s: modelo
Die Abbildung und Verknüpfung der für wesentlich gehaltenen Elemente eines Forschungsgegenstandes oder von technischen oder organischen Vorgängen (u.a. von Arbeitsvorgängen). Sie besteht in der eindeutigen Zuordnung entsprechender Zeichen zu diesen Elementen. (Beispiele: figürliches M., technische Zeichnung, mathematisches M., Denkmodell); [207]. →Simulation; →Arbeitszeitfunktion

Monotonie; monoton

e: monotony; monotonous
f: monotonie; monotone
r: монотонность
s: monotonía; monótono
Ein langsam entstehender Zustand herabgesetzter →Aktivierung, der bei länger dauernden einförmigen Wiederholungstätigkeiten auftreten kann und hauptsächlich mit Schläfrigkeit, Müdigkeit, Leistungsabnahme und -schwankungen, Verminderung der Umstellungs- und Reaktionsfähigkeit sowie Zunahme der →Herzschlagarrhythmie verbunden ist [68].

Motilität

e: motility
f: motilité
r: подвижность, двигательная сфера
s: motilidad

Die Gesamtheit der unwillkürlichen (reflektorischen, vegetativ gesteuerten) Muskelbewegungen [96]. →Motorik

Motiv; Antrieb

e: motive
f: motif
r: мотив, побудительная сила
s: motivo
Ein psychischer Beweggrund eines zielgerichteten Verhaltens [4]. →Motivation

Motivation

e: motivation
f: motivation
r: мотивация
s: motivación
Die Gesamtheit der psychischen Beweggründe, die den Inhalt, die Richtung und die Intensität des menschlichen Handelns und Verhaltens beeinflußt [4, 167]. →Motiv

Motografie

Eine objektive Methode zur berührungslosen Bewegungsaufzeichnung mit Hilfe von Strahlungsspuren [7]. →Somatographie; →Zyklogramm

Motorik

e: motricity
f: motricité
r: моторика
s: motricidad; cinética humana
Die Gesamtheit der willkürlichen, aktiven (durch die Hirnrinde gesteuerten) Muskelbewegungen [96]. →Motilität

Motorische Nerven →Nerven, motorische

MTA

e: Motion Time Analysis
f: étude du temps des mouvements
r: анализ движений во времени (метод)
s: análisis del tiempo de movimiento
Name eines →Systems vorbestimmter Zeiten [4].

MTM

e: Methods Time Measurement
f: méthode M.T.M.; système de mesure des méthodes et temps
r: метод (Methods Time Measurement) измерения времени

s: procedimiento MTM; método de análisis de tiempo
Ein →System vorbestimmter Zeiten zur Bewertung voll beeinflußbarer, manueller Tätigkeiten. Neben quantitativ meßbaren können auch qualitative Einflußgrößen berücksichtigt werden [137, 180].

Müdigkeit

e: tiredness; weariness
f: lassitude; fatigue
r: усталость, утомление
s: cansancio
Das (subjektive) Gefühl der →Ermüdung, das nicht immer dem objektiven Grad der Ermüdung entsprechen muß. Mit steigender M. sinken Leistungsbereitschaft und Unfallsicherheit [156].

Multimomentaufnahme; Zufallsbeobachtung

e: activity sampling; work sampling study; ratio delay study
f: observations instantanées
r: метод мультимоментныч наблюдений, случайныч наблюдений
s: método de muestreo de actividades
Das Erfassen der Häufigkeit zuvor festgelegter Ablaufarten an einem oder mehreren Arbeitssystemen mit Hilfe von Kurzzeitbeobachtungen. - Man unterscheidet drei Formen der M.:
1. M. mit Zufallsbeobachtungen *(e: random interval activity sampling)*, d.h. mit zufällig ausgewählten Stichproben,
2. M. mit Beobachtungen in gleichen Zeitintervallen *(e: fixed interval activity sampling)* und
3. geschichtete M. *(e: stratified activity sampling)*, d.h. mit unterschiedlich häufigen Beobachtungen während ausgewählter Teile des gesamten Arbeitsablaufs [17, 193].

Multiple Choice Methode (= Mehrfachwahlmethode)

e: multiple choice method
f: méthode des choix multiples
r: метод (Multiple Choice Methode) выбора ответов при тестировании
s: método de opción múltiple
Die Beantwortung von Testaufgaben durch Ankreuzen einer oder mehrerer richtiger Lösungen aus einem Repertoire möglicher Lösungen [180].

Muskelarbeit

e: muscular work
f: travail musculaire
r: мышечная работа
s: trabajo muscular
Man unterscheidet vier sich häufig überlagernde Formen der M., die durch unterschiedliche Beanspruchungen gekennzeichnet sind:
1. statische Haltungsarbeit,
2. statische Haltearbeit,
3. schwere dynamische Arbeit und
4. einseitig dynamische Arbeit [193].

Muskelarbeit, dynamische

e: dynamic muscular work
f: travail musculaire dynamique
r: мышечная работа, динамическая
s: trabajo muscular dinámico
Die wechselweise, isotonische Kontraktion und Erschlaffung von →Agonisten und →Antagonisten (= paarweise wirkende Muskeln) zur Bewegung von Gliedmaßen (Beispiele: Gehen; Radfahren). Dabei fördert gleichsam eine "Muskelpumpe" die Durchblutung und wirkt einer Muskelermüdung entgegen. - Die maximal mögliche Dauer von dynamisch muskulärer Arbeit hängt von der Größe der beanspruchten Muskelgruppen, von der abgegebenen Kraft und von der Häufigkeit der Kraftabgabe je Zeiteinheit ab [167]. →Isotonie

Muskelarbeit, einseitig dynamische

e: one-sided dynamic muscular work
f: travail musculaire unilatéral dynamique
r: мышечная работа, односторонне динамическая (задействованы менее 1/7 мышц тела человека
s: trabajo muscular unilateral dinámico
Die dynamische Arbeit einer oder mehrerer kleiner Muskelgruppen, deren arbeitende Muskelmasse geringer als ein Siebtel der Gesamtmuskelmasse und deren Kontraktionsfrequenz (= Betätigungsfrequenz) höher als 15 Kontraktionen pro Minute ist (Beispiele: Klavierspielen; Maschineschreiben) [193].

Muskelarbeit, statische

e: static muscular work
f: travail musculaire statique
r: мышечная работа, статическая
s: trabajo muscular estático
Die isometrische Anspannung einer Muskelgruppe gegen eine äußere Kraft über längere Zeit, ohne daß Gliedmaßen bewegt

werden. Sie dient lediglich zur Fixierung von Gelenk- oder Körperstellung (= Haltungsarbeit) und/oder zur Abgabe von Kräften nach außen (= Haltearbeit). (Beispiele: 1. für Haltungsarbeit: Stehen; Sitzen; Hochhalten eines Armes. 2. für Haltearbeit: Halten eines Gegenstandes). Wegen erhöhten Muskelinnendrucks und gedrosselter Durchblutung tritt sehr bald Muskelermüdung auf. - Physiologische Definition:
Arbeit (statisch) entspricht Kraft · Zeit [198]. →Isometrie

Mutterschutzgesetz MuSchG

e: maternity protection law
Nach diesem "Gesetz zum Schutze der erwerbstätigen Mutter" von 1976 dürfen z.B. Mütter während der Schwangerschaft keine schweren körperlichen und gesundheitsgefährdenden Arbeiten verrichten. Urlaub wird 6 Wochen vor und 8 oder 12 nach der Entbindung gewährt. Während dieser Schutzfristen wird ein Mutterschaftsgeld gezahlt [186]. →Gesetze

N

Nacharbeit

e: rework
f: remaniement; retouche
r: дополнительная работа,
связанная с исправлением ошибки
s: trabajo de repaso
Alle →Tätigkeiten, um bei einem fertigungsbedingten Fehlprodukt nachträglich die Qualitätsforderung zu erfüllen oder um diese erst nachträglich für die vom Kunden beabsichtigte Nutzung geeignet zu machen und dann zu erfüllen [41].

Nachfahraufgabe; Tracking

e: tracking
f: poursuite
r: трекинг (тест)
s: seguir a un signo
Ein Test der sensomotorischen Fertigkeiten durch Folge oder Korrektur auf einer Anzeige wandernder Größen [180].

Nachtarbeit

e: night work
f: travail de nuit
r: работа в ночное время
s: trabajo nocturno
Jede Arbeit, die mehr als zwei Stunden der Nachtzeit umfaßt (Arbeitszeitrechtsgesetz ArbZRG, § 2 Abs. 4). Als Nachtzeit gilt die Zeit von 23 bis 6 Uhr (ArbZRG, § 2 Abs. 3). Durch tarifvertragliche Regelungen kann der Beginn des 7stündigen Nachtzeitraumes zwischen 22 und 24 Uhr festgelegt werden [154].

Naturallohn

e: payment in kind; perquisites
f: payement en nature
r: натуральная оплата труда
s: salario (o: remuneración) en especie
Das →Entgelt für geleistete Arbeit, das nicht durch Geld, sondern in Form von Gütern oder Leistungen beglichen wird, z.B. durch Nahrungsmittel oder Nutzungsrechte an Wohnungen oder Gärten. →Lohnform

Nebenaufgabe

e: secondary task
f: tâche secondaire
r: побочное (второстепенное)
задание
s: tarea accesoria (o: secondaria)
Eine Aufgabe, die eine Person neben ihrer Hauptaufgabe zu verrichten hat [180].
→Doppeltätigkeitsmethode

Nebenerwerbslandwirtschaft

e: part time farming
f: agroexploitation à temps partiel
r: подрабатывание работой
s: agroexplotación a tiempo parcial
Nebenberuflich betriebene Landwirtschaft, die das erforderliche Familieneinkommen nur teilweise sichert und den Besitzer zwingt, einem nichtlandwirtschaftlichen Haupterwerb nachzugehen [18].

Nebentätigkeit; Nebenberuf

e: side line activity; secondary occupation
f: emploi secondaire (ou: accessoire)
r: побочная деятельность: побочная
специальность
s: actividad indirecta; ocupación accesoria
Eine Berufstätigkeit, die von Erwerbspersonen neben ihrem Hauptberuf ausgeübt wird [109].
Hinweis: Nebentätigkeit (MN) ist nach REFA außerdem eine planmäßige, nur mittelbar der Erfüllung der Arbeitsaufgabe dienende Tätigkeit [193]. →Nebenzeit

Nebenzeit

e: auxiliary (or: ancillary) time
f: temps technologique auxiliaire (ou: secondaire; accessoire)
r: подсобное время (в производственном процессе)
s: tiempo tecnológico auxiliar
Zeit für eine Nebenarbeit oder -tätigkeit, ein →Teilvorgang, der zwar regelmäßig im Laufe des Arbeitsvorganges auftritt, aber nur mittelbar dem Erreichen des Arbeitszweckes dient [14]. →Zeitgliederung

Nennwert

e: nominal value
f: valeur nominale

r: номинальное значение
s: valor nominal
Ein geeigneter gerundeter Wert einer Größe
zur Bezeichnung oder Identifizierung eines
Elements, einer Gruppe oder einer Einrichtung [78].

Nerv

e: nerve
f: nerf
r: нерв
s: nervio
Ein aus parallel angeordneten Nervenfasern
bestehender, in einer Bindegewebshülle lie-
gender Strang, der der Reizleitung zwischen
dem Zentralnervensystem und einem Kör-
perorgan oder -teil dient, u.a. den Muskeln
Bewegungsimpulse zuführt. Verschiedene
Arten und Funktionen, z.B.: →motorische
und →sensorische Nerven [96]. →Nerven-
system

Nerven, motorische

e: motor nerves
f: nerfs moteurs
r: нервы, отвечающие за моторику
s: nervios motores
Nerven, die den Muskeln die Bewegungsimpulse zuführen [96].

Nerven, sensorische

e: sensorial nerves
f: nerfs sensoriels
r: нервы, сенсорные
s: nervios sensoriales
Nerven, die die Aufnahme von Sinnesempfindungen betreffen [96].

Nervensystem

e: nervous system
f: système nerveux
r: нервная система
s: sistema nervioso
Die Gesamtheit aller Nervenzellen und Ner-
venbahnen, die der Steuerung, Koordinierung und Anpassung der Funktionen des
Körpers und seiner Organe dienen. Wesentliche Teile: Zentralnervensystem (Hirn und
Rückenmark betreffend), autonomes oder
vegetatives (Organe wie Atmung, Kreislauf
und Verdauung betreffend, deren Tätigkeit
weitgehend dem Einfluß des Willens entzo-

gen ist und unbewußt abläuft) und periphe-
res N. (nicht zum Zentralnervensystem gehörig) [96].

Nettolohn

e: net wage
f: salaire net
r: фактическая (реальная)
зарплата
s: salario neto
Das gesamte tariflich oder frei vereinbarte
Arbeitsentgelt, das dem →Arbeitnehmer
vom →Arbeitgeber gezahlt wird, abzüglich
der gesetzlich festgelegten Abgaben (z.B.
Lohnsteuer und Sozialversicherungsbeiträ-
ge). →Bruttolohn

Netzplan

e: network plan
f: réseau linéaire pour planification
r: сетевой план, график
s: plan de la red
Die graphische Darstellung von Ablaufstruk-
turen, die die logische Aufeinanderfolge von
Vorgängen (Ablaufabschnitten) veranschaulicht. Verschiedene Verfahren der →Netz-
plantechnik werden zur Projektplanung und
-steuerung eingesetzt [193].

Netzplantechnik

e: Project Network Technique PNT;
Critical Path Analysis CPA
f: analyse du chemin critique; technique des
réseaux
r: техника планирования при
помощи сетевого графика
s: técnica de los grafos; análisis de
recorrido crítico
Eine Gruppe von Methoden der Operations-
forschung zur graphischen Analyse, Planung
und Überwachung des Ablaufs von komplexen Prozessen, bes. von langfristigen Ar-
beits- und Produktionsprozessen [4].
→Netzplan

NIOSH

Abkürzung für: National Institute for Occupational Safety and Health. US-Amerikani-
sches Bundesinstitut für Arbeitsschutz

Nominallohn

e: nominal wage
f: salaire nominal
r: номинальная зарплата
s: salario nominal
Der Lohn ohne Berücksichtigung der Kaufkraft [231]. →Reallohn

Nomogramm

e: nomogram; alignment chart
f: nomogramme
r: номограмма
s: nomograma
Eine Netztafel zum zeichnerischen Rechnen [231].

Norm, Arbeits-

e: labour (or: work) standard
f: norme de travail
r: нормы, нормы по труду
s: norma de trabajo
Eine Kennzahl für den Arbeitszeitbedarf zur Durchführung eines exakt beschriebenen Arbeitsauftrags [4].

Norm, Besetzungs-

e: occupancy norm (or: standard)
f: norme d'occupation
r: прикладные нормы
s: norma de ocupación
Festlegung des technologisch notwendigen Bedarfs an Arbeitskräften für Produktionsanlagen unter Berücksichtigung des optimalen Zusammenwirkens aller Arbeitsprozesse. Sie beinhaltet den technologisch erforderlichen Arbeitskräftebedarf, die Besetzungszeit der Arbeitsplätze, die Arbeitscharakteristik und den technisch-technologisch und arbeitsorganisatorisch begründeten Arbeitsablaufplan [100].

Norm, Güte-

e: quality standard
f: norme de la qualité
r: нормы, нормы по качеству
s: norma de calidad
Merkmale und Richtwerte der Arbeitsqualität zur Kennzeichnung des Zustandes des Arbeitsgegenstandes nach Durchführung einer bestimmten Arbeitsart (Gütemerkmale und Richtwerte) [100].

Normalbegriff (zur Leistungsbewertung)

e: performance norm
f: concept normal
r: обычное определение
s: concepto normal
Zur Datenreduktion für Gestaltungsaufgaben und für die individuelle Leistungsbewertung des arbeitenden Menschen wäre die Angabe von "Normalwerten" sehr praktisch. Eine Gleichsetzung mit einem durchschnittlichen oder häufigsten Wert ist jedoch in der Arbeitswissenschaft problematisch, weil gerade der - meist große - Streubereich von wesentlichem Einfluß ist. Die Vielzahl der Einflußgrößen und ihre teilweise Zeitabhängigkeit lassen eine solche Datenreduktion nicht sinnvoll erscheinen. Dementsprechend kann ein "Normalwert" nur für genau spezifizierte Personengruppen angegeben werden, wenn die dabei vorhandenen Einflußgrößen bekannt sind und möglichst konstant gehalten werden [198].

Normalleistung; REFA-Normalleistung

e: standard performance
f: régime normal
r: обыкновенная, нормальная производительность труда
s: eficiencia normal; eficiencia normal según REFA
Eine Arbeits- und Bewegungsausführung, die dem Beobachter hinsichtlich der Einzelbewegungen, der Bewegungsfolge und ihrer Koordinierung bes. harmonisch, natürlich und ausgeglichen erscheint. Sie kann erfahrungsgemäß auf die Dauer und im Mittel der Schichtzeit von jeder Arbeitsperson erbracht werden, die in erforderlichem Maße geeignet, geübt und voll eingearbeitet ist. Dabei wird vorausgesetzt, daß diese die für persönliche Bedürfnisse und ggf. auch für die Erholung vorgegebenen Zeiten einhält und die freie Entfaltung ihrer Fähigkeiten nicht behindert wird [198]. →Leistungsgrad; →Leistungsgradbeurteilen

Normalverteilung; Gauß-Verteilung

e: normal distribution; Gaussian distribution
f: distribution normale; loi de Laplace-Gauss

*r: нормальное распределение
(статист.): распределение по
Гауссу*
*s: distribución normal; ley de Laplace-
Gauss*
Ein bestimmtes mathematisches Modell zur
Beschreibung einer symmetrischen Häufig-
keitsverteilung, die in der zeichnerischen
Darstellung die Form einer Glocke (= Glok-
kenkurve) ergibt [167].

normativ = auf Normen beruhend

Normung (Norm)

e: standardization; (standard))
f: normalisation; (norme)
r: нормирование, стандартизация
s: normalización; (norma)
Die planmäßige, durch die interessierten
Kreise gemeinschaftlich durchgeführte Ver-
einheitlichung von materiellen und immate-
riellen Gegenständen zum Nutzen der All-
gemeinheit. Sie dient einer sinnvollen Ordnung und Information auf dem jeweiligen
Normungsgebiet. Sie fördert die →Rationa-
lisierung in Wirtschaft, Technik, Wissenschaft und Verwaltung. Sie dient der Sicherheit von Menschen und Sachen sowie der
Qualitätssicherung und der Verbesserung in
allen Lebensbereichen [193].

Normzeit →Arbeitszeitbedarf

Nullhypothese

e: null (or: zero) hypothesis
f: hypothèse nulle
*r: нулевая гипотеза (в
статистике)*
s: hipótesis nula
Die bei einem Test im Vergleich zu →Alter-
nativhypothesen zu prüfende Hypothese (=
noch unbewiesene Annahme). Meist wird
als Nullhypothese die Annahme gewählt,
daß keine signifikante →Wirkung der untersuchten Behandlung auf eine Zielgröße
nachzuweisen ist [4].

Nutzungszeit

e: time in use; process(ing) time
f: temps d'utilisation (ou: technologique)

r: время использования
s: tiempo de utilización (o: en servicio)
Die Zeit, in der das Betriebsmittel genutzt
(Nutzungshauptzeit) oder für seine Verwendung vorbereitet (Nutzungsnebenzeit) wird.
In der Nutzungshauptzeit wird das Betriebsmittel für seine zweckbestimmte Aufgabe eingesetzt. Dagegen wird das Betriebsmittel während der Nutzungsnebenzeit
mit Werkstoffen beschickt oder von diesen
entleert, oder Werkzeug- oder Werkstück-
träger des Betriebsmittels sind auf einem
Leerweg oder laufen leer an oder aus [156].
→Zeitgliederung

Nutzwertanalyse

e: benefit analysis
f: analyse de la valeur utile
*r: анализ с точки зрения
"использование - затраты"*
s: análisis de valor útil
Ein Bewertungsverfahren zum Vergleich
von Lösungsalternativen, z.B. unterschiedlicher organisatorischer Regelungen oder In-
vestitionsvorhaben [193]. Dabei werden
mehrere unterschiedliche Bewertungskriteri-
en - nicht nur monetäre - angewendet, die
i.d.R. schließlich gewichtet und mit einem
Punktsystem zu einem Nutzwert zusammengefaßt werden.

O

O'Connor-Test; Lochbrett-Test

e: O'Connor test
f: test d'O'Connor
r: тест по О'Коннору
s: Test-O'Connor
Ein aus der Arbeitspsychologie stammendes
Verfahren zur Prüfung der Fingerfertigkeit
[137].

Objektivität eines Tests

e: test objectivity
f: objectivité du test
r: объективность теста
*s: objectividad de la prueba; (objectividad
del test)*
Ein →Testkriterium, das positiv zu bewerten
ist, wenn
1. verschiedene Auswerter zu demselben
Ergebnis kommen (Auswertungsobjektivi-
tät) und wenn
2. die Testsituation so beschaffen ist, daß die
Durchführung nicht durch andere Faktoren
beeinflußt wird: Klima, Beleuchtung, Lärm,
ungünstige Tageszeit, unterschiedlicher Er-
müdungsgrad und Unterschiede in der Mo-
tivierung der Testpersonen (Durchführungs-
objektivität) [136].

Objektprinzip

e: object principle
f: principe d'objet
*r: принцип организации по
"объектам"*
s: principio de objeto
Eine Form der Arbeitsorganisation, bei der
das Arbeitsvolumen auf mehrere Stellen
derart verteilt wird, daß jede Stelle an einem
bestimmten Objekt alle Verrichtungen ausführt [193]. →Verrichtungsprinzip; →Art-
teilung; →Mengenteilung

Ökologie

e: ecology
f: écologie
r: экология
s: ecología
Wissenschaft vom Stoff- und Energiehaus-
halt der Biosphäre bzw. ihrer Untergliede-

rungen (z.B. Ökosystem) sowie von den
Wechselwirkungen ihrer Bewohner untereinander und mit ihrer abiotischen Umwelt.
  Unterteilung nach Bezugsobjekt:
1. Autökologie (Ökophysiologie) = Wissenschaft von den Wechselwirkungen zwischen
Individuen und Umwelt.
2. Populationsökologie (Demökologie) =
Wissenschaft von den Wechselwirkungen
der Individuen innerhalb einer Population
und zwischen dieser und ihrer Umwelt.
3. Synökologie = Wissenschaft von den
Wechselwirkungen zwischen den in einer
Biozönose zusammenlebenden Arten untereinander und mit ihrer Umwelt [39].

Ökonometrie

e: econometrics
f: économétrie
r: эконометрия
s: econometría
Eine wirtschaftswissenschaftliche Disziplin,
die ökonomische Theorien mit Hilfe mathematischer und statistischer Methoden prüft,
vor allem um zukünftige Ereignisse zu pro-
gnostizieren und die Folgen alternativer
wirtschaftspolitischer Strategien abzuschät-
zen [142]. →Operationsforschung

Ökonomie

e: economy
f: économie
r: экономика
s: economía
Wissenschaft von den Beziehungen zwischen Aufwand und Ertrag bei der Erzeugung von Gütern und Dienstleistungen [39].

operations research →Operationsfor-
schung

Operationsforschung

*e: operations research; operational
research*
*f: recherche opérationnelle; préparation
scientifique des décisions*
*r: исследование операционных
систем*
s: investigación operativa
Die systematische Erforschung möglicher
Verhaltensweisen von Systemen (einschl.

Arbeitssystemen). Als Teilgebiet moderner Führungstechnik dient sie der Vorbereitung optimaler Entscheidungen auf betrieblichen, ökonomischen, soziologischen und militärischen Gebieten. Moderne mathematische und statistische Analyse- und Optimierungsmethoden werden angewendet [4]. →Ökonometrie

Operator

e: operator
f: opérateur
r: оператор
s: operador
Die Person (oder Personen), die mit der Installation, dem Betrieb, dem Einrichten, dem Instandhalten, der Reinigung, der Reparatur oder dem Transport beauftragt ist (sind) [89].

Optimierung

e: optimization
f: optimisation; optimalisation
r: оптимизация
s: optimización
Ein Vorgang mit dem Ziel der bestmöglichen Gestaltung technischer und wirtschaftlicher Prozesse [167].

Optimierungskalkül

e: optimization calculus
f: calcul optimalisant
r: оптимизирование вычислений
s: cálculo de optimización
Die bestmögliche Berechnung oder Berechnungsmethode [167].

Organisation

e: organization
f: organisation
r: организация
s: organización
Der Begriff der O. kann sowohl das momentane "Organisieren" als Tätigkeit oder Prozeß, als auch ganzheitliche soziale Gebilde oder Systeme, wie Industriebetriebe, Behörden, Schulen oder Krankenhäuser bezeichnen. Umfassend bezieht er sich sowohl auf momentane, veränderliche oder stabile Verhaltens- und Tätigkeitsprozesse, als auch auf die zugrundeliegenden oder resultierenden Strukturen oder ganzheitlichen sozialen →Systeme bei der Bewältigung von →Aufgaben. Als soziale Gebilde können Organisationen allgemein auch als Systeme von Menschen, Aufgaben und Regeln definiert werden (GREIF 1993). Während →Aufgaben beschreiben, was getan werden soll, zeigen Regeln, wie dies geschehen soll (bspw. durch Qualitätskritierien, Verhaltensstandards oder Heurismen). Der Begriff der O. bezieht sich nicht nur auf die konkrete Planung, Koordination und Kooperation, Selbst- oder Fremdsteuerung und -kontrolle von Arbeitstätigkeiten, sondern auch auf die Arbeitsteilung und alle Formen der Formulierung, Kommunikation und Interpretation von arbeitsbezogenen Aufgaben und Regeln, Wissen und Erfahrungen durch Sprache und nicht-sprachliche Medien [95]. →Arbeitsorganisation

Organisation der Vereinten Nationen für Erziehung, Wissenschaft und Kultur UNESCO

e: United Nations Educational, Scientific and Cultural Organization UNESCO
f: Organisation des Nations Unies pour l'éducation, la science et la culture UNESCO
r: Организация при ООН по вопросам обучения, науки и культуры (ЮНЕСКО)
s: Organización de las Naciones Unidas para la Educación, la Ciencia y la Cultura UNESCO

Organisationsanalyse

e: organization analysis
f: analyse d' organisation
r: анализ организационной структуры
s: análisis de organización
Die systematische Untersuchung und Beschreibung der Merkmale, Strukturen, Bedingungen und Prozesse in einer →Organisation mit dem Ziel, diese zu verbessern [17, 95].

Organisationsentwicklung OE

e: organization development (OD)
f: développement d' organisation

r: развитие форм организации
s: desarrollo de organización
Die absichtlich und bewußt gesteuerte Veränderung einer Organisation von einem aktuellen Zustand hin zu einem gewünschten Zustand in der Zukunft [111, 108]. Im Unterschied zur →Arbeitsgestaltung an einzelnen Arbeitsplätzen oder Veränderung der →Gruppenarbeit in einem Teilbereich geht es bei der OE in der Regel um die Veränderung größerer Einheiten der →Organisation (Abteilungen, Bereiche oder gesamte Organisation) [95].

Organisationsform

e: organization form
f: structure d'organisation
r: организационные формы
s: modalidad del organización
Die Formen räumlicher und zeitlicher Zusammenfassung von Arbeitskräften und Betriebsmitteln zu organisatorischen Einheiten im Fertigungsprozeß. Sie werden durch Übertragung bestimmter Organisationsprinzipien auf die Anordnung von Fertigungseinheiten gebildet. - So entsteht z.B. unter Anwendung der Verrichtungszentralisation (= Zusammenfassung einzelner Tätigkeiten wie Bohren, Sägen usw.) in Verbindung mit gleichzeitiger Objektdezentralisation (= ortsunabhängige Fertigung) die Werkstattfertigung. Im Gegensatz hierzu führt das Prinzip der Verrichtungsdezentralisation in Verbindung mit der gleichzeitigen Objektzentralisation je nach erreichtem Grad zur Baustellen-, Werkstattfließ-, Gruppen- und →Fließfertigung mit und ohne Zeitzwang [173].
→Arbeitsteilung; →Artteilung; →Mengenteilung

Organisationsgestaltung

e: organization structuring
f: conception d'organisation
r: концепция организации
s: conformación de organización
Die Ausformung der Organisationsstruktur durch Organisationsplanung, -realisation und -kontrolle, wobei sie sich auf das Instrumentarium der Organisationsmethodik

stützen kann. Ein →ganzheitliches Konzept für eine planmäßige O. stellt die →Organisationsentwicklung dar [109].

Organisationsklima

e: organization climate
f: atmosphère d'organisation
r: организационный климат
s: clima organizacional
Die subjektive Wahrnehmung und Bewertung der Organisation und ihrer Merkmale oder einzelner Abteilungen der Organisation durch ihre Mitglieder. Der ältere Begriff Betriebsklima bezog sich vorwiegend auf eine allgemeine Beschreibung und Bewertung der sozialen Strukturen und interpersonellen Beziehungen in der Organisation.
Zur Untersuchung des O. werden in der Regel Fragebogeninstrumente mit Fragen zur Beschreibung oder Bewertung der Arbeit (→Arbeitszufriedenheit) und Organisation (→Organisationsanalyse), speziell der personellen Förderungsmöglichkeiten (→Personalentwicklung) verwendet [95].

Organisationskultur; Unternehmenskultur

e: organization culture
f: culture d'organisation
r: культура организации
s: cultura de la organización
Oberbegriff für die Gesamtheit der gemeinsamen Grundannahmen, Werte und Normen der Mitglieder einer Organisation. Der Begriff O. wird außerdem als Metapher für ein theoretisches Verständnis von →Organisationen verwendet, wonach Traditionen, Werte und Normen von entscheidender Bedeutung für den Erfolg des Unternehmens sind [95].

Organisationsstruktur

e: organizational structure
f: structure d'organisation
r: организационная структура
s: estructura de organización
Allgemeine Merkmale zur Beschreibung der Aufbauorganisation. Gebräuchlich sind Strukturmerkmale wie Größe, Hierarchie-

ebenen, Formalisierung (z.B. schriftlich fixierte Zuständigkeiten und Regeln zur Ausführung von →Aufgaben), Spezialisierung bzw. Arbeitsteilung und Technologie [95]. Untergliederung der Belegschaft eines Betriebes in ständige, aufeinander abgestimmte Einheiten (z.B. Abteilungen, →Arbeitsgruppen) entsprechend den Erfordernissen der innerbetrieblichen Arbeitsstellung unter Beachtung der Betriebsgröße sowie der natürlichen und ökonomischen Produktionsbedingungen [100].

Organisationspsychologie

e: Organizational Psychology
Organizational Psychology
f: psychologie d' organisation
r: организационная психология
s: psicología organizacionalpsicología
organizacional

Die O. behandelt nach enger Begriffsdefinition den Teilbereich der →Arbeits- und Organisationspsychologie, der sich auf Interaktionen zwischen mehreren Individuen in →Organisationen (Beispiele: Industriebetriebe, Behörden, Schulen, Krankenhäuser, Gefängnisse, Vereine) bezieht [95]. →Verbände im Fachbereich Psychologie; →Methoden im Fachbereich Psychologie

Ortsgebundenes Arbeitssystem →Arbeitssystem

Ortsveränderliches Arbeitssystem →Arbeitssystem

P

PAQ/FAA = Position Analysis Questionnaire/Fragebogen zur Arbeitsanalyse

e: Position Analysis Questionnaire
Breitbandverfahren der →Tätigkeitsanalyse von McCORMICK, JEANNERET und ·MECHAM bzw. FRIELING und HOYOS zur Einordnung unterschiedlicher Arbeitsplätze über den Vergleich der Verfahrensmerkmale [152].

Parameter

e: parameter
f: paramètre
r: параметр
s: parámetro
Eine Größe, die in einem mathematischen Zusammenhang eine Systemcharakteristik beschreibt. Ein P. kann eine →Variable innerhalb einer Gleichung oder eine "Konstante" sein, die unterschiedliche Werte annimmt [144].

Partizipation

e: participation
f: participation
r: участие
s: participación
Das Einbezogensein von Personen bzw. Gruppen in sie betreffende Entscheidungen,
1. im Sinne von Teilhabe an bestimmten (konstituierenden) Prozessen (vor allem Wahlen und anderen Formen der demokratischen Willensbildung),
2. im Sinne der Möglichkeit, die verschiedenen Phasen eines Entscheidungsprozesses wirksam und dauerhaft zu beeinflussen [18].
→Mitbestimmung

Partner-Teilzeitarbeit

e: job sharing
f: partage de l'emploi
r: долевое (частичное) время работы нескольких работающих на одном рабочем месте
s: trabajo compartido

Eine Form der Arbeitsorganisation, bei der sich mindestens zwei Mitarbeiter den Arbeitsumfang eines Arbeitsplatzes teilen [193]. →Arbeitsstrukturierung; →Teilzeitarbeit

Pause

e: break; rest
f: pause; repos
r: пауза
s: pausa; período de descanso
Ein Sammelbegriff für Unterbrechungen der →Arbeitszeit (Frühstücks- und Mittags-, Erholungs-, Verschnaufpause usw.), während der i.d.R. Nahrung aufgenommen wird und/oder die durch →Ermüdung aufgetretenen Symptome reversibler Funktionsveränderungen in den verschiedensten Organsystemen beseitigt werden sollen. Pausen und deren Dauer sind zum Teil gesetzlich vorgeschrieben oder tariflich vereinbart. Je nach Art und Länge der P. darf der →Arbeitsplatz verlassen werden oder nicht. Außer der gesetzlichen und tariflichen P. gibt es noch weitere Pausenformen: "Kurzpausen" mit einer Dauer von weniger als 15 Minuten, "Pausen bei taktgebundenen Arbeitsformen" (arbeitsablaufbedingte →Wartezeiten) und organisierte P., d.h. betrieblich festgelegte Pausen [156, 209]. →Pausen, erforderliche; →Pausen, organisierte; →Pausenregelung und -gestaltung

Pause, erforderliche

e: required break
f: pause requise (ou: nécessaire)
r: требуемая пауза
s: pausa necesaria
Pause, die erforderlich ist, um physische oder psychische Überbelastungen zu verhindern. Sie entspricht der Erholungszeit [136].

Pause, organisierte

e: organized break
f: pause organisée
r: организованная пауза
s: pausa organizada
Pausen, die zum Zwecke der Erholung fest in den Arbeitsablauf eingebaut sind. Bei

Fließbandarbeit werden diese Pausen z.B. durch Stillstand des Bandes erzwungen [136].

Pausenregelung und -gestaltung

e: break arrangement; break regime
f: règlement des pauses
r: установление и регулирование пауз
s: reglamentación de los períodos de descanso
Die Ermittlung und Festlegung der Anzahl, Dauer und Lage sowie der Art und des Inhalts von Arbeitspausen. - Es ist möglich, die Arbeitsleistung, bezogen auf die gesamte →Arbeitszeit, durch sinnvoll eingeschaltete Pausen zu erhöhen. Solche "lohnenden Pausen" verzögern oder vermeiden nicht nur einen Leistungsabfall, der durch eine Ermüdung bei pausenloser Arbeit bedingt ist (physiologische Pausenwirkung). Vielmehr gibt es nach GRAF auch eine Vorauswirkung der Pause (psychologische Pausenwirkung), die sich in erhöhten Willensantrieben mit Leistungssteigerungen vor Beginn einer erwarteten Pause äußert [100, 198].

Pendeln

e: commuting
f: mouvements pendulaires
r: курсировать, ездить
s: migración pendular
Ein periodisches Zurücklegen einer gewissen Entfernung zwischen Wohn- und Arbeits-, bzw. Ausbildungsort [18].

Pensumarbeit

e: allotted work
f: travail à la tâche
r: объем работы
s: trabajo por tarea
1. Eine Arbeit, bei welcher der Lohn nicht je Stunde, Tag oder Maßeinheit (Werkstück usw.), sondern für die gesamte Arbeitsmenge festgelegt wird.
2. Eine Arbeit, für die eine tägliche Arbeitsmenge oder auch eine bestimmte Prämie vereinbart wird und die ggf. nach ihrer Bewältigung beendet wird [156].
→Lohnform

Periodendauer *T*; Schwingungsdauer

e: period; cycle; phase
f: période
r: длительность периода колебания, длительность механических колебаний
s: período
Der kürzeste Zeitabschnitt, nach dem sich eine Schwingung (z.B. eine Sinusschwingung) periodisch wiederholt. *T* ist umgekehrt proportional zur →Frequenz: $T = 1/f$. (Einheit: s) [43, 157].

periodisch

e: periodic(al); cyclic(al)
f: périodique
r: периодический
s: periódico
Regelmäßig wiederkehrend, in regelmäßigen Zeitabständen auftretend [199].

Personalauswahl

e: personnel selection
f: sélection du personnel
r: выбор персонала
s: selección de personal
Eine Auswahl von Menschen für Berufe, Stellen oder Tätigkeiten aufgrund der Eignung, die sie dafür besitzen, unter Berücksichtigung der speziellen Bedingungen des jeweiligen Auslesefalles. Ausleseentscheidungen betreffen nicht nur Neueinstellungen, sondern auch Versetzungen, Beförderungen, Zuweisungen bestimmter Aufgaben bzw. Projekte und Abordnungen sowie Entscheidungen über die Teilnahme an Aus- und Weiterbildungsmaßnahmen sowie Entlassungen [95, 150]. - Der für eine P. notwendige Entscheidungsprozeß beinhaltet im allgemeinen folgende Phasen:
1. Aufstellen von Auswahlrichtlinien,
2. Prüfen der →Eignung,
3. Treffen der Auswahlentscheidung und
4. Kontrollieren des Erfolgs [12].
→Assessment Center

Personalentwicklung PE

e: Personal Development PD
f: développement du personnel

r: работа по развитию персонала
s: desarrollo de personal
Oberbegriff für ein breites, schwer abgrenzbares Spektrum von Maßnahmen zur Analyse, Planung, Förderung und Evaluation des gesamten personellen Potentials einer Organisation mit dem Ziel, deren Effizienz oder Effektivität zu verbessern. Die Hauptaufgabe der PE wird oft in der Förderung und Steuerung der personellen Ressourcen des Unternehmens gesehen (auch als strategisches Human-Ressourcen-Management bezeichnet) [95].

Personalmarketing

e: Personal Marketing
Oberbegriff für Maßnahmen zur Information und Gewinnung von Personen innerhalb und außerhalb der Organisation für zu besetzende Stellen, Ausbildungsplätze oder Nachwuchspositionen. Im Unterschied zum engeren Begriff der Personalwerbung, der sich lediglich auf konkrete Werbemaßnahmen für externe Bewerberinnen und Bewerber bezieht, wird das P. heute als sehr breites Aufgabenfeld innerhalb der →Personalentwicklung gesehen. Bspw. fällt darunter die Entwicklung eines positiven Firmenimages bei relevanten Hochschulabgängergruppen oder eine Identifikation der Organisationsmitglieder mit den Zielen und Aufgaben der Organisation [95].

Personalplanung

e: personnel planning
f: planification de la main-d'oeuvre
r: планирование персонала
s: planificación del personal (o: de la mano de obra)
Ein kontinuierlicher Prozeß vorausschauender Entscheidungen über Neueinstellungen, Einsatz und Entlassungen von Mitarbeitern [17].

Personalrat

e: personnel committee
f: délégués (ou: représentation) du personnel
r: совет трудового коллектива
s: comité (o: consejo) de empresa

Die Personalvertretung der Bediensteten in den Betrieben und Verwaltungen des Bundes, der Länder, der Gemeinden und sonstigen Körperschaften und Anstalten des öffentlichen Rechts zur Wahrnehmung des Mitwirkungs- und Mitbestimmungsrechts im Rahmen des →Personalvertretungsgesetzes vom 15.3. und 23.9.1974 [109]. →Betriebsrat; →Mitbestimmung

Personenschaden

e: personal injury
f: dommage aux personnes
r: нарушение здоровья человека
s: daño personal
Folge eines ungewollten Ereignisses, durch das der menschliche Körper geschädigt wird [215]. →Schaden, somatischer

Persönlichkeitsbild

e: personality image
f: image de la personnalité
r: описание личности
s: imagen de la personalidad
Die Vorstellung, die man von der Gesamtheit der physischen, geistigen, moralischen und sozialen Eigenschaften eines Menschen gewinnt [156].

Persönlichkeitsförderung →Förderung der Persönlichkeit

Perzentil

e: percentile
f: pourcentage
r: перцентиль (термин в антропометрии)
s: percentil
Ein Begriff und eine Größe, die vor allem in der →Anthropometrie angewendet werden. Der Perzentilwert dient der Zuordnung zu Körpergröße-Klassen (s. [76]) und gibt an, wieviel Prozent der Menschen in einer Bevölkerungsgruppe - in bezug auf ein bestimmtes Körpermaß - kleiner sind als der jeweils angegebene Wert. So liegt z.B. das 95. Perzentil der Körperhöhe von 16- bis 60jährigen Männern bei 1841 mm. Das besagt, daß 95 % dieser Bevölkerungsgruppe kleiner und 5 % größer als 1841 mm sind

[66]. →Körperumrißschablone; →Somato-
graphie

Perzeption

e: perception
f: perception
r: перцепция, восприятие
s: percepción
Ein Wahrnehmungsprozeß als spezifische
Form der menschlichen →Informationsver-
arbeitung, der mit der Reizaufnahme durch
die Sinnesorgane beginnt, durch großhirnge-
bundene Verarbeitungsprozesse vermittelt
wird und zu einer ganzheitlichen sinnlichen
Erkennung eines aktuell vorliegenden Um-
gebungszustandes führt [187].

**Perzeptiv-mentale Beanspruchung →Be-
anspruchung, perzeptiv-mentale**

Pflanzenbau (ldw.)

e: plant cultivation; plant production
f: culture des plantes; production végétale
r: растениеводство
s: cultivo de plantas; producción vegetal
Anbau, Pflege und Vermehrung von Kultur-
pflanzen durch Maßnahmen des Ackerbaues,
der Düngung und des Pflanzenschutzes, einschließlich Ernte und Aufbereitung. →Kul-
turpflanze; →Ackerbau [39].

Pflegearbeiten (ldw.)

e: intercultivation
f: travaux d'entretien; soins aux plantes
r: работы по уходу за растениями
s: trabajos de conservación
Maßnahmen, die nach der Aussaat oder nach
dem Pflanzen notwendig sind. Sie dienen
dem Ziel, die vor der Aussaat geschaffene
Krümelstruktur des Bodens so lange zu erhalten und das Unkraut so wirksam zu be-
kämpfen, bis ein geschlossener Pflanzenbe-
stand selbst den Boden schützt und das Unkraut unterdrückt [4].

**Phon →Größen, physikalische: Lautstär-
kepegel**

Physical Working Capacity →PWC

Physiologie; physiologisch

e: physiology; physiologic(al)
f: physiologie; physiologique
r: физиология, физиологический
s: fisiología; fisiológico
Die Wissenschaft und Lehre von den
Grundlagen des allgemeinen Lebensgesche-
hens, bes. von den normalen Lebensvorgän-
gen und Funktionen des menschlichen Organismus [167].

physisch

e: physical
f: physique
r: физический
s: físico
Die körperliche Beschaffenheit betreffend;
körperlich [167].

Plan

e: plan
f: plan
r: план
s: plan
Eine Zusammenstellung von Zielen, Aufgaben nach Art und Menge sowie Wegen zu
deren Erledigung für einen Betrieb, Bereich
oder Teilbereich eines Unternehmens. Die
Durchführung dieses Konzeptes ist aber
noch nicht endgültig beschlossen oder frei-
gegeben worden [193]. →Planen

Planarbeitsabschnitt

e: work phase
f: phase d'étape de travail
r: плановый отрезок (фаза) работы
s: sección del plan de trabajo
→Arbeitsablaufabschnitt, dessen Zeitbedarf
mit einer →Arbeitszeitfunktion beschrieben
werden kann [130]. →Arbeitseinheit

Planen

e: planning
f: projeter; planifier
r: планировать, планирование
s: planear; planificar; proyectar
Die geistige Vorwegnahme zukünftigen Geschehens, d. h. das systematische Suchen
und Festlegen von Zielen und Aufgaben
sowie von Wegen zum Erreichen der Ziele
[193]. →Plan

Planung, strategische

e: strategic planning
f: planification stratégique
r: планирование, стратегическое
s: planificación estratégica
Der Entscheidungsprozeß für langfristige Ziele und Vorhaben eines →Unternehmens [17].

Planzeit(en)

e: standard time(s); task time(s)
f: temps alloué (ou: prévu)
r: плановое время
s: tiempo(s) evaluado(s)
Daten für die →Soll-Zeit (= Arbeitszeitbedarf) bestimmter Arbeitsablaufabschnitte auf verschiedenen hierarchischen Ebenen (→Gesamtarbeit, →Arbeitsvorgang, →Teilvorgang usw.), deren Dauer mit Hilfe von Einflußgrößen beschrieben wird. P. werden bei der Organisation, Planung, Disposition und Vorbereitung der Arbeit angewendet (Einheit: AKh, AKmin oder 1/100 AKmin). Die →Arbeitszeitfunktion ist eine bes. geeignete Form zur Darstellung von P. [2, 193]. →Vorgabezeit; →Zeitgliederung

Plethysmograph

e: plethysmograph
f: plethysmographe
r: плетисмограф (измерит. устройство для определения отклонений в объеме частей тела
s: pletismografo
Eine Meßeinrichtung, um Volumenschwankungen von Körperteilen zu bestimmen [180].

PMV-Index

e: PMV-index = predicted mean vote
f: indice PMV = vote moyen prévisible
r: PMV-индекс (значение для оценки микроклимата)
s: Indice PMV = voto medio previsto
Ein Kennwert für den "vorhergesagten Durchschnittswert der thermischen Beurteilung". Mit ihm kann geprüft werden, ob Klimabedingungen von einem thermisch neutralen Bereich abweichen, der weder als zu kühl noch als zu warm empfunden wird. In die Berechnung des PMV-Index gehen

neben den Klimagrößen sowohl die Unterschiede der körperlichen Aktivität als auch der Bekleidung ein [167]. →Behaglichkeit; →Komfortbedingungen; →PPD-Index

Polygraphie

e: polygraphy
f: polygraphie
r: полиграфия
s: poligrafia
Ein Verfahren, eine komplexe psychophysische Beanspruchung als Syndrom mit mehreren gleichzeitig erfaßten, sich gegenseitig ergänzenden Meßgrößen zu beschreiben [152].

PPD-Index

e: PPD-index = predicted percentage of dissatisfied
f: indice PPD = pourcentage prévisible d'insatisfaits
r: PPD-индекс (процентный показатель неудовлетворенных микроклиматом
s: Indice PPD = procentaje previsto de insatisfacción
Ein Kennwert für eine Vorhersage des Prozentsatzes von mit gegebenen Klimabedingungen Unzufriedenen. Dieser Kennwert läßt sich für gegebene Klimagrößen über Diagramme oder Tabellen bestimmen [167]. →Behaglichkeit; →Komfortbedingungen; →PMV-Index

pragmatische Belastungsgrenze →Belastungsgrenze, pragmatische

Prämie; Prämienlohn; Leistungsprämie; Leistungslohnanteil

e: premium pay; bonus; wage incentive
f: prime de salaire (ou: de rendement); boni
r: премия: премиальная зарплата: премия за производительность
s: prima; premio; salario diferenciado
Das Entgelt, das für die oberhalb der Vorgabeleistung (diejenige Leistung, die mindestens erwartet wird) erbrachte Ist-Leistung (diejenige Leistung, die tatsächlich erbracht worden ist) gewährt wird [99, 199]. →Entlohnungsform

Prävention

e: prevention
f: prévention
r: предупреждение
s: prevención
Eine vorbeugende Gesundheitspflege [186].

Präzisionsarbeit

e: precision work
f: travail de précision
*r: прецизионная (особоточная)
работа*
s: trabajo de precisión
Eine Tätigkeit mit hohen Ansprüchen an die
Genauigkeit [156].

Presbyakusis →**Altersschwerhörigkeit**

Primäraufgabe

e: primary task
f: tâche primaire
r: первичное задание
s: tarea primario
Eine →Aufgabe, die zu erfüllen ein System
geschaffen wurde [103, 223].

Proband; Versuchsperson

e: test person; (test) subject
*f: personne participant aux essais; sujet
d'expérience*
*r: испытуемый, исследуемый
человек*
s: sujeto de experimentación; probando
Eine Person, die sich einer Eignungsunter-
suchung oder einem Test unterzieht oder in
einem →Arbeitsversuch mitwirkt [156].

Probezeit

e: probation period
f: période d'essai
r: испытательный срок
s: período de prueba
Eine Ausbildungs- oder Beschäftigungsperi-
ode, während der die Eignung einer Person
für eine bestimmte Tätigkeit geprüft werden
soll [142].

Produkt

e: product
f: produit
r: продукт
s: producto
Das Ergebnis von Tätigkeiten und Prozessen. Es kann materiell oder immateriell (z.B.
eine Dienstleistung, ein Software-Programm
oder ein Konstruktionsentwurf) sein [41].

Produktion

e: production
f: production
r: производство
s: producción
Die Gesamtheit aller Aktivitäten eines Unternehmens, die an der Erstellung von betrieblichen Leistungen (Sach- oder Dienstleistungen) mittelbar und unmittelbar teilha-
ben. Diese sind i.d.R. Entwicklung, Beschaf-
fung, Fertigung und Qualitätswesen [193,
203].

Production, lean

e: lean production
f: production maigre
r: „стройное" производство
s: apoyo de la producción
Ein Produktionsansatz, nach dem insbesondere durch die Grundprinzipien Dezentrali-
sierung und Simultanisierung - verbunden
mit kooperativen Verhaltensweisen - die
Ziele der Kundenorientierung und Kosten-
senkung realisiert werden sollen. Die genannten Grundprinzipien beziehen sich dabei sowohl auf unternehmensinterne als auch
auf unternehmensübergreifende Strukturen
[109]. →Management, lean

Produktion, rechnergestützte

e: computer aided manufacturing
f: fabrication assistée par ordinateur
*r: производство с применением
вычислительной техники*
s: fabricación por computadora
Die Anwendung von Rechnern zur Regelung
und Steuerung von maschinellen Prozessen.

Produktionsanlage

e: production unit
f: unité de production
r: единица производства
s: unidad de producción

Gesamtheit aller Gebäude, baulichen Anlagen und technischen Ausrüstungen, die zur kontinuierlichen Produktion oder zur Aufbereitung, Lagerung und Verarbeitung eines oder mehrerer Produkte(s) bzw. Stufenprodukte(s) erforderlich sind [100].

Produktionsfaktoren

e: production factors
f: facteurs de production
r: производственные факторы
s: factores de producción
Mittel zur Erzeugung von Gütern; i.d.R. werden Arbeit, Boden und Kapital unterschieden [214]. →Ressourcen

Produktionsplanungs- und Steuerungssystem PPS

e: Production Planning and Control System PPS; Production Management System
f: système de planification et de régulation de la production
r: система планирования и управления производством
s: sistema de planificación y de regulación de la producción
Ein Teil des betrieblichen Informationssystems, dessen Aufgabe die Planung, Steuerung und Kontrolle des Produktionsprozesses der Unternehmung ist. Die Aufgabe des PPS-Systems kann drei Funktionsbereichen zugeordnet werden:
- Materialwirtschaft,
- Zeit- und Kapazitätswirtschaft und
- kurzfristiger Fertigungssteuerung [173].

Produktionsverfahren

e: production method
f: procédé de production
r: производственный метод
s: procedimiento de producción
Die Art und Weise der Nutzung und Gestaltung, Kombination und Durchführung aller biologischen, technischen Prozesse und Arbeitsvorgänge, die als Gesamtheit zur Erzeugung eines bestimmten Gutes oder für eine Dienstleistung unter gegebenen Bedingungen notwendig sind [100].

Produktivität; Leistungsfähigkeit; Ergiebigkeit

e: productivity
f: productivité
r: производительность, способность производительно работать; продуктивность, урожайность
s: productividad
Das Produktions- oder →Arbeitsergebnis, bezogen auf eine Einheit des Aufwandes. Je nach Einheit ist z.B. zu unterscheiden [156, 167, 178]:
1. →Arbeitsproduktivität, bezogen auf die Arbeiterstunde;
2. Kapitalproduktivität, bezogen auf den Kapitalaufwand;
3. Maschinenproduktivität, bezogen auf die Belegungsstunde;
4. Flächenproduktivität (in Land- und Forstwirtschaft), bezogen auf das Hektar Nutzfläche.

programmierte Unterweisung →U., programmierte

Programmierung

e: programming
f: programmation
r: программирование
s: programación
Die Erarbeitung einer Vorschrift zur Lösung einer konkreten algorithmisch aufbereiteten Aufgabe mit Hilfe von Programmiersprachen (= Software) und von Geräten und Anlagen der Rechentechnik (= Hardware). Diese Vorschrift besteht i.d.R. aus einer Folge von nach bestimmten Merkmalen geordneten, eindeutigen und vollständigen Anweisungen [4].

Projekt →Gliederung in Arbeitsablaufabschnitte

Projektion

e: projection
f: projection
r: проектирование
s: proyección
Ein psychischer Vorgang, bei dem Impulse aus dem Innern eines Menschen unbewußt in seine Umgebung, zumeist in Personen

seiner Umgebung verlegt werden. Der Mechanismus dieses Vorganges wird in projektiven Tests zu diagnostischen Zwecken ausgenutzt [156].

Projektstufe →Gliederung in Arbeitsablaufabschnitte

propriozeptiv

e: proprioceptive
f: proprioceptif
r: проприорецептив
s: propioceptivo
Bezogen auf Sinnesorgane zur Wahrnehmung der eigenen Körperstellung [180].

prospektiv

e: prospective
f: prévoyant; prospectif
r: проспективный
s: prospectivo
1. Der Aussicht, Möglichkeit nach; vorausschauend.
2. Die Weiterentwicklung oder Entfaltung betreffend [167].

prospektive Ergonomie →Ergonomie, prospektive

proximal

e: proximal
f: proximal
r: проксималь (анатомич.)
s: proximal
Anatomisch in der Nähe vom Rumpf liegend; rumpfwärts gelegen [186]. →distal

Prozeß

e: process
f: processus
r: процесс
s: proceso
Die Gesamtheit von aufeinander einwirkenden Vorgängen in einem →System, durch die Materie, Energie oder auch Information umgeformt, transportiert oder auch gespeichert wird [47].

Prozeß, aerober

e: aerobic process
f: processus aérobie
r: аэробный процесс
s: proceso aerobico
Ein biochemischer Vorgang im Organismus, bei dem Sauerstoff zugeführt wird [232]. →Prozeß, anaerober (Ggs.)

Prozeß, anaerober

e: anaerobic process
f: processus anaérobie
r: анаэробный процесс
s: proceso anaerobico
Ein biochemischer Vorgang im Organismus, bei dem kein Sauerstoff zugeführt wird [232]. →Prozeß, aerober (Ggs.)

Prozeß, Arbeits- →Arbeitsprozeß

Prozeß, deterministischer

e: deterministic process
f: processus déterministe
r: детерминированный (заранее предсказуемый) процесс
s: proceso determinante
Ein Vorgang, dessen Verhalten aus früheren Beobachtungen ausreichend bekannt ist und deshalb vorhergesagt werden kann. →Prozeß, stochastischer

Prozeß, Haupt-

e: main process
f: processus principal
r: основной процесс
s: proceso principal
Gesamtheit der zur Gewinnung oder Herstellung der Hauptprodukte oder der Leistungen eines Betriebes unmittelbar erforderlichen Arbeits- und Naturprozesse (z.B. Stoffgewinnung, Stoffumwandlung oder Stoffverformung, Ortsveränderung) [100].

Prozeß, Hilfs-

e: auxiliary process
f: processus auxiliaire
r: вспомогательный процесс
s: proceso auxiliario
Gesamtheit der →Arbeitsprozesse zur Sicherung und ordnungsgemäßen Durchführung der →Haupt- und →Nebenprozese (z.B. Instandsetzung) [100].

Prozeß, mobiler

e: mobile process
f: processus mobile
r: мобильный процесс
s: proceso móvil
Ein Arbeitsprozeß, der mit Arbeitsmitteln durchgeführt wird, die sich selbst fortbewegen oder gezogen werden [100]. →Prozeß, stationärer

Prozeß, Natur-

e: natural process
f: processus naturel
r: естественный процесс
s: proceso natural
In der belebten und nicht belebten Natur ablaufende biologische, chemische und physikalische Vorgänge der Stoffumwandlung. Sie werden durch bewußte und zielgerichtete technologische Nutzung ein Bestandteil des technologischen Prozesses [219].

Prozeß, Neben-

e: by-process
f: processus accessoire; processus secondaire
r: побочный процесс
s: proceso secundario
Gesamtheit der zur Gewinnung oder Herstellung der Nebenprodukte eines Betriebes unmittelbar erforderlichen Arbeits- und Naturprozesse (z.B. Stoffgewinnung, Stoffumwandlung oder Stoffverformung, Ortsveränderung). - N. dienen der Ergänzung der Hauptprodukte (z.B. Herstellung von Verpackungsmaterial) oder der Verwertung von Abfällen. Oft sind sie ein zusätzliches Mittel zur effektiven Nutzung des verfügbaren Arbeitsvermögens des Betriebes [100].

Prozeß, stationärer

e: stationary process
f: processus stationnaire
r: стационарный процесс
s: proceso estacionario
Ein Arbeitsprozeß, der mit fest montierten oder an einem bestimmten Platz aufgestellten Arbeitsmitteln durchgeführt wird [100]. →Prozeß, mobiler

Prozeß, stochastischer

e: stochastic (or: random) process
f: processus stochastique
r: стохастический процесс
s: proceso estocástico
Ein Vorgang, dessen Verhalten durch eine oder mehrere Zufallsgrößen (mit)bestimmt wird und deshalb nur in Verbindung mit statistischen Größen vorhergesagt werden kann. →Prozeß, deterministischer

Prozeß, technologischer

e: technological process
f: processus technologique
r: технологический процесс
s: proceso tecnológico
Die Gesamtheit der Natur- und Arbeitsprozesse zur Gewinnung (Rohstoff) oder Herstellung (Stufen- oder Endprodukt) materieller Güter [100].

Prozeßanalyse

e: process analysis
f: analyse de processus
r: анализ процесса
s: análisis del proceso
Ein freier oder an ein Raster bzw. an skalierende Verfahren gebundener Versuch, die persönlichen und sozialpsychologischen Aspekte eines Gruppenverlaufs zu beschreiben; dies etwa in Kategorien von Sympathie, Vertrauen, Machtausübung, Entwicklung von Zusammenhalt, Kooperationsfähigkeit usw. [95].

Prozeßelement

e: process element; machine element
f: élément de processus
r: элемент процесса
s: elemento de procesado
Grundvorgang, der von Maschinen ausgeführt wird und dessen Dauer vom arbeitenden Menschen nicht beeinflußt werden kann [193]. →Gliederung in Arbeitsablaufabschnitte; →Prozeßzeit

Prozeßsteuerung

e: process control
f: commande automatique d'opérations en continu

r: управление процессом
s: accionamiento del proceso
Das Beobachten von und das Eingreifen in Produktionsabläufe, um ein gewünschtes Ergebnis zu erreichen [180].

Prozeßzeit

e: process time
f: temps de processus
r: время процесса
s: tiempo de procesado
Die Nutzungszeit von Betriebsmitteln, die von diesen, aber nicht von der Arbeitsperson beeinflußt wird [193]. →Zeitgliederung; →Prozeßelement

Prüfliste

e: check-list
f: liste de contrôle
r: лист-опросник
s: lista de control
Eine Auflistung von Merkmalen, die bei einer Überprüfung zu berücksichtigen sind [180]. →Prüfliste, ergonomische

Prüfliste, ergonomische

e: ergonomic check-list
f: liste de contrôle (ou: check-liste) ergonomique
r: эргономический лист-опросник
s: lista ergonómica de control
Eine systematische Zusammenstellung von Leitregeln und Fragen zur Beurteilung der ergonomischen Gestaltung eines Arbeitsplatzes [167].

psychisch

e: mental
f: psychique
r: психический
s: psíquico
Die Seele, seelische Prozesse, Zustände und Gebilde (geistige, gefühlsmäßige, willentliche) betreffend; seelisch [167, 187].

Psychohygiene

e: psychohygiene
f: psychohygiène
r: психологическая гигиена
s: psicohigiene

Der Inbegriff alles wissenschaftlich fundierten Strebens nach Herstellung und Erhaltung der psychischen Gesundheit [156].

Psychologie, angewandte

e: applied psychology
f: psychologie appliquée
r: прикладная психология
s: psicología aplicada
Die praktische Anwendung psychologischer Erkenntnisse auf die Probleme des Lebens [156].

Psychologie, psychologisch

e: psychology; psychologic(al)
f: psychologie; psychologique
r: психология, психологический
s: psicología; psicológico
Wissenschaft und Lehre von den Erscheinungen und Zuständen des bewußten und unbewußten Seelenlebens und des Verhaltens der Menschen [96]. →Verbände im Fachbereich Psychologie; →Methoden im Fachbereich Psychologie

Psychomotorik

e: psychomotor function
f: psychomotricité; psychomoteur
r: психомоторика
s: movimiento psicomotriz
Die Gesamtheit der durch psychische Vorgänge beeinflußten Bewegungen, in denen sich ein bestimmter normaler oder gestörter Zustand der Persönlichkeit ausdrückt (z.B. Mienenspiel, Rede, Bewegungsspiel, das gesamte motorische Verhalten) [156, 186]. →Motorik

psychomotorische Geschwindigkeit →Geschwindigkeit, psychomotorische

Psychophysik

e: psychophysics
f: psychophysique
r: психофизика
s: psicofísica
Eine Forschungsrichtung in der →Psychologie zur Untersuchung der Beziehung zwischen der Wahrnehmung und den die Wahrnehmung verursachenden physikalischen Reizen [167].

PTS →Hörverlust

Puffer

e: buffer
f: tampon
r: запас (буффер)
s: pulmón
Eine technische Einrichtung zur vorüberge-
henden Speicherung von Arbeitsgegenständen, um dem Menschen in Montageprozes-
sen Handlungsspielräume zu ermöglichen
und/oder Störungen im Arbeitsablauf zu
überbrücken. →Fließfertigung

Puls, Gesamt- →**Gesamtpuls**

Pulsdifferenz →**Arbeitspuls(frequenz)**

Pulsfrequenz →**Herzschlagfrequenz**

Pulsfrequenzarrhythmie →**Herzschlagar-
rhythmie**

PWC

e: Physical Working Capacity
s: capacidad laboral personal
Dieses von WAHLUND 1948 eingeführte
Berechnungsverfahren der Leistungsfähigkeit beschreibt die Leistung (Wattstufe), die
ein Proband bei einer Pulsfrequenz von 170
(150, 130) Schlägen pro Minute (W170,
W150, W130) erreicht hat oder rechnerisch
erreichen könnte [137]. →Ergometrie

Q

Qualifikation

e: KSAO (= knowledge, skills, abilities and other personal attributes)
f: qualification
r: квалификация
s: calificación

Oberbegriff für die Gesamtheit der leistungsbezogenen Merkmale einer Person zur erfolgreichen Bewältigung der Anforderungen von →Arbeitstätigkeiten. Als Hauptmerkmale werden in der Regel fachliche Kenntnisse, Handlungskompetenzen und Fähigkeiten betrachtet [95]. →Eignung

Qualifizierung

e: qualification; education; training
f: qualification
r: квалификация
s: calificación

Die zielgerichtete und geplante Veränderung arbeitsbezogener und allgemeiner →Fertigkeiten und Handlungskompetenzen erwachsener Menschen [95].

Qualität

e: quality
f: qualité
r: качество
s: calidad

Gesamtheit von Eigenschaften und Merkmalen eines Produktes oder einer Tätigkeit, die geeignet sind, gegebene Qualitätsanforderungen zu erfüllen [82].

Qualitätskontrolle

e: quality control
f: contrôle de la qualité
r: контроль качества
s: control de calidad

Die Planung, Überwachung und Korrektur der Herstellung eines Produktes oder der Ausführung einer Tätigkeit mit dem Ziel, die vorgegebenen Qualitätsanforderungen zu erfüllen. Die Q. ist Bestandteil der →Qualitätssicherung, schließt sich an die Qualitätsplanung an und verwendet die Ergebnisse der Qualitätsprüfung und/oder andere Qualitätsdaten [82, 178].

Qualitätsmanagement (QM)

e: quality management
f: management de la qualité
r: менеджмент качества
s: gerencia de calidad gerencia

Die Gesamtheit der qualitätsbezogenen Tätigkeiten und Zielsetzungen [41]; (Diese Quelle bietet weitere Begriffe und Definitionen zum Bereich des QM). →Qualität; →Qualitätskontrolle; →Qualitätssicherung

Qualitätssicherung

e: quality assurance
f: recherche de la qualité
r: обеспечение качества
s: garantía de la calidad

Alle organisatorischen und technischen Maßnahmen (i.d.R. Qualitätsplanung, →Qualitätskontrolle und Qualitätsprüfung) zur Erzielung der geforderten →Qualität aus der Sicht des Kunden, im Unterschied zur nachträglichen Qualitätskontrolle [82, 180]. →Qualitätsmanagement

Qualitätstechnik

e: quality engineering
f: technique de la qualité
r: методы реализации менеджмента качества
s: técnica de calidad

Die Anwendung wissenschaftlicher und technischer Kenntnisse sowie von Führungstechniken für das →Qualitätsmanagement [41].

Qualitätszirkel QZ

e: quality circles

Im allg. kleine Gruppen aus 5 - 9 Mitarbeiterinnen und Mitarbeitern der unteren Hierarchieebenen einer Organisation, die sich regelmäßig auf freiwilliger Grundlage treffen, um selbstgewählte Probleme aus ihrem Arbeitsbereich zu behandeln. Das Qualitätszirkel-Konzept versucht, die reichhaltigen praktischen Erfahrungen der Mitarbeiterinnen und Mitarbeiter zur Verbesserung ihrer Arbeitsprodukte, -organisation und -bedingungen zu nutzen [29, 95].

Quote

e: quota; ratio
f: quota-part; contingent
r: квота
s: cuota

Verhältnis zweier zählbarer Größen gleicher Dimension, wenn dessen Größtwert höchstens 1 (= 100 %) ist.

z.B. Fehlerquote = fehlerhafte Teile/Gesamtzahl der Teile [51]. →Beziehungszahlen; →Kennzahl; →Anteil; →Rate

R

Randbedingung

e: boundary condition
f: condition aux limites (ou: marginale)
r: граничное условие
s: condición límite
Die Grenzen für die Gültigkeit eines Modells, einer Gleichung sowie Bedingungen, die die Gültigkeit von Aussagen einschränken [167].

Rangfolge

e: ranking
f: échelle hiérarchique
r: последовательность рангов
s: orden de precedencia
Eine abstufende Ordnung (ordinal →skaliert) von Objekten gemäß einem gewählten Wertesystem.

Rate

e: rate
f: taux
r: коэффициент
s: tasa
Zeitbezogene Verhältniszahl bei zeitlich →stochastischen Vorgängen, z.B. Impulsrate = Impulszahl/Zeit; Geburtenrate = Geburten/Jahr; Produktionsrate = Stückzahl/Jahr [51]. →Beziehungszahlen; →Kennzahl; →Anteil; →Quote; →Frequenz

Rationalisierung

e: rationalization
f: rationalisation
r: рационализация
s: racionalización
Maßnahmen technischer, betriebswirtschaftlicher, organisatorischer und sozialer Art mit der Zielsetzung, Produktivität, Wirtschaftlichkeit und/oder Rentabilität - unter Beachtung der Erkenntnisse über die menschengerechte Gestaltung der Arbeit - zu verbessern [193].

Rauch

e: smoke
f: fumée

r: дым
s: humo
Durch chemische oder thermische Prozesse entstandene, in Gasen (Luft) dispergierte Teilchen festen Aggregatzustandes [136].

reaktiv

e: reactive
f: réactif
r: реактивный
s: reactivo
Rückwirkend; als Reaktion auf einen Reiz [167].

Realität, virtuelle VR

e: virtual reality
f: réalité virtuelle
r: виртуальная (исскусственная) действительность, (создаваемая при помощи вычислительной техники)
s: realidad virtual
Die Abbildung der realen Umwelt in einer künstlichen dreidimensionalen Welt mit Hilfe von Hochleistungsrechnern und neuartigen Interfacetechniken [22]. →Videosomatographie

Reallohn; Ggs.: →Nominallohn

e: real wage
f: salaire réel
r: реальная зарплата
s: salario real
Tatsächliche Kaufkraft des Lohns [231].

Rechnergestützte Produktion →Produktion, rechnergestützte

Redefinition

e: redefinition
f: rédéfinition
r: повторное дефинирование
s: redefinición
Eine individuelle, ggf. abgewandelte Auffassung der →Arbeitsperson von ihrer →Arbeitsaufgabe (nach HACKMANN, 1970). Dabei muß die Arbeitsperson zunächst die Arbeitsaufgabe verstehen. Sie muß bereit sein, sie zu akzeptieren und sich den daraus ergebenden →Anforderungen zu stellen. Sie bringt schließlich ihre eigenen →Bedürfnis-

se und Wertvorstellungen in die Arbeit ein [166].

Redundanz

e: redundancy
f: redondance
r: ретундани
s: redundancia
i. allg.: Die Gesamtheit von zusätzlichen Maßnahmen, Methoden, Elementen und Systemen, die zur Erfüllung aller vorgesehenen Funktionen von Erzeugnissen und Prozessen nicht unbedingt notwendig ist. Eine wichtige, sinnvolle Form der R. ist jedoch die Reserve. Eine redundante Auslegung von Systemen (Steuerungs-, Warnsysteme) ist sogar bei Anlagen zwingend vorgeschrieben, die eine Gefahr für Mensch und Umwelt beinhalten können [178]. i.e.S.: Derjenige Teil einer Nachricht, der keinen Informationswert hat und deshalb bei der Übermittlung weggelassen werden kann [231].

REFA

"REFA-Verband für Arbeitsgestaltung, Betriebsorganisation und Unternehmensentwicklung e.V.", Wittichstraße 2, D-64295 Darmstadt, 1924 als "Reichsausschuß für Arbeitszeitermittlung" gegründet.

REFA-Normalleistung →Normalleistung

Hinweis: REFA hat für folgende wissenschaftlichen Aufgaben Standardprogramme entwickelt: Anforderungsermittlung; Arbeitsgestaltung (auch: Sechs-Stufen-Methode der Systemgestaltung); Auswertung von Zeitaufnahmen; Datenermittlung; Einführung von Verfahren zur Entgeltdifferenzierung; Erholungszeitermittlung; Leistungsgradbeurteilen; Multimomentaufnahme; Netzplantechnik; Planzeitermittlung; Planzeitverwendung; Systeme vorbestimmter Zeiten; Vergleichen und Schätzen; Verteilzeitaufnahme; Zeitaufnahme; Systematik zur Planung und Gestaltung von Arbeitssystemen; Vier-Stufen-Methode der Arbeitsunterweisung. (Diese Programme werden hier nicht weiter erläutert, sondern es wird auf die Quellen [193, 194] verwiesen.)

Referenzpunkt

e: reference point
f: point de référence
r: точка отсчета
s: punto de referencia
Ein festgelegter Punkt in einem Koordinatensystem zum Bestimmen und Reproduzieren einer Ausgangsposition [178]. →Augenbezugspunkt; →Sitzbezugspunkt; →Schulterbezugspunkt

Reflex

e: reflex
f: réflexe
r: рефлекс
s: reflejo
Unwillkürliche Reaktion eines Muskels oder einer Muskelgruppe auf einen von außen an den Organismus herangebrachten Reiz [96].

Reflexionsgrad

e: reflection factor; reflectance
f: facteur de réflexion
r: степень рефлексии
s: grado de reflexión
Ein relatives Maß, wieviel des auf eine Körperoberfläche auftreffenden Lichts, elektromagnetischer Wellen oder Schallwellen reflektiert wird. (Einheit: meistens %) [167].

Regel der Technik →Technik, Regel der -

Regelgröße →Regeln

e: controlled (or: regulating) variable
f: grandeur réglée; variable commandée
r: контроллируемая величина
s: magnitud regulada

Regelkreis →Regeln

e: control circuit
f: boucle d'asservissement ouverte
r: контроллируемый (управляемый) круг
s: circuito de regulación

Regeln; Regelung

e: control; adjustment
f: régler; réglage; régulation
r: контроль, управление

s: regular; regulación; regularización; reglaje

Das R. ist ein Vorgang, bei dem eine Größe, die zu regelnde Größe (<u>Regelgröße</u>), fortlaufend erfaßt, mit einer anderen Größe, der <u>Führungsgröße</u>, verglichen und im Sinne einer Angleichung an die Führungsgröße beeinflußt wird. Kennzeichen für das Regeln ist der geschlossene Wirkungsablauf, bei dem die Regelgröße im Wirkungsweg des <u>Regelkreises</u> fortlaufend sich selbst beeinflußt [47]. →Steuern; →Strecke; →Regulation

Regressionsanalyse

e: regression analysis
f: analyse de régression
r: регрессионный анализ
s: análisis de regresión

Eine R. untersucht die Abhängigkeit einer →Zielgröße y von n →Einflußgrößen x_i: $y = f(x_1, x_2, ..., x_n)$. Außerdem kann man nach der →Methode der kleinsten Quadrate eine Regressionsgleichung nach folgendem Modell ermitteln:

$$y = a + b_1x_1 + b_2x_2 + ... + b_nx_n.$$

(a gibt an, wie groß y an der Stelle $x_i = 0$ ist. Die Regressionskoeffizienten b_i zeigen an, um wieviel Maßeinheiten sich y verändert, wenn sich die Einflußgröße x_i um eine Maßeinheit ändert.) Wenn nach Prüfung mit entsprechenden Tests die einzelnen Regressionskoeffizienten b_i nicht signifikant von 0 abweichen, kann man schrittweise die zugehörigen Variablen x_i aus obiger Schätzgleichung als unwesentlich eliminieren [205]. →Signifikanz; →Skalierung; →Varianzanalyse

Regulation

e: regulation
f: régulation
r: регуляция
s: regulación

i.w.S.: Die Aufrechterhaltung des morphologischen und physiologischen Gleichgewichts im Organismus [18].

i.e.S.: Vorgänge, die den geplanten Ablauf und Abschluß von (insbesondere zielgerichteter) Aktivität (→Handlung) gewährleisten, aber auch solche, die am Zustandekommen einer Handlung beteiligt sind [95].

Regulation, psychische

e: mental regulation
f: régulation psychique
r: психологическая регуляция
s: regularización psíquica

Eine psychologische Einheit von Tätigkeiten, die zeitlich begrenzt, auf ein Endziel gerichtet und inhaltlich sowie zeitlich gegliedert ist. Sie umfaßt die nach Art der Bestandteile, Wechselbeziehungen und Veränderungen im Handlungsablauf zu kennzeichnende Struktur aller wirksamen psychischen Vorgänge, Gebilde und Eigenschaften [36].

Regulationsbehinderung

e: inhibition of regulation
f: empêchement de la régulation
r: препятствие в регулировании
s: impedimento de la regulación

→Arbeitsbedingungen, die das Erreichen des →Arbeitsergebnisses behindern, ohne daß die →Arbeitsperson diesen Bedingungen effizient, d.h. durch prinzipielle Beseitigung der Behinderung, begegnen kann. R. treten in zwei Hauptformen auf, die sich jeweils weiter untergliedern lassen: →Regulationshindernisse (RH) und →Regulationsüberforderungen (RÜ) [169].

Regulationserfordernis

e: exigency of regulation
f: exigence de la régulation
r: потребность в регулировании
s: necesidad de la regulación

Eine →Anforderung, die mit einer →Arbeitsaufgabe an Denk- und Planungsprozesse gestellt wird [169].

Regulationshindernisse RH

e: regulation obstacles
f: obstacles de la régulation
r: задержка (помеха) регулирования
s: obstáculos de la regulación

→Merkmale, →Ereignisse oder Zustände, die mit der →Arbeitsaufgabe verbunden sind und den →Arbeitsablauf direkt behindern. Arbeitsoperationen werden durch R. erschwert oder unterbrochen. Dies führt dazu, daß die →Arbeitsperson zusätzlichen Handlungsaufwand leisten oder riskant handeln muß, um das vorgeschriebene →Arbeitsergebnis zu erreichen [169].

Regulationsüberforderung RÜ

e: regulation over-charge
f: surmenage de la régulation
r: чрезмерное регулирование
s: regulación excesiva
Dauerzustand, der die menschliche Handlungsregulation nicht direkt, sondern vermittelt behindert. R. vermindert die →Leistungsfähigkeit im Verlauf des Arbeitstages. Dies kann zu Beeinträchtigungen der →Konzentration oder →Aufmerksamkeit führen [169].

Rehabilitation

e: rehabilitation
f: réhabilitation; réadaptation
r: восстановление здоровья
s: rehabilitación
Maßnahmen zur Wiederherstellung, Besserung oder bestmöglichen Anpassung der Leistungsfähigkeit im Erwerbs- und Privatleben sozial, psychisch oder physisch benachteiligter Menschen [156].

Reiz

e: stimulus
f: stimulus
r: стимул
s: estímulo
Jede plötzliche physikalische (mechanisch, thermisch, optisch, osmotisch) oder chemische Zustandsänderung, die →Rezeptoren erregt, d.h. Reflexe, Wahrnehmungen oder Empfindungen auslöst [209].

Rekreationszeit

e: recreation time
f: temps de repos
r: время рекреации (регенерации)
s: tiempo de recreación
Die Zeit, die durch Schlaf, Ruhe, Essen und Trinken zur völligen oder teilweisen Beseitigung der Ermüdung gebraucht wird [156].
→Erholungszeit

Reliabilität; Zuverlässigkeit

e: reliability
f: fidélité
r: надежность (из статистики), релиабилитет
s: confiabilidad
Ein →Testkriterium für die Zuverlässigkeit einer Messung oder eines Tests, dadurch belegt, daß diese zu verschiedenen Zeiten und unter denselben Bedingungen zu demselben Ergebnis führen [136]. →Reproduzierbarkeit

Repräsentativität; repräsentativ

e: representativity; representative
f: représentativité; représentatif
r: репрезентативность; репрезентативный (статистика)
s: representatividad; representativo
Ein Kriterium für die getreue Darstellung des wahren Sachverhalts durch gewonnene Daten oder Ergebnisse, wenn diese alle in der Grundgesamtheit vorkommenden Schwankungen oder Einflußgrößen berücksichtigen [193].

Reproduzierbarkeit; reproduzierbar

e: reproducibility; reproducible
f: reproductibilité; reproductible
r: воспроизводимость; воспроизводимый
s: reproducibilidad; reproducible
Ein Kriterium für die Wiederverwendbarkeit von Daten [193].

Resonanz

e: resonance
f: résonance (d'amplitude)
r: резонанс
s: resonancia
Die Gleichheit einer Erregerfrequenz mit der dadurch angeregten →Eigenfrequenz eines schwingenden Systems. Dabei kann die Amplitude der angeregten Schwingung größer werden als die der Erregerschwingung und dadurch die Schwingungswirkung oder -belastung wesentlich verstärkt werden [113]. →Dämpfung

Resonanzfrequenz →Eigenfrequenz

Respiration

e: respiration
f: respiration
r: респирация (при дыхании)
s: respiración
Atmung

Ressourcen

e: resources
f: ressources
r: ресурсы
s: recursos
Hilfsmittel der Produktion, oft in der Bedeutung natürlicher R., zuweilen auch gleichbedeutend mit →Produktionsfaktoren [214].

Ressourcen, menschliche

e: human resources
f: ressources humaines
r: человеческие ресурсы
s: recursos humanos
Die real und potentiell verfügbaren Arbeitskräfte [142].

Restkapazität

e: residual capacity; spare capacity
f: capacité restante; capacité résiduelle
r: остаточная мощность
s: capacidad residual
Vorhandene →Kapazität, die nicht ausgeschöpft wird [14].

Rezeptor

e: receptor
f: récepteur
r: рецептор
s: receptor
Empfangs- oder Aufnahmeeinrichtung von Zellen für die Entgegennahme bestimmter →Reize, die Informationen über die Außenwelt oder aus dem Organismus vermitteln [186].

RHIA

= Regulationshindernisse in der Arbeitstätigkeit.
Ein handlungstheoretisches Arbeitsanalyseverfahren (LEITNER, KROGOLL, OESTERREICH, RESCH und VOLPERT, 1984), das industrielle Arbeitstätigkeit im Hinblick auf kognitive Belastungen untersucht und beurteilt, die auf den Arbeitsbe-

dingungen beruhen [152]. →Arbeitsanalyse; →Tätigkeitsanalyse

Richtlinien

e: terms of reference; guidelines
f: directives
r: директивы
s: direcciones; directrices
Die Definition einer (Arbeits)aufgabe mit dem Ziel, eine Übereinkunft zwischen Auftraggeber und Ausführendem zu schaffen. Sie schließt Angaben über Bereich, Ziel, Einschränkungen, verfügbare Hilfsmittel, zeitliche Begrenzungen und andere Bedingungen der Aufgabe ein [17].

Risiko

e: risk; hazard
f: risque
r: риск
s: riesgo
Die Wahrscheinlichkeit, daß ein zum Schaden führendes Ereignis eintritt [60]. →Grenzrisiko

Rolle, soziale

e: social role
f: rôle sociale
r: социальная роль
s: conducta social
Die durch die ständige Auseinandersetzung und Anpassung im sozialen Raum typisch gewordene Reaktions- und Verhaltensweise des einzelnen Menschen in der sozialen Einheit und in bestimmten sozialen Situationen [156]. →Persönlichkeitsbild

Rollenkonflikt

e: role conflict
f: conflit de rôle
r: конфликт ролей
s: conflicto por las funciones
Der Widerstreit innerhalb der sozialen Rolle eines Menschen. Diese soziale Rolle ist im allgemeinen zweifach ausgeprägt:
1. die Summe von Erwartungen an ein soziales →Verhalten eines Menschen, der eine bestimmte Position innehat, und
2. ein gesellschaftlich bereitgestelltes Verhaltensmuster, das erlernt und von einer Person in einer bestimmten Situation ge-

wählt und ausgeführt werden kann bzw. werden muß.

Widerstreitende Erwartungen an unterschiedliche Rollen eines Menschen (z.B. Hausfrau und Mutter) werden als Inter-Rollenkonflikt, widerstreitende Elemente einer Rolle, z.B. unterschiedliche Erwartungen von Eltern und Schülern an das Verhalten der Lehrerin als Intra-Rollenkonflikt bezeichnet. Diese beiden Formen, Inter- und Intra-Rollenkonflikt, stellen eine Rollenkonflikt-Ambiguität dar [18].

Rollenkonflikt-Ambiguität →Rollenkonflikt

Rottenarbeit

e: gang work; team work
f: travail en équipe
r: последовательная работа (как разновидность групповой)
s: trabajo en equipo
Eine Art der →Gruppenarbeit, bei der mehrere Personen mit gleichem Verfahren so nebeneinander arbeiten, daß nur die Gesamtleistung der Rotte, nicht aber die jedes einzelnen erkennbar und meßbar ist [156]. →Kolonnenarbeit

Routinearbeit

e: routine work
f: travail normal; travail de routine
r: рутинная работа
s: trabajo de rutina
Eine Arbeit, die mit Fertigkeiten auszuführen ist, die durch ständige Übung erworben und danach z. T. sogar automatisiert sind. R. kann deshalb sehr monoton sein [4].

Rückenstütze

e: back rest
f: dossier de maintien
r: поддержка для спины (спинка)
s: apoyo dorsal; respaldar
Eine Einrichtung zur Aufnahme zumeist horizontaler Gewichtskomponenten des Oberkörpers [180].

Rückkoppelung; Rückmeldung

e: feedback
f: rétroaction; couplage de réaction
r: обратная связь: обратное сообщение
s: retroalimentación; acoplamiento regenerativo
Die Beeinflussung eines Geschehens durch Rückwirkung der Folgen auf den weiteren Verlauf [18].

Ruhe →Erholung

Ruhepuls(frequenz)

e: resting pulse (rate)
f: (fréquence du) pouls au repos
r: частота биения сердца в состоянии покоя
s: (frecuencia de) pulso de reposo
Die während eines Ruhezustands gemessene Herzschlagfrequenz. Sie wird bei den verschiedenen Arbeiten in der jeweiligen Grundkörperhaltung, z.B. im Liegen, Sitzen oder Stehen ermittelt und als Bewertungsbasis verwendet. (Einheit: Herzschläge/min) [136].   →Basalpuls;   →Gesamtpuls; →Arbeitspuls

Ruhestand, gleitender

e: flexible retirement
f: retraite mobile (ou: variable)
r: гибкая организация предпенсионного рабочего времени
s: retiro (o: jubilación) flexible
Eine stufenweise Arbeitszeitreduzierung während eines festgelegten Zeitraumes vor dem altersbedingten Ausscheiden des Beschäftigten aus dem Erwerbsleben. Diese Regelung richtet sich nach den Wünschen und gesundheitlichen Bedürfnissen des Ruheständlers oder nach betrieblichen Angeboten. Sie unterscheidet sich damit von der Zwangspensionierung bei Erreichen einer bestimmten Altersgrenze [11].

Ruheumsatz

e: metabolism at rest; resting metabolism; basal metabolism
f: métabolisme de repos
r: энергозатраты в состоянии покоя
s: metabolismo en reposo
Der Energieumsatz bei körperlicher Ruhe, wenn die übrigen Bedingungen des

→Grundumsatzes nicht gegeben sind. (Einheit: Joule) [156].

Rüstarbeit (mit entsprechender →Rüstzeit)

e: allgemein: preparation work; Rüstarbeit bei Arbeitsbeginn: *start-up (or: make-ready; set-up) work;* Rüstarbeit bei Arbeitsende: *shut-down (or: put-away; dismantling) work;* Umrüstarbeit: *changeover work*
f: travail de préparation
r: подготовительная работа, связанная с оснащением или переоснащением рабочего события, или средства производства; (соотвно и время на это)
s: trabajo de preparación

Ein →Teilvorgang, der der Vorbereitung oder dem Rückversetzen in den ursprünglichen Zustand, dem In- oder Außergangsetzen oder dem Umrüsten der für den Arbeitsvorgang notwendigen Arbeitskräfte und ihrer Arbeitsmittel dient. - Er bezieht sich einmalig auf den ganzen Arbeitsvorgang und ist i.d.R. von dessen Umfang und Dauer unabhängig. Bei Feldarbeiten unterscheidet man Rüstarbeit auf dem Hofe und am Arbeitsort [14]. →Gliederung in Arbeitsablaufabschnitte; →Zeitgliederung

Rüstarbeit am Arbeitsort (ldw.)

e: preparation at workplace
f: travail de préparation sur le lieu de travail
r: подготовительная работа непосредственно на месте работ
s: trabajo de preparación en un lugar

Rüstarbeit auf dem Hofe (ldw.)

e: preparation in the farmstead
f: travail de préparation à la ferme
r: каждодневный уход на фермерском подворье
s: trabajo de preparación en la granja

Rüsten →Teilzeiten: Rüstzeit

Rüstzeit

e: allgemein: preparation time; Rüstzeit bei Arbeitsbeginn (= Vorbereitungszeit): *start-up time;* Rüstzeit bei Arbeitsende: *shut-down time;* Rüstzeit zum Einrichten: *set-up time;* Abrüstzeit: *shut-down (or: tear-down, dismantling) time;* Umrüstarbeit: *changeover time*
f: temps de préparation; Rüstzeit zum Einrichten: *temps de montage;* Abrüstzeit: *temps de démontage;*
r: время на одготовку
s: tiempo de preparación
Die Zeit für →Rüstarbeit.

S

SAA

= Subjektive Arbeitsanalyse.

Ein handlungstheoretisch orientiertes Arbeitsanalyseverfahren (UDRIS, 1980), das die Wahrnehmungen und Wertungen zur eigenen Arbeitstätigkeit erfaßt [152]. →Arbeitsanalyse; →Tätigkeitsanalyse

Sabbatical; Langzeiturlaub

e: sabbatical leave
f: congé sabbatique
r: специальный отпуск
s: permiso sabático
Ein über eine längere Periode anzusammelnder (bezahlter oder unbezahlter) mehrmonatiger Sonderurlaub. Das Arbeitsverhältnis bleibt während dieser Zeit bestehen [11].

Sachschaden

e: property damage; material damage
f: dommage matériel
r: материальные потери
s: daño material
Folge eines ungewollten, einen materiellen Schaden bewirkenden Ereignisses [215]. →Schaden

Sagittalebene (des Körpers)

e: sagittal plane
f: plan sagittal
r: сагитальная плоскость (тела человека)
s: plano sagital
Jede der Mittenebene (= →Medianebene) des Körpers oder der Pfeilnaht des Schädels parallele Körperebene [96]. →Körperebenen

Saisonarbeit (ldw.)

e: seasonal work (or: employment)
f: travail saisonnier
r: сезонная работа
s: trabajo estacional
Eine Arbeit, die wegen Bindung an den Vegetationsverlauf innerhalb einer bestimmten Zeitspanne erledigt werden muß.

Saisonarbeiter(in) (ldw.)

e: seasonal worker
f: saisonnier; travailleur (ou: ouvrier) saisonnier
r: сезонный рабочий
s: trabajador de temporada
Eine Arbeitsperson, die zur Deckung erhöhten Arbeitszeitbedarfs nur während einer oder mehrerer Zeitspannen im Betrieb tätig ist. →Saisonarbeit; →Arbeitskräfte, nicht ständig beschäftigte

Sättigung, psychische; syn.: S., mentale

e: mental (or: psychic) satiation
f: saturation psychique (ou: mentale)
r: состояние психического насыщения
s: saturación (p)síquica (o: mental)
Zustand der nervös-unruhevollen, affektbetonten Ablehnung sich wiederholender Tätigkeiten oder Situationen, bei welchen das Erleben des "Auf-der-Stelle-Tretens", des "Nicht-weiter-Kommens" besteht [68].

Sauerstoffdefizit

e: oxygen deficit
f: déficit d'oxygène
r: дефицит (недостаток) кислорода
s: déficit de oxigeno
Die bei Arbeitsbeginn fehlende Sauerstoffmenge, die wegen der verzögerten Anpassung des Organismus an die veränderte Belastung nicht aufgenommen wird. Diese negative Sauerstoffbilanz kann durch Erholung nach Arbeitsende ausgeglichen werden [136].

Sauerstoffschuld

e: oxygen debt
f: dette d'oxygène
r: непокрываемая потребность в кислороде
s: deuda de oxigeno
Die ungedeckte Differenz zwischen im Augenblick der Belastung (z.B. durch Schwerstarbeit) hohem Sauerstoffbedarf und maximal möglicher Sauerstoffaufnahme. Sie wird durch Erholung nach Arbeitsende ausgeglichen [136]. →Sauerstoffdefizit und Sauerstoffschuld sind bis zu einem Bereich von

130 Pulsschlägen/min und einer Dauer von mehr als 5 min nahezu identisch [139].

Schaden

e: *damage; detriment*
f: *dommage; dégât; détriment*
r: *потери, повреждения*
s: *daño*
Nachteil durch Verletzung von Rechtsgütern auf Grund eines bestimmten technischen Zustandes, Ereignisses oder Vorganges [60].
→Personenschaden; →Sachschaden

Schaden, somatischer

e: *somatic damage*
f: *dommage somatique*
r: *соматическое повреждение*
s: *daño somático*
Nachteil durch Verletzung von menschlichen Organen oder Körperteilen auf Grund eines bestimmten technischen Vorganges oder Zustandes [60]. →Schaden; →Personenschaden

Schädigungslosigkeit →Beeinträchtigungsfreiheit

Schadstoff

e: *pollutant; harmful substance; contaminant*
f: *polluant*
r: *вредное вещество*
s: *contaminante*
Ältere und umgangssprachliche Bezeichnung für →Gefahrstoff [167].

Schall

e: *sound*
f: *son*
r: *звук*
s: *sonido*
Elastodynamische Schwingungen und Wellen. (Luft-, Flüssigkeits-, Wasser- und Körperschall sind Schall in den Medien Luft, Flüssigkeit, Wasser bzw. in festen Körpern.) [45].

Schalldämmung

e: *sound insulation*
f: *insonorisation; isolation phonique*
r: *звукоизоляция*
s: *insonoridad; insonorización*
Die Minderung der Schallübertragung vom Sender zum Empfänger durch eine Trennung (Luftschalldämmung durch schalldämmende Wände, Schallschutzschirme und -vorhänge, doppeltverglaste Fenster, Gehörschutzkapseln; Körperschalldämmung durch Schwingungsisolierung mit Federelementen aus Gummi oder Gummi-Metall-Verbindungen zwischen festen Körpern) [157, 193].
→Dämmung; →Dämpfung; →Schalldämpfung

Schalldämpfung; Schallabsorption

e: *sound absorption; attenuation of sound*
f: *affaiblissement acoustique*
r: *звукопоглощение; абсорбция звука*
s: *amortiguación del ruido; amortiguamiento sonoro*
Die Minderung des Lärms innerhalb eines Raumes durch Dämpfung der Eigenschwingungen sowie durch Absorption des Schalls und dessen Umwandlung in Wärme infolge Reibung der schwingenden Luftteilchen an großen Oberflächen (elastische, schallschluckende Wandverkleidungen, Entdröhnungsmittel) [151, 157, 193]. →Dämpfung; →Schalldämmung

Schalldruck p

e: *sound (or: acoustic) pressure*
f: *pression acoustique; pression sonore*
r: *звуковое давление*
s: *presión sonora*
Dem Schall zugeordneter effektiver Wechseldruck in einem Volumenelement [19, 45].

Schalldruckpegel Lp

e: *sound pressure level*
f: *niveau de pression acoustique*
r: *уровень звука*
s: *nivel de presión acústica (o: de sonido)*
Logarithmisches Verhältnis des gemessenen →Schalldruckes p zum →Bezugs-Schalldruck p_0 [19, 136, 157]:
$Lp = 20 \cdot \log(p/p_0)$
(Rechengröße: dB (Dezibel));
dabei ist:
$p_0 = 2 \cdot 10^{-5}$ Pa
(p und p_0 gemessen in Pa).
→Schalldruckpegel, bewerteter

Schalldruckpegel, bewerteter L_{pA}; A-Schalldruckpegel

e: A-weighted sound pressure level
f: niveau évalué de pression acoustique
r: оцениваемый уровень звукового
давления по шкале A
s: nivel de presión sonora
Der →Schalldruckpegel, der die frequenz-abhängige Wirkung auf den Menschen be-schreibt. Er ist damit eine zusammengefaßte Größe für →Schalldruck und -frequenz so-wie ein vereinfachtes Maß der Lautstärke [19, 136, 157, 167]:
$L_{pA} = 20 \cdot \log(p_A/p_0)$
(Rechengröße: Dezibel(A) = dB(A)).
→Beurteilungspegel

Schalleistung P

e: sound (or: acoustic) power
f: puissance acoustique (ou: sonore)
r: звуковая энергия
s: potencia acústica
Produkt aus Schallintensität I und der die Schallquelle umgebenden Fläche S:
$P = I \cdot S$ (Einheit: W) [19].

Schalleistungspegel L_W

e: sound level
f: puissance acoustique (ou: sonore)
r: уровень звукового давления
s: nivel de potencia sonora
Der zehnfache Zehnerlogarithmus des Ver-hältnisses der abgestrahlten →Schalleistung P zur Bezugsleistung $p_0 = 10^{-12}$ W:
$L_W = 10 \cdot \log(P/p_0)$ (Rechengröße: dB (Dezibel)). Der A-Schalleistungspegel L_{WA} ist für die festgelegten typischen Aufstel-lungs- und Betriebsbedingungen ein Maß für die abgestrahlte →Schalleistung [19].

Schallemission

e: sound emission
f: émission de son
r: эмиссия звука
s: emisión de sonido
Das Abstrahlen von →Schall [45].

Schallgeschwindigkeit c

e: velocity of sound; sound velocity
f: vitesse de son
r: скорость звука
s: velocidad del sonido
Die Ausbreitungsgeschwindigkeit einer Schallwelle. (Einheit: m/s). Sie ist charakte-ristisch für das jeweilige Ausbreitungsmedi-um. Mit der Frequenz f und der Wellenlänge l ist sie über folgende Beziehung verknüpft:
$c = f \cdot l$ (Einheit: m/s) [45, 157].

Schallimmission

e: sound immission
f: immission de son
r: иммиссия звука
s: inmisión de sonido
Einwirken von →Schall (auf ein Gebiet oder einen Punkt des bestrahlten Gebietes, u.a. auf den Menschen) [45].

Schallimpuls

e: sound impulse
f: impulsion acoustique
r: звуковой импульс
s: impulso de sonido
Einmaliges Schallsignal von kurzer Dauer [45].

Schallintensität I

e: sound intensity
f: intensité sonore
r: интенсивность звука
s: intensidad sonora; (o: del sonido)
Quotient aus →Schalleistung P und der die Schallquelle umgebenden Fläche S: $I = P/S$ (Einheit: W/m^2) [19].

Schallschutz →Lärmschutz

Scheitelfaktor

e: crest factor; peak-to-r.m.s. ratio
f: facteur de crête
r: соотношение максим. значения к макс. эффективному значению
s: factor de amplitud
Das Verhältnis aus Maximalwert (= Schei-telwert) und maximalem →Effektivwert des frequenzbewerteten Beschleunigungssignals. Der S. ist insbesondere bei stoßhaltigen Schwingungsverläufen von Bedeutung [224].

Scheitelwert; Maximalwert

e: peak (or: maximum) value; vertex
f: valeur de crête; sommet
r: разница между наивысшим
значением и средней линией (в
механических колебаниях)
s: valor de cresta; vértice
Der Abstand zwischen Höchst- oder Tiefst-
wert und Mittellinie einer Schwingung
[224].

Schichtarbeit

e: shift work
f: travail en équipe; travail de postes
r: сменная работа
s: trabajo de (o: por) turnos
Alle Formen der Arbeitszeitorganisation, in
denen Arbeit entweder zu einer regelmäßig
wechselnden Tageszeit (Wechselschicht-
systeme) oder zu einer festen, aber unge-
wöhnlichen Tageszeit (permanente Schichtsysteme) ausgeführt wird [204]. Tagesrhythmik

Schichtplan

e: shift rota; shift system; work schedule
f: régime (système) des équipes; roulement
des équipes
r: план сменной работы
s: plan de turno
Die Festlegung der Reihenfolge einzelner
Schichten (z.B. Früh-, Spät-, Tag-, Nacht-
und Freischichten) für jede Schichtbeleg-
schaft oder jede(n) Schichtarbeiter(in) auf
Kalendertage [155].

Schichtregelung; Schichtsystem

e: shift rota; shift regime (system)
f: régime (système) des équipes
r: регулирование сменами, система
смен
s: reglamentación (sistema) de turno
Betrieblich oder überbetrieblich festgelegte
Ordnung der Schichtarbeit. Sie umfaßt z.B.
Anzahl, Dauer, Lage und Wechsel der
Schichten am Tag und in einer bestimmten
Zeitspanne sowie eingeschobene →Frei- und
→Zusatzschichten [100].

Schichtsystem, diskontinuierliches

e: discontinuous shift system
f: système discontinu des équipes
r: система сменной работы, с
прерываниями
s: plan de turno discontinuo
Ein →Schichtsystem mit einer Betriebszeit
von weniger als 168 (= 7 · 24) Stunden pro
Woche. Es umfaßt Schichtsysteme mit
→Nachtarbeit, jedoch ohne Wochenend-
oder Sonntagsarbeit [211].

Schichtsystem, kontinuierliches

e: continuous shift system
f: système continu des équipes
r: система сменной работы,
непрерывная
s: plan de turno continuo
Ein →Schichtsystem, das die 168 (= 7 · 24)
Stunden pro Woche abdeckt und damit auch
→Nacht- und Wochenendarbeit einschließt
[211].

Schichtzyklusdauer; Schichtplanlänge

e: duration of shift cycle
f: durée de roulement des équipes
r: длительность циклов сменной
работы
s: duración de plan de turno
Der Zeitraum, nach dem sich ein Schicht-
plan, auf den Wochentag bezogen, wiederholt [153]. →Schichtsystem

Schlagkraft (ldw.)

e: labour potential
f: potentiel de travail
r: дневная производительность
s: potencial laboral
Das →Leistungsvermögen von →Maschi-
nensystemen bei der Erledigung →fristge-
bundener Arbeiten im Pflanzenbau [4].

Schlagvolumen

e: stroke volume
f: volume systolique
r: объем крови за одно сокращение
сердца
s: descarga sistólica
Die Blutmenge, die das Herz bei jeder Zu-
sammenziehung auswirft. Normal sind 77
ml bei Ruhe. Das S. wird üblicherweise
ermittelt, indem man das →Herzminuten-

volumen durch die →Herzschlagfrequenz dividiert [1, 186].

Schleppzeigeruhr →Fortschrittszeitmessung

Schlichtung

e: conciliation
f: conciliation
r: трудовой арбитраж
s: arbitraje; conciliación

Ein Verfahren zur Beilegung von Streitigkeiten zwischen Arbeitgebern und Arbeitnehmern unter Vermittlung einer neutralen öffentlichen oder privaten Stelle [156].

Schlüsselmaschine

e: key machine
f: machine-clé
r: ключевая машина (в комплексе)
s: máquina clave

Eine →Maschine innerhalb eines →Maschinensatzes, mit der bei (transport)verbundenen Arbeitsprozessen die Hauptarbeitsart erledigt wird und die durch ihre Kapazität bzw. Leistungsparameter den technologischen Ablauf und die Ökonomik eines Arbeitsverfahrens insgesamt entscheidend beeinflußt [4].

Schnittstelle

e: interface
f: interface
r: интерфейс
s: interfaz

Der Ort des Informations-, Energie- oder Materialaustauschs zwischen zwei Objekten [180].

Schnittstelle Mensch-Maschine

e: man-machine interface
f: interface homme-machine
r: интерфейс человек→машина
s: interfaz humano-máquina

Der Ort des wechselseitigen Informations- und Energieübergangs zwischen Mensch und Maschine [180]. →Mensch-Maschine-System

Schulterbezugspunkt SBP

e: shoulder reference point; acromion
f: point de référence de l'épaule
r: точка отсчета → плечо (в антропометрии)
s: punto de referencia humbral

Ein für die verschiedenen Körpergröße-Klassen und zugehörigen →Perzentile festgelegter Punkt für die Lage der Schulter im Koordinatensystem des →Mensch-Maschine-Systems. Ihm können die →Stellteile räumlich zugeordnet werden, die von Armen und Händen betätigt werden [137]. →Augenbezugspunkt; →Sitzbezugspunkt

Schutz

e: protection
f: protection
r: защита
s: protección

Verringerung des →Risikos durch Maßnahmen, die entweder die Eintrittshäufigkeit oder das Ausmaß des →Schadens oder beide einschränken [60].

Schutzeinrichtung

e: guard; protective device
f: installation de protection (ou: protectrice; protecteurs)
r: защитное устройство
s: dispositivo de protección

Einrichtung (besonderes sicherheitstechnisches Mittel nach [58], Abschnitt 4.1.2) zur Sicherung von →Gefahrenstellen. Darunter sind zu verstehen: Verkleidungen, Verdeckungen und Umwehrungen [59].

Schutzziel

e: safety objective
f: objectif pour la protection
r: цель защиты
s: objetivo de la protección

Ein anzustrebender Soll-Zustand, in dem Gefahren und schädigende Belastungen nicht auftreten können [215].

Schwachstellenanalyse

e: potential trouble spot analysis; weak point analysis; danger point (or: spot) analysis
f: analyse des zones dangereuses

r: анализ потенциальных слабых
мест
s: análisis de los puntos débiles
Verfahren zum Aufdecken von Fehlern und
Verlustquellen im Betrieb [193]. →Fehler-
baumanalyse

Schwarzarbeit

e: clandestine work; moonlighting
f: travail clandestin (ou: noir)
r: незаконная работа
s: trabajo clandestino; pluriemplo
Bezahlte Arbeit unter Verletzung gesetzlich
verankerter Regelungen (z.B. Steuern, Sozialversicherung) [142].

Schwarzkörpertemperatur; Globetempe-
ratur

e: black body (or: globe) temperature
f: température du globe noir
r: температура черного тела: или
температура по Глобе
s: temperatura radiante
Die Temperatur der Oberfläche eines Körpers, die alle auffallende Strahlung absor-
biert. Sie stellt sich als Gleichgewicht zwischen absorbierter und abgestrahlter Energie
ein [81]. →Trockentemperatur; →Feucht-
temperatur

Schweißrate

e: sweat rate
f: débit sudoral
r: коэффициент потовыделения
s: tasa de sudor
Die Schweißmenge pro Einheit der Körperoberfläche und Zeiteinheit [180].

Schwellenwert

e: threshold value; cutoff
f: valeur de seuil (ou: liminaire)
r: значение на пороге восприятия
s: valor umbral (o: liminar)
Intensitätswert oder -pegel, unter dem ein
Impuls keine Wirkung hat, ggf. ein Signal
nicht wahrgenommen wird [232].

Schwingamplitude →Amplitude

Schwingbeschleunigung a

e: vibration acceleration
f: accélération des vibrations

r: виб роускорение
s: aceleración de vibración
Die Änderung der →Schwinggeschwindig-
keit in der Zeiteinheit (Einheit: m/s^2) [136].

Schwinggeschwindigkeit v

e: vibration velocity
f: vitesse des vibrations
r: виб роскорость
s: velocidad de vibración
Die Änderung des Schwingweges in der
Zeiteinheit (Einheit: m/s) [19].

Schwingstärke, bewertete K; K-Wert

e: vibration force
f: force de vibration
r: сила виб рация, оцениваемая по
коэффициенту K
s: intensidad de vibración
Eine dimensionslose Kenngröße, die den
Zusammenhang zwischen objektiver (=
meßbarer) Schwingungsbelastung einerseits
und subjektiver (= nicht meßbarer) Wahrnehmung, biomechanischem Schwingungsverhalten und bestimmten physiologischen
Veränderungen andererseits wiedergibt [19,
224]. →Bewertungsfilter; →Beurteilungs-
Schwingstärke

Schwingung, Ganzkörper-

e: whole-body vibration
f: vibration globale du corps
r: общая виб рация
(воздействующая на все тело
человека)
s: vibración global del cuerpo
Mechanische Schwingungen, die über verschiedene Unterstützungsflächen in den
Menschen eingeleitet werden. Diese Unterstützungsflächen sind im Sitzen die Sitzfläche unter dem Gesäß, im Stehen die Boden-
standfläche unter den Füßen und im Liegen
die Liegefläche unter dem Becken oder dem
Kopf [19].

Schwingung, Hand-Arm-

e: hand-arm vibration
f: vibration main-bras
r: локальная виб рация,
воздействующая через руки
s: vibración del brazo

Mechanische Schwingungen, die auf die Hände beim Halten und Führen von vibrierenden Handarbeitsgeräten, von Werkzeugen und Werkstücken sowie von Bedienteilen einwirken [19].

Schwingungen, mechanische;
Vibration; Erschütterung
e: mechanical vibrations
f: vibrations (ou: oscillations) mécaniques
r: механические колебания:
вибрация
s: vibración mecánica
Die Bewegung von Masseteilchen um eine Ruhelage [19]. →Stoß; →Bewertungsfilter; →Effektivwert; →Frequenz; →Resonanz

Schwingungsbeanspruchung
e: vibration strain
f: contrainte des vibrations
r: воздействие вибрации на человека
s: esfuerzo de vibración
Die Auswirkung der Schwingungsbelastung auf den Menschen, die sich als Belästigung, Arbeitsbehinderung, Leistungsminderung und Gesundheitsschädigung äußern kann [19, 224].

Schwingungsbelastung
e: vibration stress (or: load)
f: charge (ou: stress) des vibrations
r: нагрузка вследствии вибрации
s: carga de vibración
Die äußere Einwirkung von mechanischen Schwingungen auf den Menschen [19, 224].

Schwingungsdämmung →Dämmung

Schwingungsdämpfung →Dämpfung

Schwingungsgrößen
e: vibrating (or: oscillating) quantities
f: grandeurs des vibrations
r: параметры вибрации
s: magnitudes de vibración
Zeitlich abhängige Kenngrößen, mit denen Schwingungen beschrieben werden können, wie →Schwingweg, →Schwinggeschwindigkeit oder →Schwingbeschleunigung [19, 157].

Schwingungsisolierung
e: vibration isolation
f: isolation des vibrations
r: виброизоляция
s: aislamiento contra vibraciones
Die Verminderung der Schwingungsübertragung durch möglichst weitgehende schwingungsmechanische Abschirmung des zu schützenden Menschen oder Gegenstandes gegenüber dem Erreger mit Hilfe von nachgiebigen, elastischen Zwischenbauteilen (z.B. Metall-, Gummi- und Luftfedern) [157].

Schwingungsrichtung
e: direction of vibrations
f: direction des vibrations
r: направление вибрации
s: sentido de la vibraciones
Die Richtung, in der Schwingungen auf den menschlichen Körper im Stehen, Sitzen und Liegen übertragen werden: x-Richtung = in Rücken-Brust-Richtung; y-Richtung = in Schulterrichtung; z-Richtung = in Fuß-Kopf-Richtung [19, 157, 224]. (Ein entsprechendes Koordinatensystem gibt es auch für Hand-Arm-Schwingungen [157].)

Schwingweg
e: vibration displacement
f: déplacement de vibration
r: виброамплитуда
s: desplazamiento de la vibración
Die Verschiebung schwingender Teilchen um ihre Ruhe- oder Nullage. (Einheit: m) [136].

Sehschärfe; Visus
e: visual acuity
f: acuité visuelle
r: острота зрения
s: agudeza visual
Die Fähigkeit der Netzhaut, zwei Punkte eben noch als getrennt zu erkennen [186].

Selbständige Erwerbstätigkeit
→Erwerbstätigkeit, selbständige

Selbstaufschreibung

e: self-recording
f: note de soi-même
r: самостоятельное ведение записей
s: registro (o: record) propio; autoregistro
Eine Datenerfassungsmethode, die durch die im →Arbeitsablauf beteiligten Personen, →Betriebsmittel (oder →Arbeitsgegenstände) durchgeführt wird. Gegenstand einer S. kann sein [196]:

- Ermittlung von →Ablaufarten bezogen auf den Menschen oder auf Betriebsmittel,
- Bestimmung der →Dauer einzelner →Ablaufabschnitte,
- Bestimmung der Dauer und Häufigkeit bestimmter →Ereignisse,
- Berechnung von →Mengenleistungen u.a.
  →Selbstbeobachtung

Selbstbeobachtung

e: self-observation; introspection
f: observation intérieure
r: самостоятельное наблюдение за собой
s: observación interna
Die →Wahrnehmung und Erforschung eigener sowohl verdeckter als auch äußerlich feststellbarer Vorgänge. Gegenstände der S. sind vor allem Gedanken, →Affekte, Emotionen, Stimmungen, Antriebe sowie das eigene offen beobachtbare →Verhalten. Die S. ist eine wesentliche diagnostische und Forschungsmethode der Psychologie und Medizin; sie unterliegt jedoch auch der Kritik wegen Subjektivität und möglicher Selbsttäuschung [18, 239]. →Beobachtung; →Fremdbeobachtung (Ggs.)

Selbstorganisation

e: self organization
f: auto-organisation
r: самоорганизация
s: autoorganización
Eigenständige Strukturierung und Ordnung der Prozesse in einem physikalischen, biologischen oder sozialen System. Der Begriff S. wird unter Verweis auf selbstorganisierte →Gruppenarbeit und selbstorganisiertes (oder selbstgesteuertes) Lernen (→Aus- und Weiterbildung) sowie zur Beschreibung geplanter, nicht geplanter oder auch chaotischer Prozesse in Organisationen verwendet [95].

Sensitivitätsanalyse

e: sensitivity analysis
f: analyse de sensitivité
r: анализ сенсибилизации
s: análisis de sensitividad
Eine Analyse zur Feststellung, welche Wirkung variierte Parameter (Einflußgrößen) auf die Lösung eines Problems (auf die Zielgröße) haben [17].

Sensomotorik; sensomotorisch

e: sensorimotor function
f: sensorimoteur
r: сенсомоторика
s: sistema sensomotor; sensomotriz
Durch Reize bewirkte Gesamtaktivität in sensorischen (die Aufnahme von Sinnesempfindungen betreffend) und motorischen (bewegen; einen Muskelreiz aussendend und weiterleitend) Teilen des Nervensystems und des Organismus. Sie ist aus Sensorik (= Funktion der Sinnesorgane) und →Motorik (= Bewegung) zusammengesetzt [167].

Sensorische Nerven →Nerven, sensorische

Serienfabrikation

e: manufacturing in series; series production
f: production de série
r: серийное производство
s: producción en serie
Die Fertigung gleichartiger Gegenstände in größeren Stückzahlen [156].

Sicherheit

e: safety; security
f: sécurité (ou: sûreté)
r: безопасность
s: seguridad
Gefahrenfreier Zustand [215]. Eine Sachlage, bei der das →Risiko kleiner ist als das →Grenzrisiko [60].

Sicherheit, soziale

e: social security
f: sécurité sociale
r: социальная безопасность
s: seguridad social

Ein Status, der auf nationalen beitragsgebundenen oder beitragsfreien Pflichtsystemen beruht, die die gesamte Bevölkerung betreffen und eine einheitliche Grundsicherung gegen die Risiken von Krankheit, Unfall, Alter, Arbeitslosigkeit usw. sowie durch Familienlasten bedingte Einkommensminderung vorsehen [142].

Sicherheitsabstand

e: safe distance; safe headway
f: distance de sécurité
r: безопасное расстояние
s: distancia de seguridad

Der Mindestabstand, der notwendig ist, um den Zugang zu →Gefahrenstellen zu sperren. Er setzt sich aus der Reichweite oder bestimmten Körpermaßen des Menschen und einem Sicherheitszuschlag zusammen [59, 193].

Sicherheitsbewußtsein

e: safety consciousness
f: conscience de sécurité (ou: sûreté)
r: сознательное понимание безопасности
s: conciencia de seguridad

Wille (Motivation), sich sicherheitsgerecht zu verhalten [215].

Sicherheitsdiagnose →Fragebogen zur Sicherheitsdiagnose FSD

Sicherheitsfarben

e: safety colours
f: couleurs de sécurité (ou: sûreté)
r: цвета безопасности
s: colores de seguridad

Als S. gelten: Rot (= unmittelbare Gefahr, Verbot), Gelb (= mögliche Gefahr, Warnung, Achtung, Vorsicht), Grün (= normaler Betriebszustand, Gefahrlosigkeit, erste Hilfe), Weiß (allgemeine Information) und Blau (= Gebot, Anweisungen) [47, 50].

Sicherheitstechnik

e: safety engineering; safety technique
f: technologie (= théorie) (ou: ingénierie = Praxis) de sécurité
r: техника безопасности
s: técnica de seguridad

Gewährleistung von Schutz vor Gefahren unter vorwiegender Berücksichtigung der Technik [215].

Sicherheitswissenschaft

e: safety science
f: science de sécurité (ou: sûreté)
r: научный подход к вопросам безопасности
s: ciencia de seguridad

Wissenschaftliches Befassen mit der Gewährleistung von gefahrenfreien oder gefahrenarmen Zuständen [215].

Sicherheitszeichen

e: safety signs
f: signes de sécurité (ou: sûreté)
r: указатели безопасности
s: símbolo (o: señal) de seguridad

Kennzeichen, die mittels Sicherheitsfarbe und Sicherheitszeichen eine Sicherheitsaussage ermöglichen. Sie sollen schnell und leichtverständlich die Aufmerksamkeit auf Gegenstände oder Sachverhalte lenken, die bestimmte Gefahren verursachen können (Einzelheiten s. in [47]).

Bei den S. werden unterschieden:
- Verbotsschilder: rund; Untergrund weiß, Symbol (und ggf. Beschriftung) schwarz, Rand und Diagonalstrich rot
- Gebotsschilder: rund; Untergrund blau , Symbol (und ggf. Beschriftung) weiß
- Warnschilder: dreieckig; Untergrund gelb, Symbol (und ggf. Beschriftung) sowie Kontrastrand schwarz
- Hinweisschilder: rechteckig oder quadratisch; Untergrund grün, Symbol (und Beschriftung) weiß [193].

Signal

e: signal
f: signal
r: сигнал
s: señal

Ein Reiz, der eine Beziehung zu einem Zustand oder dem Wechsel eines Zustandes eines →Arbeitsmittels hat, und der potentiell einen Effekt auf Sinnesorgane des Benutzers haben kann. Es gibt optische, akustische oder taktile Signale [88]. →Anzeige

Signalentdeckungstheorie

e: signal detection theory
f: théorie statistique de la détection du signal
r: теория опознания сигналов
s: teoría del detección de señales
Die Theorie, die sich mit der Erkennbarkeit von Signalen und mit der Tendenz des Beobachters beschäftigt, bestimmte Signale zu bevorzugen [180].

Signifikanz

e: significance
f: signification
r: сигнификанц (в статистике), значимость
s: significación
Ein →Merkmal für die Bedeutsamkeit einer wissenschaftlichen Aussage, insbesondere gestützt auf das Ergebnis eines statistischen →Tests (z.B. t-Test, F-Test, Chi-Quadrat-Test) i.d.R. in folgenden Stufen:

α = Irrtumswahrscheinlichkeit als Maß der Signifikanz und Bedeutsamkeit			
α [%]	Zeichen	Signifikanz	Bedeutsamkeit
$\alpha \geq 10$	-	n.g.	n.b.
$10 > \alpha \geq 5$	+	s.g.	s.b
$5 > \alpha \geq 1$	*	g.	b.
$1 > \alpha$	**	h.g.	h.b

n.g. = nicht gesichert
s.g. = schwach gesichert
g. = gesichert
h.g. = hoch gesichert
n.b. = nicht bedeutsam
s.b. = schwach bedeutsam
b. = bedeutsam
h.b. = hoch bedeutsam
→Irrtumswahrscheinlichkeit

Simulation; syn.: Nachahmung

e: simulation
f: simulation
r: моделирование
s: simulación
Die Beschreibung von technischen oder organischen Vorgängen (u.a. von Arbeitsvorgängen) durch Modelle [167]. →Arbeitszeitfunktion

Simulator

e: simulator
f: simulateur
r: модулятор
s: simulador
Eine Versuchs- oder Trainingseinrichtung zur kontrollierten und wiederholbaren Nachbildung realer Vorgänge (z.B. Flug- oder Fahrsimulatoren) [180].

Sinnes- und Neurophysiologie

e: sensory and neurophysiology
f: physiologie sensorielle et neurophysiologique
r: нейрофизиология
s: fisiología sensorial y neurofisiológica
Ein Teilgebiet der →Physiologie, in dem die Gesetzmäßigkeiten der →Informationsaufnahme und -verarbeitung über Sinnesorgane untersucht werden. Dies geschieht mit dem Ziel der Belastungsminderung oder -vermeidung.

Sitzbezugspunkt

e: seat reference point
f: point de référence du siège; point de repère anthropomorphique
r: референтная точка (точка отсчета) в положении сидя
s: punto de referencia del asiento
Die Schnittstelle oder der mittlere Punkt der Schnittlinie zwischen Sitzfläche und Rückenlehne eines Sitzes [180]. →Referenzpunkt; →Augenbezugspunkt

Skalierung

e: scaling
f: échelle; graduation
r: градуирование
s: escalonamiento
Quantitative Beschreibung der Ausprägung von →Merkmalen durch Zuordnung von

Zahlen, so daß die Unterschiede der Ausprägung durch Unterschiede der Zahlenwerte wiedergegeben werden. Folgende Skalentypen sind wesentlich [167, 198, 200]:

- Nominalskalen bilden qualitative Ausprägungen ohne Rangfolge und ohne Äquidistanz ab (z.B.: Mann = 01, Frau = 02).
- Ordinalskalen bilden qualitative Ausprägungen mit Rangfolge, aber ohne Äquidistanz ab (wie: sehr gut = 01, gut = 02 usf.).
- Intervallskalen bilden quantitative Ausprägungen mit Rangfolge und mit Äquidistanz ab (wie: 1 N, 2 N usf.) Auf diesem Skalenniveau ist eine Dimensionierung, die Anwendung von Einheiten, möglich.
- Proportionalskalen bilden wie Intervallskalen quantitative Ausprägungen mit Rangfolge und mit Äquidistanz ab. Zusätzlich beinhalten sie einen definierten Nullpunkt und eine definierte Richtung der Ausprägungen (wie: 0 m, 1 m, 2 m usf.). Auf diesem Skalenniveau ist es gestattet, algebraische Operationen voll anzuwenden.

→Ausprägungen

Software-Ergonomie

e: software ergonomics
f: ergonomie des programmes; ergonomie de génie logiciel
r: эргономика в программном обеспечении
s: ergonomía del software
Interdisziplinäres Spezialgebiet der →Ergonomie. Es befaßt sich mit der Analyse, Gestaltung und Bewertung der Interaktion von Mensch und Computer, insbesondere von Dialogsystemen und Softwareprodukten (Anwenderprogrammen). Dies geschieht mit dem Ziel der Förderung von Arbeitsaufgabe, Arbeitsorganisation sowie von geringer sensorischer und mentaler Belastung des Benutzers (= "Benutzungsfreundlichkeit") [193].

Soll-Ist-Vergleich

e: target-performance comparison; performance report
f: comparaison des grandeurs
r: сравнение сосотояния "есть" и "должно быть"
s: comparación de los valores teóricos y reales

Ein Vergleich zwischen den tatsächlich ermittelten Kennzahlen eines Zustandes oder Vorganges (= Ist-Werte) und entsprechenden Plan- oder Normzahlen (= Soll-Werte) [133]. →Arbeitszeitbedarf (= Soll-Zeit); →Arbeitszeitaufwand (= Ist-Zeit)

Soll-Leistung →Normalleistung

Soll-Zeit; Arbeitszeitbedarf

e: standard (or: basic; required; target) time; work(ing) time requirement
f: temps de travail nécessaire
r: заданное время: потребность во времени
s: tiempo teórico (o: exigido; prescrito)
Die für die Ausführung einer Arbeit oder bestimmter Arbeitsablaufabschnitte erforderliche Zeit. - Diese Ablaufabschnitte können auf jeder hierarchischen Ebene definiert werden (→Gliederung in Arbeitsablaufabschnitte). Die S. wird aus zuvor erfaßten →Ist-Zeiten abgeleitet. Diese werden i.d.R. statistisch ausgewertet und als Soll-Zeiten in bestimmter Form dargestellt, z.B. in den Tabellen der →Systeme vorbestimmter Zeiten (SvZ) (Einheit: AKh, AKmin oder 1/100 AKmin) [198].   →Planzeit; →Arbeitszeitfunktion;   →Arbeitszeitaufwand

somatisch

e: somatic
f: somatique
r: соматический
s: somático
Auf den Körper bezogen [180].

Somatographie

e: somatographics
r: соматография
s: somatografia
Die zeichnerische, maßstabsgerechte Darstellung des menschlichen Körpers in verschiedenen Stellungen. Zumeist werden →Körperumrißschablonen nach [71] als Zeichenhilfsmittel verwendet. (In jüngerer Zeit wurden auch verschiedene CAD-Programme entwickelt, die eine softwaremäßige Gestaltung und Überprüfung von

Arbeitsplätzen ermöglichen.) [137, 167].
→Motografie; →Videosomatographie

Somatotypen →Körperbautypen

Sonnenstich →Hitzeschäden

Soziale Sicherheit →Sicherheit, soziale

Sozialisation

e: socialization
f: socialisation
r: социолизация
s: socialización
Die Gesamtheit der Phasen, durch die der
Mensch eine zweite, eine "soziokulturelle
Geburt" (R. KÖNIG) erlebt. Er wird zur
sozialen, gesellschaftlich handlungsfähigen
Persönlichkeit, indem er in gesellschaftliche
Struktur- und Interaktionszusammenhänge
(z.B. in Familien, Gruppen, Schichten) hin-
einwächst [18]. Das Hineinwachsen in die
Berufswelt führt dementsprechend zur beruflichen Sozialisation.   →Sozialisation
durch Arbeit

Sozialisation, berufliche →Sozialisation

Sozialisation durch Arbeit

e: socialization by work
f: socialisation par travail
r: социализация через труд
s: socialización por trabajo
Die Anpassung oder das Hineinwachsen des
Individuums in die Normen der Gesellschaft
oder einer Gruppe durch Teilnahme am Arbeitsprozeß [95, 152]. →Sozialisation

Sozialpsychologie

e: social psychology
f: psychologie sociale
r: социальная психология
s: (p)sicología social
Ein Teilgebiet der Psychologie und anderer
Sozialwissenschaften mit dem Schwerpunkt
bei der Erforschung des Verhaltens und Er-
lebens des einzelnen in Interaktion mit anderen Menschen [95]. →Verbände im Fachbereich Psychologie; →Methoden im Fachbereich Psychologie

Sozialstruktur, betriebliche

e: corporate social structure
f: structure sociale d'entreprise
*r: социальная структура внутри
предприятия*
s: estructura social de la empresa
Die Gesamtheit der sozialen Beziehungen
formeller und informeller Natur zwischen
Individuen und Gruppen im Betrieb. Die
formellen sozialen Beziehungen entsprechen
dem betrieblichen Organisationsplan und
sind durch Über- und Unterordnung gekennzeichnet. Die informellen sozialen Beziehungen entwickeln sich neben der formellen
Organisation aus persönlichen Sympathien
und Antipathien oder gemeinsamen Interessen [156].

Sozialversicherung

e: social insurance (or: security)
f: sécurité (ou: assurance) sociale
r: социальное страхование
s: seguro (o: seguridad) social
Beitragsgebundene Pflichtversicherungssy-
steme, häufig ausschließlich für Arbeitnehmer, die verschiedene Leistungen im Fall
von Krankheit, Alter oder Arbeitslosigkeit
vorsehen [142]. →Sicherheit, soziale

Sozialverträglichkeit

e: social compatibility
f: compatibilité sociale
*r: социальный компатибилитет
(соответствие)*
s: conciliabilidad social
Ein Kriterium zur Beurteilung, ob öffentliche Maßnahmen oder Arbeitsbedingungen
die Interessenlage verschiedener Bevölke-
rungsgruppen bzw. der Arbeitnehmer berücksichtigen und die zwischenmenschlichen und gemeinschaftsbildenden Beziehungen fördern. →Kriterien zur Beurteilung
der Arbeitsbedingungen; →Arbeitssoziolo-
gie

Soziogramm

e: social chart
f: diagramme de la situation sociale

r: *социограмма*
s: *sociograma*
Die graphische Darstellung sozialer Verhältnisse oder Beziehungen innerhalb einer Gruppe [167].

Soziologie

e: *sociology*
f: *sociologie*
r: *социология*
s: *sociología*
Die Wissenschaft und Lehre, die sich mit dem Ursprung der Entwicklung und der Struktur der menschlichen Gesellschaft befaßt [167].

Spätgetreideernte (ldw.)

e: *main grain harvest*
f: *récolte des céréales tardives*
r: *урожай поздних зерновых культур*
s: *recolección tardía de cereales*
Alle Arbeiten zur Gewinnung und Bergung der zumeist spät reifenden Hauptgetreidearten [14]. →Frühgetreideernte; →Blockzeitspanne

Spätherbstarbeiten (ldw.)

e: *late autumn work*
f: *travaux tardifs d'automne*
r: *позднеосенние с/х работы*
s: *trabajo tardío de otoño*
Alle nach Eintritt der Vegetationsruhe abschließenden Ernte- und Feldarbeiten (ohne die zur Herbstbestellung) und für die kommende Frühjahrsbestellung noch möglichen Vorbereitungsarbeiten [14]. →Blockzeitspanne

Spieltheorie

e: *game theory*
f: *théorie des jeux*
r: *теория игр*
s: *teoría de los juegos*
Die mit mathematischen Mitteln durchgeführte Analyse von konkurrierenden Lösungswegen, um die beste Strategie zu ermitteln [17].

Springer

e: *stand-by (or: spare) man; jobhopper*
f: *ouvrier de réserve*
r: *резервный рабочий (готовый*

всегда заменить или заступить при необходимости)
s: *comodín*
Eine Person, die für die Ablösung und/oder zur Unterstützung von Mitarbeitern an einem oder mehreren Arbeitsplätzen eingesetzt wird [75]. →Fließarbeit

Stallarbeiten (ldw.)

e: *barn work; inside work; chores*
f: *travaux d'étable*
r: *фермерские работы*
s: *trabajos de establo*
In den Ställen verrichtete Arbeiten (entsprechend: Speicher-, Werkstatt-, Kellerarbeiten usw.) [14].

Standardabweichung; Streuung

e: *standard deviation*
f: *écart-type*
r: *стандартное отклонение; рассеяние*
s: *deviación estándar*
Eine Maßeinheit zur standardisierten Beschreibung der Abweichung von Einzelwerten einer →Stichprobe von deren Durchschnittswert; oft auch vereinfacht als Maß der Streuung bezeichnet. (Zahlenwert = Wurzel aus der Summe der mittleren quadratischen Abweichung) [167].

Stapelverarbeitung (Batchbetrieb)

e: *batch processing*
f: *traitement par lots*
r: *обработка данных пакетами*
s: *procesamiento por lotes*
Eine Form der Datenverarbeitung bei Computersystemen. Dabei werden die zu verarbeitenden Daten zunächst auf einem Datenträger erfaßt und in ihrer Gesamtheit (als Stapel) zu einem späteren Zeitpunkt verarbeitet [8]. →Echtzeitverarbeitung

Staub

e: *dust*
f: *poussière*
r: *пыль*
s: *polvo*
In Gasen (Luft) verteilte Partikel festen Aggregatzustandes, die durch mechanische Prozesse (z.B. Zerkleinerung, Schleifen

usw.) oder durch Aufwirbelung entstanden sind [77, 136]. →Feinstaub

Staub, inerter

e: inert dust
f: poudre inerte
r: инертная пыль
s: polvo inerte

→Staub und →Rauch, die weder toxisch (vergiftend) noch fibrogen (bindegewebsbildend) wirken und keine spezifischen Krankheitserscheinungen hervorrufen [136].

steady state

e: steady state
f: régime stable; équilibre dynamique
r: один уровень, плато
s: equilibrio dinámico

Eine Belastungsintensität, bei der Energiebedarf und Energieangebot im Gleichgewicht sind. Die physiologischen Beurteilungskriterien (z.B. Pulsfrequenz oder Energieumsatz) bleiben nach einer gewissen Einarbeitungszeit von einigen Minuten im weiteren Verlauf der →Arbeitszeit auf einer entsprechenden Höhe konstant [136]. →Dauerleistungsgrenze

Stellen

e: adjust; regulate; set
f: régler
r: устанавливать, регулировать
s: ajustar; regular; graduar

Das Verändern von Masse-, Energie- oder auch Informationsflüssen mit Hilfe von Stellgliedern (= →Stellteilen) [54].

Stellteil

e: manual control (or: actuator)
f: organe de service (ou: commande)
r: элемент для ручного контроля
s: órgano de accionamiento; elemento de mando

Element an →Arbeitsmitteln, die beim →Stellen (Drehen, Schwenken, Drücken, Schieben und Ziehen) eine Veränderung des Informations-, Energie- und/oder Stoffflusses bzw. einer Position bewirken. Sie können auch der Lageeinstellung von Bauteilen dienen [65].

Stellungskraft, maximale

e: maximal positioning force
f: force maximale de position
r: максимальная установочная сила
s: fuerza máxima de posición

Die außerhalb des Körpers meßbare Reaktionskraft, die bei größtmöglicher willentlicher Anstrengung als Folge einer isomotorischen Muskelkontraktion bei definierter Körper- und Gliedmaßenstellung in einer bestimmten Richtung vom Körper nach außen übertragen werden kann. (Nicht jede vom Körper nach außen übertragene Kraft beruht auf Muskelkraft; sie kann ganz oder zum Teil durch das Körpergewicht oder Teilkomponenten des Körpergewichtes zustande kommen.) [156].

Stetigkeit

e: continuity; steadiness
f: continuité; stabilité
r: постоянство, устойчивость
s: continuidad

Die Fähigkeit, den gleichen Bewegungsablauf und die gleiche Bewegungsgeschwindigkeit bei einem bestimmten Teilvorgang oder bei einer Teilvorgangsfolge genau einzuhalten [162].

Steuern; Steuerung

e: control; actuate
f: commander; conduire
r: управлять, править; управление
s: controlar; maniobrar; manipular; manejar

Das S. ist der Vorgang in einem →System, bei dem eine oder mehrere Größen als Eingangsgrößen andere Größen als Ausgangsgrößen aufgrund der dem System eigentümlichen Gesetzmäßigkeiten beeinflussen [47]. →Regeln

Steuerpult →Konsole

Stichprobe

e: sample; random sample
f: échantillon
r: выборочная проба
s: muestra

Eine i.d.R. nach dem Zufallsprinzip ausgewählte, repräsentative Teilmenge einer

→Grundgesamtheit, an der beurteilt werden kann, welche Qualitäten diese Grundgesamtheit aufweist [156].

Stilb →Leuchtdichte

stochastisch

e: stochastic, random
f: stochastique
r: стохастический,
s: estocástico
Zufällig; nicht vorherbestimmbar [180].

Stoffwechsel; Metabolismus

e: metabolism
f: métabolisme
r: обмен веществ, метаболизм
s: metabolismo
Gesamtheit der Lebensvorgänge, bei denen der Organismus Stoffe (z.B. Aufbau-, Energiestoffe) von außen aufnimmt, sie in seinem Inneren chemisch umsetzt und andere Stoffe (Abbauprodukte, Sekrete) nach außen abgibt [96].

Stoppuhr

e: stopwatch; St. für →Einzelzeitmessung: *single pressure (or: snap-back) st.;* St. für →Fortschrittszeitmessung: *two-handed st.*
f: chronomètre; St. für Einzelzeitmessung: *c. à retour à zéro;* St. für Fortschrittszeitmessung: *c. à double aiguille (ou: à déboublante-rattrapante)*
r: секундомер
s: cronómetro
Ein Gerät zur Zeitmessung.

Störfall

e: disturbance case
f: événement perturbateur
r: случай сбоя
s: suceso de perturbación
Ein vom normalen Betriebszustand einer technischen Anlage abweichendes Verhalten oder abweichender Ereignisablauf [18].

Störfallanalyse

e: disturbance analysis
f: analyse d' événement perturbateur
r: анализ случаев сбоя

s: análisis de suceso de perturbación
Eine Untersuchung über die Möglichkeit, Wahrscheinlichkeit und die Ursachen eines →Störfalls beim Betrieb einer technischen Anlage.

Störgröße

e: disturbance variable
f: grandeur perturbatrice
r: мешающая, нарушающая величина
s: magnitud de perturbación; causas de trastorno
Unerwünschte, zweckbehindernde Einwirkung auf das System im Wirkungs- oder im Lenkungsbereich. Sie ist i.d.R. die Ursache einer wesentlichen Soll-Ist-Abweichung [193, 198].

Störpegel

e: noise level
f: niveau perturbateur; brouillage au niveau de la voix
r: уровень помехи)
s: nivel de perturbaciones
Ein ständig vorhandenes Niveau von Sinnesreizen, die bei einer Signalwahrnehmung störend wirken bzw. die Wahrnehmungsschwelle für die Signale erhöhen (z.B. Verkehrslärm, Maschinenlärm als Lärmstörpegel) [199].

Störung

e: disturbance; disorder; delay; malfunction; interference
f: perturbation; dérangement; désajustement
r: помеха, нарушение
s: perturbación
Ein ungewolltes, unerwartetes Ereignis, das eine Unterbrechung oder zumindest eine Verzögerung der Aufgabendurchführung, im Extremfall sogar einen →Schaden (Personen- oder Sachschaden) bewirkt [193, 215].

Stoß

e: shock
f: choc
r: удар, толчек
s: choque
Ein plötzlicher Wechsel der Kraft, Lage, Geschwindigkeit oder Beschleunigung, der vorübergehende Störungen des betroffenen Systems hervorruft [144]. →Schwingung

Strahlenschutzverordnung StrlSchV

e: radiation protection ordinance
Die S. regelt den Umgang mit den Stoffen oder →Geräten zur Erzeugung energiereicher Teilchen [167]. →Gesetze

Strahlungstemperatur

e: radiant temperature
f: température rayonnante
r: температура излучения
s: temperatura radiante
Mittlere Temperatur strahlender Flächen [136].

Strecke; Steuer- oder Regelstrecke

e: controlled member (or: system)
f: système réglé (ou: asservi; commandé)
r: расстояние, регулирующее расстояние
s: tramo de regulación
Die S. ist derjenige Teil des Wirkungsweges, welcher den aufgabengemäß zu beeinflussenden Bereich des Systems darstellt [47]. →Regeln

Streik

e: strike
f: grève
r: забастовка
s: huelga
Die gemeinsame, planmäßig durchgeführte Einstellung der Arbeit durch eine größere Zahl von →Arbeitnehmern innerhalb eines Betriebes oder eines Gewerbe- oder Berufszweiges zur Erreichung eines bestimmten Kampfzieles. Diese Maßnahme ist mit dem Willen verbunden, die Arbeit wieder fortzusetzen, wenn der →Arbeitskampf beendet ist [38].

Streß

e: stress
f: stress; charge
r: стресс
s: estrés; carga
Der Zustand, in dem sich ein Organismus befindet, wenn er versucht, sich an innere oder äußere Veränderungen anzupassen und darauf mit einem spezifischen Syndrom reagiert (engere Definition nach SELYE). Nach einer erweiterten Definition von LA-

ZARUS ist Streß eine wesentliche Störung im Gleichgewicht zwischen Anforderungen aus der Umwelt und der Reaktionsfähigkeit des Organismus. Arbeitsstreß (im Sinne einer "Streßempfindung") läßt sich als subjektiv intensiv unangenehmer Spannungszustand definieren, der aus der Befürchtung entsteht, daß eine stark aversive, subjektiv zeitlich nahe (oder bereits eingetretene) und subjektiv lang andauernde Situation besteht, die sehr wahrscheinlich nicht vollständig kontrollierbar ist, deren Vermeidung aber subjektiv wichtig erscheint [119].
Man unterscheidet zwischen Eu- und Disstreß: Eustreß ist ein physiologischer Streß, der ein stereotypes Reaktionsmuster des menschlichen Organismus zur Anpassung an die Vielzahl der verschiedenen physikalischen, chemischen und psycho-sozialen Umwelteinflüsse (= →Stressoren) darstellt. Disstreß entsteht dagegen, wenn die Streßreaktion wegen zu geringer Muskelarbeit nicht in Anspruch genommen wird. Dadurch wird die Streßreaktion unnütz und läuft ins Leere [136, 209].

Stressor

e: stress factor; stressor; stressing agent
f: stress(eur)
r: стрессовый фактор
s: factor de estrés por trabajo
Ein Reiz, der mit hoher Wahrscheinlichkeit in einem Organismus →Streß auslöst [136].

Struktur

e: structure
f: structure
r: структура
s: estructura
Die innere Gliederung eines →Systems. Mit ihr werden die Beziehungen zwischen den →Sytemelementen nach Zahl und Art beschrieben [193].

Stücklohn

e: piece rate; payment by result
f: payement à la pièce
r: сдельная (поштучная) оплата
s: pago a destajo

Eine →Lohnform, bei der das Entgelt nach der Menge der erzeugten Güter festgesetzt wird.

Stückzeit

e: piece time; time per unit
f: temps à la pièce; temps d'usinage
r: время изготовления (обработки) одной детали
s: tiempo operativo por unidad
Die Zeit je Mengeneinheit oder je Stück [193].

Stufen-Wertzahl-Verfahren

e: points rating method (or: evaluation)
f: méthode de valorisation par étape
r: метод оценки труда на базе квалификационной сетки
s: procedimiento de grados ponderados
Verfahren der →Arbeitsbewertung, bei dem die analytisch zu bewertenden Arbeiten je Anforderungsart nach ihrer Schwierigkeit in vordefinierte Stufen eingeordnet werden. Daraus ergibt sich für jede Anforderungsart einer bestimmten Tätigkeit eine bestimmte Rangplatznummer [198, 199]. →Arbeitsbewertung, analytische

Stundenlohn

e: hourly wage; wage rate per hour
f: salaire horaire (ou: à l'heure)
r: почасовая оплата
s: salario hora
→Entlohnungsform, bei der das Entgelt nach der Zahl der gearbeiteten Stunden festgesetzt wird.

Symbole

e: symbols
f: symboles
r: символы
s: símbolos
Buchstaben, Ziffern, bildliche Darstellung oder deren Kombination, die zur Beschriftung einer →Anzeige benutzt werden oder als Mittel zur Identifizierung der ganzen Anzeige selbst [88].

Synthese

e: synthesis
f: synthèse
r: синтез
s: síntesis
Das Zusammenfügen von (selbständigen) Teilen zu einem einheitlichen Ganzen [4]. →Analyse; →Aggregation von Planzeiten

System

e: system
f: système
r: система
s: sistema
Allgemeine Bedeutung: Prinzip; Ordnung; Gefüge. Nach [47]: Gesamtheit geordneter Elemente (= Systemelemente). Diese haben Eigenschaften, und zwischen ihnen bestehen Beziehungen. Ein S. wird durch eine Hüllfläche von seiner Umgebung abgegrenzt [167]. →Arbeitssystem; →Struktur

Systemanalyse

e: system's analysis
f: analyse des systèmes
r: системный анализ
s: análisis de sistemas
Sammelbegriff für die Anwendung systemtheoretischer Konzepte und Methoden zur Untersuchung von →Systemen, die zur Lösung von komplexen technischen, organisatorischen, sozioökonomischen u. ä. Problemen definiert werden [4, 18].

Systemansatz, soziotechnischer

e: onset of a socio-technical system
f: commencement du système socio-technique
r: социо→технический системный подход
s: pricipio del sistema socio-técnico
Ein Konzept zur gemeinsamen Untersuchung und Gestaltung von technischen und sozialen →Systemen, ursprünglich vom 1946 in Großbritannien gegründeten "Tavistock-Institut" stammend. Mit seiner jüngeren Weiterentwicklung werden u.a. auch folgende Probleme berücksichtigt: Leitung und →Führung, Grenzen und teilautonome →Arbeitsgruppen, Anpassung von Informationssystemen an die gewünschte Autonomie und Kontrolle sowie die Entwicklung von Belohnungssystemen [34].

Systeme vorbestimmter Zeiten SvZ

e: predetermined motion time systems
P.M.T.S.
f: systèmes des temps prédéterminés
r: система заданных (плановых)
времен
s: sistemas de tiempos predeterminados
Verschiedene Verfahren der "rechnenden
Zeitstudie", mit denen Soll-Zeiten für das
Ausführen solcher Vorgangselemente bestimmt werden können, die vom Menschen
voll beeinflußbar sind. Aus der Anwendung
der SvZ ergeben sich wesentliche Hinweise
für die Gestaltung von Arbeitsmethoden
[193]. →MTA; →MTM; →Work Factor

Systemelemente →Arbeitssystem

**Systolischer Blutdruck →Blutdruck,
systolischer**

T

Tagesarbeitsmaß

e: daily work rate
f: mesure de travail journalier
r: дневная рабочая норма
производительности
s: rendimiento diario
Eine →Arbeitsleistung, die von einer →Arbeitskraft im Verlaufe eines Arbeitstages unter normalen Bedingungen erbracht werden kann [100].

Tagesrhythmik; circadiane Rhythmik

e: circadian (or: diurnal, daily) rhythm
f: rythme circadien (ou: diurne)
r: дневной биоритм
s: ritmo circadiano (o: diario)
Ein →Biorhythmus mit tageszeitabhängiger Änderung von Organfunktionen, die sich über die Dauer von etwa 23 Stunden periodisch wiederholen. Diese angeborene T. wird durch Umwelteinflüsse auf einen 23-Stundenrhythmus synchronisiert. Beispiele solcher Organfunktionen: Pulsfrequenz, Blutdruck, Körpertemperatur und mehrere biochemische Funktionen [167, 193].

Tätigkeitsanalyse

e: activity analysis
f: analyse d' activité
r: анализ вида деятельности
s: análisis de actividad
In der →Arbeitswissenschaft oder →Arbeits- und Organisationspsychologie Untergruppe von Methoden der →Arbeitsanalyse zur Untersuchung und Bewertung von →Arbeitstätigkeiten und -bedingungen nach Kriterien zur menschengerechten Gestaltung der Arbeit (→Arbeitsgestaltung). Im Unterschied zur →Aufgabenanalyse steht bei der T. im allgemeinen nicht die detaillierte Analyse einzelner →Aufgaben oder der Abfolge von Aufgaben (→Arbeitsablaufanalyse), sondern die Analyse allgemeiner Merkmale von Tätigkeiten oder der gesamten Arbeitstätigkeit (bspw. Handlungsspiel-raum oder Qualifikationsanforderungen in der Arbeitstätigkeit) und Arbeitsbedingungen (bspw. Umgebungsbelastungen →Belastungen →Streß) im Vordergrund [95].

Tätigkeitsspielraum →Handlungsspielraum

TAI

= Tätigkeitsanalyseinventar
Ein Verfahren der arbeitswissenschaftlichen Arbeitsplatzanalyse mit über 2000 Fragen von FRIELING und Mitarbeitern.

Taktzeit

e: cycle time
f: temps (ou: durée) du cycle; cadence de production
r: время такта, ритма
s: tiempo de compás
Die Zeitdauer bei der →Fließarbeit, die zur Erledigung einer Arbeitsaufgabe zur Verfügung steht [75].

Tantieme →Lohnform

Tariflohn

e: contract rate; class-rate; union wage rate
f: salaire contractuel; salaire conventionnel
r: минимальная зарплата по
тарифному соглашению
s: salario de pacto colectivo (o: de convenio)
Die zwischen den Tarifpartnern für eine bestimmte Berufsgruppe vereinbarte Arbeitsvergütung. Der T. besitzt Mindestlohncharakter und liegt im allgemeinen unter dem →Effektivlohn [156]. →Tarifvertrag

Tarifvertrag

e: collective agreement
f: convention collective; contrat collectif (de travail)
r: коллективный (тарифный) договор
s: convenio colectivo
Eine schriftliche Vereinbarung, die die Rechte und Pflichten der Tarifvertragsparteien regelt (schuldrechtlicher Teil) und Rechtsnormen enthält, die den Inhalt, den Abschluß und die Beendigung von Arbeitsverhältnissen sowie betriebliche und be-

triebsverfassungsrechtliche Fragen ordnen (normativer Teil). Rechtsgrundlage ist das Tarifvertragsgesetz. - Je nach der geregelten Materie erscheinen Tarifverträge unter verschiedenen Bezeichnungen, z.B. Mantel-, Lohn-, Lohnrahmen-, Gehaltstarifvertrag, Gehaltsrahmenabkommen, Lehrlingsabkommen usw. [99, 199].

Tätigkeit

e: activity; job
f: activité
r: деятельность, вид работы
s: actividad
Körperliche und geistige Handlung des Menschen zur Erreichung eines Zieles.
→Arbeit; →Verrichtung

Tätigkeit, geistige; Arbeit, geistige

e: mental activity (or: work)
f: activité mentale; travail mental
r: деятельность, умственная
s: actividad mental; trabajo mental
Eine Handlung zum Erzeugen von Informationen, bei der das Erfassen und Durchdringen von Zusammenhängen, das Vergleichen und Beurteilen von Sachverhalten sowie das Ableiten allgemeiner Schlüsse oder Urteile erforderlich ist.
(Im weiteren Sinne ist auch bei jeder körperlichen Handlung eine gewisse geistige Aktivität notwendig, z.B. zur Steuerung oder Lenkung.) [198].

Tätigkeit, kombinatorische

e: combinative activity
f: activité combinatoire
r: деятельность, комбинированная
s: actividad combinatoria
Eine Handlung zur sinnvollen Verknüpfung von Wahrnehmungen, Vorstellungen und Erinnerungen. Dabei geht es im allgemeinen darum, die Bedeutung von identifizierten Signalen oder Signalkonstellationen für den Arbeitsprozeß zu erfassen, mit Gedächtnisinhalten zu vergleichen und in eine entsprechende Handlung umzusetzen [156, 198, 199].

Tätigkeit, manuelle

e: manual activity
f: activité manuelle
r: деятельность (выполняемая вручную)
s: actividad manual
Eine →Tätigkeit, die mit der Hand (i.w.S. auch mit den anderen Gliedmaßen des Menschen) ausgeübt wird [199].

Tätigkeit, vollständige

e: complete activity
f: activité complète
r: полный вид деятельности
s: actividad completa
Eine →Tätigkeit mit beeinträchtigungsarmen und potentiell gesundheits- und persönlichkeitsförderlichen Wirkungen für anforderungsgerecht ausgebildete →Arbeitspersonen. Dafür ist ein überschaubarer Satz von wünschenswerten, objektiven Tätigkeitsmerkmalen erforderlich, die mit technologischen Mitteln gestaltbar sein müssen [124]:
1. in sequentieller Hinsicht: Vorbereitungs-, Organisations- und Kontrollfunktionen können eigenständig durchgeführt werden.
2. in hierarchischer Hinsicht: Anforderungen auf verschiedenen, einander abwechselnden Ebenen der psychischen Tätigkeitsregulation werden gestellt.

Tätigkeitsanalyse

e: job analysis
f: analyse du poste de travail
r: анализ деятельности (с помощью известных методов)
s: análisis de actividad (o: operacional)
Die Zerlegung von Arbeitssystemen in ihre Bestandteile gemäß unstandardisierter, halbstandardisierter oder standardisierter Verfahren (z.B.: →AET; →PAQ/FAA; →BEAT; →VILA; →TBS; →SAA; →RHIA; →VERA) [180]. →Arbeitsanalyse

Tätigkeitsbeschreibung

e: job description
f: description d'activité
r: описание деятельности
s: descripción de actividades

Eine schriftliche Darstellung der wesentlichen Aufgaben einer Arbeit [17]. →Arbeitsplatzbeschreibung

Tätigkeitszeit

e: working time
f: temps d'activité
r: время деятельности
s: tiempo de actividad
allgemein: Der Teil der →Arbeiterzeit, in der der arbeitende Mensch ihm übertragene Arbeiten ausführt.
als Vorgabezeit: Die Zeit innerhalb der →Grundzeit, die dem Mitarbeiter für die von ihm laut Auftrag und Anweisung auszuführenden Arbeitsverrichtungen einschließlich der notwendigen Überwachung vorgegeben ist [156]. →Zeitgliederung

Taxonomie

e: taxonomy
f: taxonomie
r: таксономия (систематизация)
s: taxonomía
Der Versuch einer systematischen Ordnung nach festen Regeln [95].

TBS

= Bewertung und Gestaltung von progressiven Inhalten der Arbeit.
Ein Verfahren der →Tätigkeitsanalyse von BAARSS, HACKER et al. zur Analyse und Bewertung der Persönlichkeitsförderlichkeit von Arbeitsaufträgen bzw. realisierten Tätigkeiten [152].

Teamarbeit →Gruppenarbeit

Technik

e: in der praktischen Anwendung:
engineering; als Wissenschaft: technology;
als Verfahren oder Methode: technique
f: als Wissenszweig: science technique; als
Verfahren oder Methode: technique; als
technische Bearbeitung: ingénierie
r: техника, инженерия
s: técnica
1. Die Kenntnis und Beherrschung der Regeln und Kunstgriffe einer Tätigkeit.
2. Alle Maßnahmen, Verfahren und Einrichtungen zur Beherrschung und zweck-

mäßigen Nutzung der Naturgesetze und der von der Natur gebotenen Energien und Rohstoffe [18].

Technik, Regel der -

e: technical rule
f: règle de technique
r: технические законы (правила)
s: regla de arte
Eine für rechtliche Betrachtungen übliche Zusammenfassung von Aussagen über technische Zusammenhänge, die durch eine Mehrheit von Fachleuten vertreten wird. (Beispiel: Normen des DIN) [167].

Technikfolgenabschätzung

e: technology assessment
f: évaluation technologique
r: оценка технологического развития
s: pronostico de las consecuencias de la tecnologia
Ein Verfahren, die wirtschaftlichen, sozialen, strukturellen und ökologischen Folgen von technischen Entwicklungen und staatlicher Forschungsförderung vorausschauend zu erkennen und zu bewerten [197].

Technologie

e: technology
f: technologie
r: технология
s: tecnología
syn: Verfahrenskunde: Die Verfahren und die Methodenlehre eines einzelnen ingenieurwissenschaftlichen Gebietes oder eines bestimmten Fertigungsablaufs [18].
Auch allgemeiner Oberbegriff zur Bezeichnung der Gesamtheit der Verfahren und Methoden bei der Gewinnung oder Verarbeitung von Rohmaterialien zu Produkten in einer →Organisation . Gemeint ist damit nicht nur die Technik im engeren Sinne (z.B. Werkzeuge, mechanische Geräte, computerunterstützte Systeme, wie CNC-Drehmaschinen bis hin zu CIM-Technologien), sondern auch die typische Arbeitsweise, gruppiert nach der Auflagenhöhe (Einzel-, Serien- und Massenfertigung), nach Art der Aufstellung (Werkstatt, Reihen- und Fließ-

fertigung sowie Prozeßfertigung) oder nach dem Automatisierungsgrad (Handarbeit, Mechanisierung, Automatisierung) [95].

Teilprojekt →Gliederung in Arbeitsablaufabschnitte

Teilvorgang; Arbeitsteilvorgang; Teilarbeit

e: job element; work element; sub-operation; part of an operation
f: phase de travail; sous-phase
r: часть события, часть рабочего события, часть работы
s: operación parcial
Ein Bestandteil eines →Arbeitsvorganges, der je nach Zweck der Untersuchung (z.B.: Arbeitsanalyse, -beobachtung, -synthese, -zeitfunktion) definiert wird. Er besteht seinerseits je nach angewendeter →Gliederung in Arbeitsablaufabschnitte zumeist aus mehreren →Vorgangsstufen bzw. Arbeits- und Prozeßelementen [2, 193].

Teilzeit

e: element time
f: temps (ou: durée) d'une phase de travail
r: часть времени
s: tiempo parcial
Zeit für einen →Teilvorgang. →Teilzeiten

Teilzeitarbeit

e: part time job (or: work; employment)
f: emploi à temps partiel
r: работа с укороченным временем работы, частичная рабочая занятость
s: empleo a tiempo parcial
Ein Arbeitsverhältnis, das eine kürzere Arbeitszeit als die tarifliche Regelarbeitszeit vorsieht [193]. →Partner-Teilzeitarbeit; →Ruhestand, gleitender

Teilzeitarbeit; Teilzeitbeschäftigung

e: part time job (or: work; employment)
f: emploi à temps partiel
r: работа с укороченным временем работы, частичная рабочая занятость
s: empleo a tiempo parcial
Ein Arbeitsverhältnis, das eine kürzere →Arbeitszeit als die tarifliche Regelarbeits-

zeit vorsieht [193]. Bei "Teilzeit à la carte" wählen die Arbeitnehmer die Dauer ihrer Arbeitszeit (z.B. zwischen 20 und 90 % der tariflichen Arbeitszeit) und ihre Lage (z.B. Früh-, Spät- oder Nachtschicht, Gleittage, -wochen oder -monate, Blockzeitarbeit) entsprechend ihren Wünschen nach vorgegebenen Optionen des Betriebes. →Partner-Teilzeitarbeit

Teilzeiten

e: element times
f: temps d'une phase de travail
r: элементы времени
s: tiempos parciales
nach der Art vorgenommene Unterteilungen der →Grundzeit. Man unterscheidet:
Hauptzeit: Teil der Grundzeit, in dem ein unmittelbarer Fortschritt an den einzelnen Einheiten oder Arbeitsgegenständen (z.B. Stücken) im Sinne des Auftrages erzielt wird,
Nebenzeit: Teil der Grundzeit je Einheit, der zwar regelmäßig auftritt, aber nur mittelbar zu einem Fortschritt im Sinne des Auftrages beiträgt,
Inganghaltungszeit (ldw.): Nebenzeit, die nötig ist, um die bei der Arbeit verwandten Maschinen und Geräte in Gang zu halten, z.B. zu kontrollieren auf Funktionsfähigkeit, zu reinigen, nachzuschärfen, nachzuschmieren usw.,
Versorgungszeit (ldw.): die Zeit für das regelmäßig innerhalb eines Arbeitsganges wiederkehrende Zu- oder Wegbringen und Einfüllen oder Entleeren von zu verarbeitenden Erzeugnissen,
Rüstzeit: die Zeit, die der Vorbereitung (Aufrüsten) und dem Abschluß (Abrüsten) der auftragsgemäß auszuführenden Arbeiten, vor allem der Bereitstellung der Betriebs- und Hilfsmittel und deren Rückversetzung in den ursprünglichen Zustand, dient. Nach REFA ist die R. in Rüst-Grundzeit, Rüst-Erholungszeit und Rüst-Verteilzeit zu gliedern.
Erholungszeit: die Zeit, die der arbeitende Mensch und das arbeitende Tier regelmäßig brauchen, um ihre Kräfte wiederherzustel-

len, wenn die Arbeitsintensität und ihre Schwere das für eine Dauerarbeit zulässige Maß übersteigen.

Verlustzeit (ldw.): die in der internationalen Landarbeitsterminologie vereinbarte Bezeichnung für →Verteilzeit, definiert als unregelmäßig auftretende Teilzeit, die weder Haupt- noch Neben-, weder Rüst- noch Wege- oder Wendezeit ist. Sie wird gegliedert in:
- *Verlustzeit, arbeitsunabhängige persönliche (ldw.):* die Zeit, die während der Arbeit der Erledigung der persönlichen Bedürfnisse dient,
- *Bummelzeit (ldw.):* die Zeit, die von der Arbeitsperson absichtlich zu anderen als den Arbeitszwecken oder der Erholung dienenden Dingen verwandt wird. Sie ist ausschließlich vom Willen des Arbeitenden abhängig.
- *Fehldispositionszeit (ldw.):* die durch fehlerhafte Disposition des Arbeitenden oder der Betriebsleitung entstehende Verlustzeit.
- *Unfallzeit (ldw.):* die durch plötzliche äußere Einwirkung entstehende Verlustzeit. Sie ist dem Willen des Arbeitenden entzogen und deshalb unvermeidlich.

Verteilzeit: Zeiten, die sich wegen unregelmäßigen oder weniger häufigen Auftretens der Einheit des Auftrages nicht unmittelbar zurechnen lassen und mit einem gesondert ermittelten Prozentsatz der Grundzeit zugeschlagen werden. Sie gliedern sich in: →sachlich bedingte Verteilzeiten, die durch die Betriebsmittel oder den Werkstoff verursacht sind, persönlich bedingte Verteilzeiten, die in der Person des Arbeitenden begründet sind. Die persönlich bedingten Verteilzeiten gliedern sich in →arbeitsabhängige und →arbeitsunabhängige persönliche Verteilzeiten [REFA].

Verteilzeit, arbeitsabhängige, persönliche, berücksichtigt die zur Überwindung arbeitsbedingter Ermüdung erforderlichen Erholungszeiten. Bei regelmäßiger Wiederkehr des erforderlichen Vorgangs kann die dafür benötigte Zeit auch in die →Grundzeit einbezogen werden. [REFA]

Verteilzeit, arbeitsunabhängige, persönliche, bezieht sich auf die persönlichen Bedürfnisse des Arbeiters, Zeitaufwand für Lohnempfang u.a. [REFA].

Verteilzeit, sachlich bedingte: Zeit für das Herrichten der Maschine, der Werkzeuge oder Geräte (z.B. abschmieren, in Gang setzen, abstellen, justieren, Beseitigung kleiner Fehler, "Werkzeug schleifen", Säuberung), kleine Störungen, arbeitsbedingte Gespräche und ähnliche Zeitverluste [REFA].

Wegezeit: die für die Zurücklegung des Weges vom Orte der Arbeitseinteilung zum Arbeitsort und zurück benötigte Zeit, soweit sie in die Gesamtarbeitszeit fällt.

Wendezeit: die regelmäßig wiederkehrende Zeit für das "Sichzuwenden" zum nächsten Teilstück der Hauptarbeitszeit [156]. →Gliederung in Arbeitsablaufabschnitte; →Zeitgliederung

Telearbeit; Heimarbeit, elektronische
e: telework; telecommuting; remote work; distance work
f: télétravail
r: телеработа
s: teletrabajo
Eine erwerbsmäßig betriebene Tätigkeit an einem Arbeitsplatz, der unabhängig vom Ort des Arbeitgebers nach Wunsch des Telearbeiters eingerichtet, mit informationstechnischen Endgeräten ausgestattet, betriebsorganisatorisch dezentral zugeordnet und mit dem Auftraggeber durch elektronische Kommunikationsmedien verbunden ist [203]. →Heimarbeit

Telemetrie
e: telemetry
f: télémétrie
r: телеметрия
s: telemetría
Die drahtlose Übertragung von Meßdaten [180].

Temperaturregulation →Thermoregulation des Körpers

Termin

e: term; date; fixed time; appointment; deadline; target date
f: terme
r: срок
s: término
Ein durch das Kalenderdatum und/oder die Uhrzeit ausgedrückter Zeitpunkt [83].

Termin, agrotechnischer (ldw.)

e: agrotechnical date
f: terme d'agrotechnique
r: агротехнические сроки
s: término agrotécnico
Ein günstiger acker- und pflanzenbaulicher Zeitpunkt für die rechtzeitige Durchführung eines bestimmten Arbeitsvorganges in der Pflanzenproduktion zur Förderung eines ökologisch optimalen Vegetationsverlaufs sowie eines hohen quantitativen und qualitativen Ertrages [4]. →Zeitspanne, agrotechnische

Terminologie (= Fachwortschatz)

e: terminology
f: terminologie
r: терминология
s: terminología
Gesamtbestand der →Begriffe und ihrer Benennungen in einem Fachgebiet. - Ein Terminus (auch: Fachwort) ist das zusammengehörige Paar aus einem →Begriff und seiner Benennung als Element einer Terminologie [46].

Test, statistischer

e: statistical test
f: test statistique
r: тест, статистический
s: test estadístico
Ein unter festgelegten Voraussetzungen geltendes Verfahren, um aufgrund von →Stichprobenergebnissen festzustellen, ob die unbekannte wahre Wahrscheinlichkeitsverteilung zur →Nullhypothese oder zur →Alternativhypothese gehört [41]. →Signifikanz

Testkriterien

e: test criteria
f: critères de test

r: критерии тестирования
s: criterios de test
Ein wissenschaftlich verwertbarer →Test muß bestimmten Gütekriterien entsprechen. Die wichtigsten sind →Objektivität, →Reliabilität (= Zuverlässigkeit) und →Validität (= Gültigkeit) [209].

TGL

In der DDR übliche Abkürzung, ursprünglich für Technische Normen, Gütevorschriften und Lieferbedingungen, später nur noch für Normen [4].

Therblig

e: therblig
f: therblig
r: методика деления движения на элементы по Джильберту
s: therblig
Standardisierte Vorgangselemente oder →Bewegungselemente (nach GILBRETH, 1868 - 1924). Es gibt 18 Therbligs: Suchen, Finden, Auswählen, Greifen, Transportieren, in Lage bringen, Zusammenfügen, Gebrauchen, Auseinandernehmen, Prüfen, Vorrichten, Loslassen, Hinlangen, Halten, Ausruhen, unvermeidbare und vermeidbare Verzögerung und Überlegen [4].
(„Therblig" = Wortbildung durch Umkehrung der Buchstabenfolge von "GILBRETH") →Gliederung in Arbeitsablaufabschnitte

Thermoregulation des Körpers

e: thermoregulation
f: régulation thermique; thermorégulation
r: терморегуляция тела человека
s: termoregulación
Fähigkeit des Organismus, seine Wärmeabgabe innerhalb gewisser Grenzen den jeweiligen Umweltbedingungen und der Arbeitsbeanspruchung anzupassen. - Um eine für die verschiedensten Klimabedingungen und Ausprägungen der Arbeitsschwere ausgeglichene →Wärmebilanz sicherzustellen, muß der menschliche Organismus eine Reihe feinfühliger Regelmechanismen in Gang setzen. Als Signalgeber für den auszuregelnden Wärmetransport wirkt die Abweichung

vom Soll-Wert der Körperkerntemperatur [14, 198]. →WBGT-Index

Thesaurus

e: thesaurus
f: thésaurus
r: тезаурус (файл дискрипторов)
s: tesauro

Eine Datei, die alle Deskriptoren enthält, die in einem bestimmten Arbeits- und Fachgebiet vorkommen. Über Indextabellen sind diese Deskriptoren mit den Texten verknüpft, in denen sie auftreten [193].

Ton

e: pure tone
f: son; ton
r: тон, звучание
s: tono

Ein Schall mit sinusförmigem Schwingungsverlauf und einer einzigen Schwingfrequenz [98, 157].

Total Quality Management TQM

e: Total Quality Management TQM

Umfassendes Führungskonzept zur →Qualitätssicherung und Verbesserung der Kundenzufriedenheit mit den Produkten und Dienstleistungen des Unternehmens. Dabei werden nicht nur Externe als Kunden behandelt, sondern auch die organisationsinternen Abnehmer von Dienstleistungen oder Produkten. (Bspw. wären aus der Sicht der Produktionsabteilung Konstruktionszeichnungen als Dienstleistungen der Konstruktionsabteilung, Fortbildungsseminare als solche der Personalentwicklungsabteilung zu bewerten.) [95].

TQM→Total Quality Management

Tracking →Nachfahraufgabe

Trägheitskraft

e: force of inertia; vis inertiae
f: force d'inertie
r: инерционная сила
s: resistencia de iercia

Die Kraft, die bei beschleunigt ausgeführten Bewegungen aufgrund der Trägheit der Massen wirkt [167]. →Körperkraft; →Massenkraft

Training

e: training
f: entraînement
r: тренирование
s: entrenamiento

Ein Verfahren, das einen Zustand optimaler körperlicher bzw. geistiger →Leistungsfähigkeit bewirken soll und, soweit es sich um körperliche Belastungen handelt, im Unterschied zur →Übung anatomisch nachweisbare Veränderungen (z.B. bei Kraft, Ausdauer usw.) auslöst [136, 156]. →Lernen

Transfer

e: transfer
f: transfèrement; transfert
r: перевод, трансферирование
s: transferencia

Die Übertragung der im Zusammenhang mit einer bestimmten Aufgabe erlernten Vorgänge auf eine andere Aufgabe. Zu einem solchen T. kann es kommen, wenn Abschnitte eines bereits geübten Bewegungsablaufes auch in einem neuen, noch zu übenden Bewegungsablauf auftreten [167]. →Übungstransfer

Transinformation

e: transinformation
f: information transmise
r: трансферирование информации
s: transinformación

Der Anteil, der von einer erhaltenen →Information fehlerfrei übertragen (wiedergegeben) wird [167].

Transparenz

e: transparency
f: transparence
r: прозрачность
s: transparencia

Die Durchschaubarkeit von Institutionen, Organisationen oder Unternehmen und deren Entscheidungsprozessen [18].

Transportarbeiten

*e: transport work (innerbetriebliche T. =
US: material handling)*
f: manutentions; transports
r: транспортные работы
s: transporte
Alle Arbeiten, die der Ortsveränderung von
Gütern dienen [14]. →Handhaben

Tremor

e: tremor
f: tremblement
r: дрожание, тремор
s: tremor
Zittern; rasch aufeinanderfolgende rhythmi-
sche Zuckungen antagonistischer Muskeln
[186].

Trend

e: trend
*f: tendance (à long terme); mouvement
général*
*r: направление (тенденция)
развития*
s: tendencia general
Die allgemeine Entwicklungsrichtung einer
Zeitreihe [193].

Trial- and Error-Methode

e: trial-and-error method
f: méthode d'essai et d'erreur
*r: метод исследований на базе
опыта и ошибок в противовес цели
эксперимента*
s: método de ensayo y error
Untersuchungsmethode durch Versuch und
Irrtum im Gegensatz zum gezielten Experiment. →Black-Box-Methode

TRK-Wert

= technische Richtkonzentration.
Ein Ersatz für den →MAK-Wert, falls dieser
nicht ermittelt werden kann. Mit Einhaltung
der TRK am Arbeitsplatz soll das Risiko
vermindert werden, die Gesundheit zu beein-
trächtigen [209].

Trocken(thermometer)

Temperatur (= Lufttemperatur)

e: dry-bulb (thermometer) temperature
f: température sèche (au thermomètre sec)
r: температура сухого
термометра
*s: temperatura seca (termómetro seco);
temperatura del aire*
Ein Maß für den Wärmezustand der Luft. Es
wird von einem Thermometer (Trockenther-
mometer) angezeigt, dessen Temperaturfühler trocken ist (Einheit: °C) [81]. →Feucht-
temperatur; →Schwarzkörpertemperatur

TTS →Vertäubung

U

Überanstrengung →Überbeanspruchung

Überbeanspruchung; Überanstrengung

e: overstrain
f: surmenage; effort excessif
r: перенапряжение
s: esfuerzo excesivo
Folge des Überschreitens der individuellen Leistungsgrenze [14].

Überbelastung

e: overstress
f: surcharge
r: перегрузка
s: sobre-carga
Eine Belastung, die zur Überschreitung der individuellen Leistungsgrenze führt.

Überforderung

e: overstrain
f: surmenage; effort excessif
r: чрезмерное требование
s: esfuerzo excesivo
Die qualitative oder quantitative Überschreitung der Grenzen der Leistungs- und Beanspruchungsfähigkeit eines Menschen unter physischer oder psychischer →Belastung [18].

Übermüdung

e: over-tiredness; over-fatigue
f: excès de fatigue
r: переутомление
s: exceso de fatiga; sobre-fatiga
Der Zustand erhöhter →Ermüdung, bei dem durch →Überbeanspruchung des Organismus die Leistungsfähigkeit, insbesondere Konzentrationsvermögen, Merkfähigkeit und Erinnerungsvermögen, stark herabgesetzt ist. Wird dem Organismus trotz Übermüdung weitere Leistung abverlangt, so tritt schließlich →Erschöpfung ein [156].

Überstunden

e: overtime
f: heures supplémentaires
r: сверхурочные часы
s: horas extraordinarias
Arbeitsstunden, die über eine festgesetzte Normalarbeitszeit hinaus auf Anordnung geleistet und im Regelfall in irgendeiner Form bes. abgegolten werden [156]. →Arbeitszeit; →Mehrarbeit

Überwachung

e: control; supervision; monitoring
f: surveillance; contrôle en continu
r: контроль, наблюдение, надзор
s: supervisión; inspección; control; monitorado
Das ständige oder wiederholte Überprüfen ausgewählter Größen auf Einhaltung vorgegebener Werte, Wertebereiche oder Schaltzustände zur Erhaltung der Funktionstüchtigkeit eines →Systems. Die zu überwachenden Größen können direkt gemessen oder das Ergebnis einer Auswertung sein [54]. →Soll-Ist-Vergleich

Übung

e: exercise; practice
f: exercice; pratique
r: тренировка, практика
s: ejercicio
Ein Verfahren zur quantitativ-qualitativen Verbesserung von Tätigkeiten durch häufige, auch systematische Wiederholung, wobei sich jedoch im Unterschied zum →Training keine anatomischen Änderungen nachweisen lassen [136, 168]. →Lernen

Übungseffekt

e: practice (or: training) effect
f: effet d'exercice
r: эффект тренирования
s: efecto de ejercicio
Jeder quantitative oder strukturelle Leistungszuwachs, sofern er durch wiederholte Reizdarbietung, Problemexposition sowie durch variierendes Antwortverhalten zustande kommt [132]. →Übungsverlust (Ggs.)

Übungsfortschritt

e: progress of exercise; progress by practice
f: progrès d'exercice
r: прогресс от тренирования
s: progreso de ejercicio

Die Zunahme des →Übungsgrades durch stete Wiederholung einer →Tätigkeit [156]. →Übungsverlust

Übungsgrad

e: degree of exercise; degree of practice
f: degré (ou: grade) d'exercice
r: степень тренированности
s: grado de ejercicio
Ein Maß für das Verhältnis der erreichten zur individuell möglichen →Übung [156].

Übungskurve

e: learning curve
f: courbe d'exercice (ou: d'acquisition)
r: кривая тренированности
s: curva de ejercicio
Die auf einen Zeitraum bezogene graphische Darstellung (= Zeitreihe) der durch →Übung erzielten Verbesserung von →Fertigkeiten [156, 167].

Übungstransfer

e: transfer of exercise; transfer of practical ability
f: transfert d'exercice
r: трансферирование эффекта тренировок
s: transfer de ejercicio (o: de destreza)
Die Übertragung bereits vorhandener Fertigkeiten aus einer Tätigkeit auf eine andere [167].

Übungsverlust

e: loss of exercise
f: déchet d'exercice
r: потеря тренированности
s: pérdida de ejercicio
Die Leistungsminderung, die eintritt, wenn eine geübte →Tätigkeit nicht mehr ausgeführt oder unterbrochen wird [168]. →Übungseffekt (Ggs.)

Ultraschall

e: ultrasound; ultrasonic (adj.)
f: ultrason
r: ультразвук
s: ultasonido
→Schall oberhalb des Hörfrequenzbereiches (d. h. oberhalb von etwa 16 kHz) [45]. →Hörschall; →Infraschall

Umfrage

e: survey
f: enquête
r: опрос
s: encuesta
In der empirischen Sozialforschung, bes. in der Markt- und Meinungsforschung am häufigsten angewendete, variantenreiche Methode der Datenerhebung zu einem bestimmten Thema, meist mit Hilfe von Interviews, Fragebögen usw. [18, 142].

Umgebung →Arbeitsumgebung

Umschulung

e: retraining
f: rééducation
r: переобучение
s: reeducación; reconversión; readaptación profesional
Eine neue, zusätzliche Ausbildung zum Zwecke eines Berufswechsels [193].

Umwelt; Arbeitsumwelt

e: environment
f: environnement; milieu ambiant
r: окружающая среда, рабочая окружающая среда
s: medio ambiente
Die Gesamtheit des Lebensraumes, der ein Lebewesen umgibt, oder alle auf dieses einwirkende Einflüsse ('zusätzlich' zu den Erbanlagen und 'begrenzt' darauf, daß die Einflüsse für die Lebewesen bestimmend sind) [168]. →Arbeitsumwelt

Umweltphysiologie

e: environmental physiology
f: physiologie de l'environnement
r: физиология окружающей среды
s: fisiología del ambiente
Ein Teilgebiet der →Physiologie, in dem die →Beanspruchung des Menschen durch physikalische →Belastungen sowohl am →Arbeitsplatz als auch in seiner →Umwelt erforscht wird. Die Wirkungen von →Klima, →Lärm, und →Vibrationen sind bes. in ihrer Kombination ein wesentlicher Untersuchungsgegenstand.

Umweltschutz

e: environment protection
*f: contrôle (ou: protection) de
l'environnement*
r: защита окружающей среды
s: protección del ambiente
Schutz des Menschen und seiner Umgebung
vor schädigenden und unerwünscht bela-
stenden Einwirkungen aus der →Umwelt
[215].

Unfall

e: accident
f: accident
r: несчастный случай
s: accidente
Ein auf äußerer Einwirkung beruhendes,
plötzliches, ungewolltes, einen Personen-
schaden bewirkendes Ereignis. Dabei wirken
Mensch und verletzender Gegenstand durch
frei werdende Energie aufeinander.
Nach der Unfallschwere werden unterschieden [215]:
1. anzeigepflichtige Unfälle: Unfälle mit einem Arbeitsausfall von mehr als drei Ta-
   gen.
2. entschädigungspflichtige Unfälle: Unfälle
   mit einem Anspruch auf Zahlung einer
   Rente, einer Abfindung oder eines Ster-
   begeldes.
3. tödliche Unfälle: Unfälle mit Todesfolge.
(Zur Gliederung der Unfälle nach ihrer Entstehung: →Arbeitsunfall.).

Unfallrisiko

e: accident risk (or: hazard)
f: risque d'accident
r: риск несчастного случая
s: riesgo de accidente
Die Wahrscheinlichkeit, daß ein Unfall eintritt. →Risiko

Unfallschwerpunkt

e: cumulation (or: focus) of accidents
f: point noir; point principal d'accident
r: основа несчастного случая
s: punto principal de accidente
Ort mit hohem →Unfallrisiko. Oder: Fakto-
renkombination, die zu häufigen und/oder
schweren Unfällen führt.

Unfallursache

e: cause (or: source) of accident
f: cause d'accident
r: причина несчастного случая
s: causa de accidente
Gefährdungsfaktor, der einen Unfall bewirkt
oder bewirkt hat [215].

Unfallverhütung

e: accident prevention
f: prévention des accidents
*r: предупреждение несчастных
случаев*
s: prevención contra accidentes
Maßnahmen (z.B. ergonomischer, psychologischer, pädagogischer, technischer, organisatorischer Art) zur Vermeidung von Unfällen [156, 215].

Unfallverhütungsvorschriften UVV

*e: accident-prevention rules (or:
regulations)*
*f: règlement de prévoyance (ou: instructions
préventives) contre les accidents*
*r: предписания по предупреждению
несчастных случаев*
s: prescripciones contra accidentes
In den UVV bzw. VBG (Vorschriften der
Berufsgenossenschaften) legen die Berufsgenossenschaften kraft autonomen Rechts
weitere Pflichten fest, die der Unternehmer
im Rahmen der Arbeitssicherheit zu erfüllen
hat [193].

Unfallversicherung, gesetzliche

e: compulsory accident insurance
f: assurance-accident
*r: страхование от несчастных
случаев*
s: seguro de accidentes
Ein Zweig der gesetzlichen →Sozialver-
sicherung, durch den der →Arbeitnehmer
während seiner Beschäftigung und auf dem
Weg von und zu der Arbeit gegen Unfallfol-
gen unabhängig von der Schuldfrage versi-
chert ist [203].

UNITAR →Ausbildungs- und Forschungsinstitut der Vereinten Nationen

Unterbelastung; Unterforderung

*e: underload; underutilization of capacity;
idle capacity*
*f: charge partielle (ou: incomplète); sous-
charge*
*r: рабочие нагрузки ниже
требуемых организмом*
s: carga incompleta
Eine Arbeitsbelastung, die so geringe Anforderungen an den Organismus stellt, daß
dessen Funktions- und Leistungsfähigkeit
wegen mangelnden Trainingsreizes gemin-
dert werden kann. →Überbelastung; →Trai-
ning; →Streß, insbesondere Eustreß

Unterbrechen

e: interrupt
f: interrompre; suspendre
r: прерывать
s: interrupción
Ein Ruhen der Arbeit, das unterschiedlich
bedingt sein kann: ablaufbedingtes, erho-
lungsbedingtes, persönlich bedingtes oder
störungsbedingtes   Unterbrechen   [193].
→Wartezeit; →Störung; →Erholzeit

Unterforderung →Unterbelastung

Unternehmen; Unternehmer

e: enterprise; entrepreneur
f: entreprise; entrepreneur
*r: предприятие, дело;
предприниматель*
s: empresa; empresario
Die einer Person oder Personengruppe (dem
Unternehmer) gehörende und unter einheitli-
cher, selbständiger Führung stehende Wirt-
schaftseinheit, soweit ihre wirtschaftlichen
Verfügungen nicht auf die Bedarfsdeckung
dieser Person(en) ausgerichtet sind; i.d.R.
haben sie eine erwerbswirtschaftliche Zielsetzung [133]. →Betrieb

Unternehmensphilosophie; Unterneh-
mensleitbild

e: corporate philosophy; corporate identity
*f: philosophie de l'entreprise; modèle de
l'entreprise*
*r: философия и стратегия
развития предприятия,
лейтмотив предприятия*

*s: filosofía de la empresa; modelo de la
empresa*
Die Zusammenfassung von Unternehmens-
grundsätzen und -führung, die sowohl nach
innen als auch nach außen die grundlegende
Zielsetzung des Unternehmens und damit
die Grundlage der Unternehmenspolitik
bzw. des strategischen →Managements bildet [184].

Unterweisung

e: instruction
f: instruction
r: предписание, инструкция
s: instrucción
Das planmäßige Beeinflussen und Überpü-
fen des Erlernens von beruflichen Fertigkeiten und Kenntnissen als Teil der Ausbildung
[156]. →Lehre

Unterweisung, programmierte

e: programmed instruction
f: instruction programmée
*r: предписание, указание
(запрограммирование)*
s: adiestramiento programado
Ein planmäßig vorstrukturierter Lernprozeß
[180].

Urlaub; Ferien

e: leave of absence; vacation (US); holidays
f: congé; vacances
r: отпуск
s: vacaciones y licencias; vacaciones
Die einem Arbeitnehmer für bestimmte Zeit
gewährte Befreiung von der Arbeitspflicht.
Voraussetzungen und Umfang des U. sind
u.a. durch Betriebsvereinbarungen, Arbeits-
oder Tarifverträge und im Bundesurlaubsge-
setz (BUrlG) geregelt. Beispiele für verschiedene Formen des Urlaubs mit oder ohne Lohnfortzahlung: Erholungs-, Sonder-
und Bildungsurlaub [38].

V

Validität; Gültigkeit

e: validity
f: validité
r: действительность, законность (в статистике)
s: valididad

Ein →Testkriterium für die Gültigkeit, das die Meßgenauigkeit eines Tests im Hinblick auf ein →Merkmal kennzeichnet. Die V. gibt den Grad der Genauigkeit an, mit dem ein Test dasjenige Persönlichkeitsmerkmal oder diejenige Verhaltensweise tatsächlich mißt, das (die) es messen soll oder zu messen vorgibt [168].

Variable

e: variable
f: variable
r: переменная
s: variable
Eine Größe, die eine Folge von Werten annehmen kann [144].

Variable, abhängige; Zielgröße

e: dependent variable
f: variable dépendante
r: зависимая переменная величина: целевая величина
s: variable dependiente

allgemein: Eine →Variable, deren Werte durch die Werte von →unabhängigen Variablen und →Parametern bestimmt sind [144].
im versuchstechnischen Sinne: Diejenige →Variable, die im Experiment als →Funktion der →unabhängigen Variablen betrachtet werden kann und über die Vorhersagen getroffen werden können [168].

Variable, unabhängige; Einflußgröße

e: independent variable
f: variable indépendante
r: независимая переменная величина: влияющая величина
s: variable independiente

allgemein: Eine →Variable (z.B. Zeit), deren Wert nicht durch andere Variable bestimmt ist [144].
im versuchstechnischen Sinne: Die im Experiment planmäßig variierte →Variable [168].

Varianz σ^2

e: variance
f: variance
r: дисперсия
s: varianza
Eine Maßzahl der Streuung, die mehreren Optimalisierungskriterien der Schätztheorie genügt und deshalb vor den übrigen Maßzahlen einen Vorrang hat. Sie wird mit dem Quadrat der →Standardabweichung berechnet [3, 144].

Varianzanalyse

e: analysis of variance; variance analysis
f: analyse de variance
r: дисперсионный анализ
s: análisis de varianza
Die Varianzanalyse dient der quantitativen Untersuchung der →Wirkung von →Einflußgrößen (= Versuchsfaktoren) auf eine →Zielgröße (= Versuchsergebnis). Dies geschieht, indem eine beobachtete Gesamtvarianz des Versuchsergebnisses in Anteile zerlegt wird, die auf die verschiedenen Einflußgrößen zurückzuführen sind. Anhand dieser Teilvarianzen kann man die Faktoren in "wirksame" oder wesentliche und in "unwirksame" oder unwesentliche einteilen und so erkennen, welche Maßnahmen Erfolg versprechen dürften und welche von vornherein erfolglos sind. - Im folgenden Beispiel das Modell einer dreifaktoriellen Analyse:

$$y = f(A_i, B_j, C_k, AB_{ij}, AC_{ik}, BC_{jk});$$
dabei bedeuten:

$y = $ →Zielgröße
(i.d.R. intervallskaliert)

$A, B, C = $ →Einflußgrößen
(i.d.R. nominalskaliert) und

$AB, AC, BC = $ deren →Wechselwirkungen mit

$i, j, k = $ ihren →Ausprägungen [205].

→Regressionsanalyse; →Signifikanz; →Skalierung; →Varianz

Variationszahl; Variationskoeffizient

e: coefficient of variation
f: coefficient de variation
r: дисперсионное число;
дисперсионный коэффициент
s: coeficiente de variación
Das Verhältnis der →Standardabweichung zum Mittelwert; wird auch als relative Streuung oder Variationskoeffizient ausgedrückt. (Einheit: %) [167].

VBG-Vorschriften

= →Unfallverhütungsvorschriften der gewerblichen Berufsgenossenschaften (Anschrift von deren Hauptverband: Langwartweg 103, D-53129 Bonn).

VDI

= Verein deutscher Ingenieure.
Eine Fach- und Standesorganisation für Ingenieure, Herausgeber von Technischen Regeln in Form von "VDI-Richtlinien". Anschrift: Graf-Recke-Straße 84, D-40239 Düsseldorf [167].

vegetativ

e: vegetative
f: végétatif
r: вегетативный, растительный
s: vegetativo
Das autonome →Nervensystem betreffend. - Es regelt Organfunktionen wie Atmung, Kreislauf und Verdauung, deren Tätigkeit weitgehend dem Einfluß des Willens entzogen ist [96].

ventral

e: ventral
f: ventral
r: вентральный, брюшной
s: ventrale
Zum Bauch gehörig, bauchwärts [180].
→dorsal

VERA

= Verfahren zur Ermittlung von Regulationserfordernissen in der Arbeitstätigkeit.

Ein Verfahren der →Tätigkeitsanalyse von VOLPERT et al. zur Bestimmung der Denk- und Planungsprozesse bei der Ausführung von Arbeitsaufgaben [152].

Verbände im Fachbereich Psychologie

Hinweis: In [95] wurde eine Übersicht über diese Verbände veröffentlicht.

Verfahren →Arbeitsverfahren

Verfahren, technologisches

e: technological method
f: procédé (ou: opération; méthode) technologique
r: технологический опыт, метод
s: procedimiento tecnológico
Art und Weise der Gestaltung und Durchführung eines technologischen Prozesses auf der Grundlage zweckmäßiger Kombination der dazu gehörenden Arbeits- und Naturprozesse [100].

Verfahrenstechnik

e: process engineering
f: technologie des procédés; engineering
r: технология
s: tecnología (o: ingeniería) de operaciones y procesos
Eine Teildisziplin der technischen Wissenschaften, die sich mit den technischen Mitteln und technologischen Verfahren der stoffumwandelnden Produktion unter Beachtung naturwissenschaftlicher, technischer, technologischer und ökonomischer Gesichtspunkte befaßt [4].

Verfahrenstechnik, landwirtschaftliche

e: agricultural technology
f: technique des procédés agricoles
r: сельскохозяйственная технология
s: tecnología agraria
Die Wissenschaft und Lehre von der Entwicklung, Untersuchung, Optimierung und Bewertung technischer und biotechnischer →Verfahren für die Erzeugung, Bearbeitung und Umwandlung von biogenen Stoffen.

Vergleichssystem; Bezugssystem

e: benchmark system
f: système de repères

r: система сравнения,
сопоставления: базовая система
s: sistema de comparacion (o: referencia)
Bestehendes System, mit dem ein beobachtetes verglichen wird [180].

Vergütung →Entgelt

Verhalten

e: behaviour
f: comportement; tenue
r: поведение, образ действия
s: comportamiento
ursprünglich: Jede physische Aktivität eines lebenden Organismus, die (im Ggs. zu psychischen Abläufen) grundsätzlich von anderen Beobachtern, d.h. objektiv, feststellbar ist.
abgeleitet: Ein →Merkmal beliebiger Lebewesen, das sich auf die von außen sichtbare Gesamtaktivität eines Organismus bezieht. Diese Gesamtaktivität unterscheidet sich bei verschiedenen Individuen (→interindividuelle Differenzen). Sie variiert jedoch auch →intraindividuell sowohl spontan als auch in Abhängigkeit von bestimmten Umweltbedingungen [168]. →Behaviorismus

Verhaltensergonomie

e: behaviour ergonomics
f: ergonomie de comportement
r: эргономика поведения
s: ergonomía de comportamiento
Ein neuer Zweig der →Ergonomie. Aufbauend auf der richtigen Gestaltung von Arbeitsplätzen, -mitteln und -organisation, wird mit der V. das ergonomisch richtige Verhalten der Mitarbeiter am Arbeitsplatz untersucht und gefördert [22].

Verhaltensstereotypien

e: behavioural stereotypes
f: stéréotypes de comportement
r: стереотипы поведения
s: estereotípo de comportamiento
Bei Individuen oder Gruppen ausgeprägte Beibehaltung immer derselben Bewegungen, Reaktionen und Handlungen, die ererbt oder in der technischen und sozialen Umwelt erworben wurden. Zur kompatiblen Arbeitsgestaltung sollte man sie wegen folgender Vorteile nutzen [22]:
- Die Lern- und Übungsphase des Menschen wird verkürzt.
- Die qualitative und quantitative Arbeitsleistung wird erhöht.
- Die Gefahr der Fehlhandlung wird verringert.
→Kompatibilität

Verkettung

e: chaining together; concatenation; linkage
f: enchaînement
r: сцепление, сопряжение
s: encadenamiento; concatenación
Die Verknüpfung von Arbeitsaufgaben durch Transportvorgänge im →Arbeitsablauf [75]. →Fließfertigung

Verlustzeit →Teilzeiten

Verlustzeit, arbeitsunabhängige; Verlustzeit, persönlich bedingte

e: personal needs allowance
f: temps mort accidentel personnel
r: потери времени, независимые от работы; потери времени, зависимые от работающего
s: tiempo de necesidades personales
Zeit für einen →Teilvorgang, der der Erledigung persönlicher Bedürfnisse während der Arbeit dient [14]. →Zeitgliederung

Verlustzeit, nicht vermeidbare

e: unavoidable delay (time)
f: perte de temps inévitable
r: неизбежные потери времени
s: tiempo perdido
Zeit für einen →Teilvorgang, der durch →Störungen des Arbeitsablaufs bedingt ist, für die die Arbeitsperson nicht verantwortlich ist [14]. →Zeitgliederung

Verrichtung

e: performance; execution
f: opération; exécution
r: рабочая операция, исполнение
s: operación; ejecución; realización
Eine dynamische oder statische körperliche →Tätigkeit, die voll oder zumindest bedingt beeinflußbar ist [193].

Verrichtungsprinzip

e: work system comprising similar jobs
f: principe d'opération
r: принцип выполнения рабочих операций
s: principio de operación
Eine Form der Arbeitsorganisation, bei der die Arbeitssysteme mit gleicher oder ähnlicher Arbeitsaufgabe räumlich zusammengefaßt werden [193]. →Objektprinzip; →Artteilung; →Mengenteilung

Verschlüsseln

e: code
f: chiffrer
r: шифровать, кодировать
s: cifrar
Ein Umsetzen von Informationen in Zeichenfolgen nach bestimmten Regeln, so daß die Wiedergewinnung dieser Information nur bei Kenntnis dieser Regeln möglich ist [52]. →Benummern; →Codieren

Versetzte Arbeitszeit →Arbeitszeit, versetzte

Versorgungszeit

e: replenishing time; supply time
f: temps d'approvisionnement
r: время снабжения
s: tiempo de aprovisionamiento
Die Zeit für einen regelmäßig innerhalb eines →Arbeitsvorganges wiederkehrenden →Teilvorgang, der dem Zu- bzw. Wegbringen oder dem Einfüllen bzw. Entleeren von Arbeitsgegenständen oder Arbeitsmitteln dient [14]. →Zeitgliederung

Vertäubung; Hörermüdung

e: temporary threshold shift TTS
f: surdité temporaire
r: оглушение, истощение
s: sordera temporal
Eine vorübergehende Anhebung der Hörschwelle durch Schalleinwirkung [209]. →Lärm; →Lärmschwerhörigkeit

Verteilzeit

e: allowance time
f: allocation
r: распределенное время, связанное с человеком
s: tiempo distributivo
Die Summe der Soll-Zeiten aller Ablaufabschnitte, die zusätzlich zur planmäßigen Ausführung eines Ablaufs durch den Menschen erforderlich sind. Sie bezieht sich auf die Mengeneinheit 1 und wird häufig als prozentualer Zuschlag zur Grundzeit ausgewiesen [193]. →Zeitgliederung

Verteilzeitzuschlag Z

e: allowance
f: allocation auxiliaire
r: добавки к распределенному времени
s: suplemento del tiempo distributivo
Ein Teil des →Arbeitszeitbedarfs, der sachlich und persönlich bedingte Verteilzeiten in Prozent der Grundzeit berücksichtigt [156]:

$$Z = \sum \text{Verteilzeiten} / \sum \text{Grundzeiten} \cdot 100.$$

→Zeitgliederung

Vertrauensbereich; Konfidenzintervall

e: confidence interval
f: intervalle de confiance
r: доверительный интервал
s: intervalo de confianza
Ein geschätztes Intervall, das den wahren Wert des unbekannten Parameters mit vorgegebener Wahrscheinlichkeit überdeckt [3].

Vibration →Schwingungen, mechanische

e: vibration
f: vibration
r: вибрация, механические колебания
s: vibración

Videosomatographie

Eine von MARTIN (1981) vorgestellte Methode zur realen Abbildung des menschlichen Körpers in verschiedenen Stellungen auf einem Videobildschirm. Diesem zugeordnet, können die wesentlichen Teile des Arbeitsplatzes oder -gegenstandes maßstabsgerecht eingezeichnet werden. - Der Vorteil dieses Verfahrens liegt darin, daß nicht eine mit Hilfe von →Körperumrißschablonen synthetisierte Normgestalt, sondern der reale Mensch das Maß darstellt

[137, 209]. →Motografie; →Somatographie; →Virtuelle Realität

Vigilanz; Wachsamkeit

e: vigilance
f: vigilance
r: сообразительность, находчивость
s: vigilancia
Nach MACKWORTH der Zustand oder der Grad der Bereitschaft, kleine Veränderungen, die in der Umwelt in zufallsverteilten Zeitintervallen auftreten, zu erkennen und auf sie zu reagieren. V. ist also die Beobachtungsleistung bei länger dauernden Beobachtungssituationen [168].

Vigilanz, herabgesetzte

e: reduced vigilance
f: vigilance réduite
r: сообразительность (находчивость), пониженная
s: vigilancia reducida
Ein bei abwechslungsarmen Beobachtungstätigkeiten langsam entstehender Zustand mit herabgesetzter Signalentdeckungsleistung (z.B. bei Radarschirm- und Instrumentenbeobachtungen) [68].

VILA

= Verfahren zur Identifizierung lernrelevanter Arbeitsmerkmale.

Ein Verfahren der →Tätigkeitsanalyse von VOLPERT, LUDBORZS und MUSTER zum Vergleich verschiedener Arbeitsplätze, bes. unter dem Gesichtspunkt der Persönlichkeitsförderung [152].

Virtuelle Realität →Realität, virtuelle

Visuelle Wahrnehmung →Wahrnehmung, visuelle

Visus →Sehschärfe

Vitalkapazität VK

e: vital (or: total lung) capacity
f: capacité vitale
r: жизненная емкость (легких)
s: capacidad pulmonar vital
Ein Maß für die Ausdehnungsfähigkeit von Lunge und Thorax. Es wird durch das Volumen bestimmt, das nach maximaler Einatmung maximal ausgeatmet werden kann (etwa 3.300 - 5.000 ml). Die V. setzt sich aus Atemzug-, inspiratorischem und exspiratorischem Reservevolumen zusammen [208].

Vollarbeitskraft

e: full-time worker; full-time labour
f: travailleur à plein temps; main-d'oeuvre à plein temps
r: рабочие с полным рабочим временем
s: mano de obra de jornada completa
Ein Wert zur Umrechnung der →Arbeitskapazität von Teilzeit-Beschäftigten auf die Kapazität von Arbeitspersonen, die notwendig wären, um ein gleiches Arbeitsvolumen während der Regelarbeitszeit zu erledigen. →Arbeitskraft-Einheit

Vollbeschäftigung

e: full employment
f: plein emploi
r: полная занятость
s: pleno empleo
Ein Gleichgewicht am →Arbeitsmarkt, bei dem alle arbeitsuchenden Erwerbspersonen eine bezahlte Tätigkeit ausüben [18, 142].

Voranschlag

e: budget
f: budget
r: предварительная смета
s: presupuesto
Eine Soll-Rechnung über Mengen und Werte von Gütern und Diensten, die einen Überblick über ihren Bedarf oder Überschuß geben soll. Meist ist sie Bestandteil von umfassenderen Planungsrechnungen [133]. →Arbeitsvoranschlag

Vorarbeiter

e: chargehand; gang boss (US); foreman
f: chef d'équipe; contremaître adjoint
r: старший рабочий
s: capataz

Ein Vorgesetzter der untersten Stufe; ein Verbindungsmann zwischen →Arbeiter und Meister [109].

Vorgabezeit

e: standard (or: set; calculated; allowed) time
f: temps alloué (ou: prévu; normalisé; de référence)
r: заданное, намеченное время
s: tiempo concendido (o: predeterminado)
→Soll-Zeit für von Menschen und Betriebsmitteln ausgeführte →Arbeitsabläufe. Für den Menschen enthalten sie →Grund-, →Erholungs- und →Verteilzeiten; für das Betriebsmittel nur Grund- und Verteilzeiten [193].

Vorgang →Arbeitsvorgang

Vorgangselement

e: work element
f: élément de procédé
r: элемент события
s: elemento de la operación
Teil einer →Vorgangsstufe, der weder in seiner Beschreibung noch in seiner zeitlichen Erfassung weiter unterteilt werden kann [193]. →Gliederung in Arbeitsablaufabschnitte

Vorgangsstufe

e: operational step
f: phase de procédé
r: фаза (ступень) события
s: intervalo de la operación
Abschnitt eines →Teilvorganges, der eine in sich abgeschlossene Folge von →Vorgangselementen umfaßt [193]. →Gliederung in Arbeitsablaufabschnitte

Vorruhestand; Frühverrentung; Frühpensionierung

e: early retirement
f: retraite anticipée
r: преждевременный уход

W

Wachsamkeit →Vigilanz

работающего из активной работы
s: jubilación anticipada
Vorzeitiges Ausscheiden des Mitarbeiters aus dem Erwerbsleben [11].

Vorsätze →Größen, physikalische

Vorschlagswesen

e: employee-suggestion program; idea-box system
f: système des suggestions
r: рационализаторство
s: esquema de sugestiones
Eine betriebliche Vereinbarung, nach der Mitarbeiter Verbesserungen empfehlen können, um die Produktivität zu erhöhen und die Qualität der Erzeugnisse zu steigern. Ziel des betrieblichen V. (BVW) ist es, das in der Belegschaft eines Betriebes latent vorhandene geistige Potential zu nutzen [193].

Vorstellungsvermögen, räumliches

e: imagination of spatial visualization
f: imagination de conception spatiale (ou: tridimensionnelle)
r: способность к пространственному воображению
s: facultad de visión tridimensional
Die Fähigkeit, sich Entfernungen, Perspektiven, Überschneidungen geometrischer Körper zu vergegenwärtigen, vor allem auch diese aus der zweidimensionalen Zeichnung in die dreidimensionale Wirklichkeit zu übertragen [156].

Vorstudie

e: feasibility study
f: étude de praticabilité
r: предварительные исследования
s: estudio de factibilidad
Eine Studie mit dem Ziel, die Wahrscheinlichkeit einer erfolgreichen Lösung festzustellen [17].

Wahlreaktion

e: choice reaction
f: réaction de choix

r: выборная реакция
s: reaccion optitativa
Eine Reaktionsform, bei der mit gleichzeitiger Darbietung mehrerer verschiedenartiger Reize die Versuchsperson unter verschiedenen Möglichkeiten zu wählen hat [180].

Wahrnehmung

e: perception
f: perception
r: восприятие, ощущение
s: percepción
Ein psychophysischer Prozeß, der Kenntnisse über die Umgebung oder den eigenen Zustand vermittelt, indem →Empfindungen mit Erfahrungen und Erlerntem (Gedächtnisinhalten) verknüpft werden. Der wahrnehmende Mensch ordnet den aufgenommenen Empfindungszusammenhang bewußt einer eigenen ganzheitlichen und gestalteten Vorstellung, ggf. einer Rangfolge zu. Weil dieser Vorgang auf einer subjektiven, möglicherweise irrtümlichen Deutung beruht, können die erhaltenen →Informationen unvollständig, unsicher oder falsch sein [88, 186, 207].

Wahrnehmung, auditive

e: audioperception; auditory perception
f: perception auditive
r: слуховое восприятие, ощущение
s: percepción auditiva
Eine →Wahrnehmung nach einer Reizaufnahme durch den Gehörsinn.

Wahrnehmung, periphere (= visuell-periphere)

e: peripheral perception
f: perception périphérique
r: периферийное восприятие, ощущение
s: percepción periférica
Eine →Wahrnehmung nach einer Reizaufnahme durch den Gesichtssinn im Randbereich des →Gesichtsfeldes.

Wahrnehmung, taktile

e: tactile perception; perception by the sense of touch
f: perception tactile
r: тактильное восприятие,

ощущение
s: percepción táctil
Eine →Wahrnehmung nach einer Reizaufnahme durch den Tastsinn.

Wahrnehmung, visuelle

e: visual perception
f: perception visuelle
r: визуальное восприятие, ощущение
s: percepción visual
Eine →Wahrnehmung nach einer Reizaufnahme durch den Gesichtssinn.

Wahrscheinlichkeit

e: probability; likelihood
f: probabilité
r: вероятность
s: probabilidad
Ein quantitatives Maß der Möglichkeit, daß ein zufälliges Ereignis unter bestimmten Bedingungen eintritt [4].

Waldbau

e: forestry; silviculture
f: économie forestière; sylviculture
r: лесоводство
s: silvicultura
Planmäßige Begründung, Erziehung, Pflege und Verjüngung von Wäldern zur Erreichung der Betriebs- und Wirtschaftsziele, Schutzfunktionen und Sozialleistungen unter Beachtung der Nachhaltigkeit [39]. →Forstwirtschaft

Wärmebilanz

e: heat balance
f: bilan thermique
r: тепловой баланс
s: balance térmico
Der Ausgleich zwischen Wärmeproduktion (muskuläre Arbeit) und den verschiedenen Arten des Wärmeaustauschs (Konvektion, Leitung, Wasserverdunstung (Schwitzen) und Strahlung) [136]. →Thermoregulation des Körpers

Warte; syn: Leit- und Steuerstand

e: control room
f: point d'observation
r: наблюдательный пост
s: cuarto de observación (o: control)

Ein Betriebsbereich, der mit seinen Einrichtungen der Prozeßführung und Prozeßüberwachung dient. Beispiele: Leitstände in Kraftwerken oder Steuerstände in Transportbeton-Anlagen [74].

Warteschlangentheorie

e: queuing theory
f: théorie des files d'attente
r: теория ожиданий
s: teoría de las colas
Eine probabilistische Theorie, die sich mit dem Entstehen und dem Abbau von Warteschlangen beschäftigt [180]. Dabei sind Warteschlangen Anhäufungen von Personen, Sachen, Vorgängen, sog. Einsatzgrößen in Bedienungssystemen, bei denen Ankunfts- und Abfertigungsprozeß nicht durch eine zentrale Steuerung miteinander synchronisiert sind. Daher muß auf Abfertigung gewartet werden.

Wartezeit, arbeitsablaufbedingte

e: waiting (or: attendance; idle) time; inherent (or: unavoidable) delay
f: temps d'attente; attente inévitable
r: время ожидания, связанное с рабочим процессом
s: tiempo de espera
allgemein: Die planmäßige Unterbrechung der Tätigkeit des Arbeiters durch betriebliche, organisatorische und technische Gegebenheiten.
als Vorgabezeit: Die Zeit innerhalb der Grundzeit, in der der arbeitsbereite Mensch durch einen selbsttätigen Vorgang beim Betriebsmittel und Werkstoff nicht tätig werden kann. Beispiel: Warten während eines mechanisierten Be- oder Entladevorgangs [156]. →Pause; →Zeitgliederung

Wartung

e: preventive maintenance
f: entretien
r: уход, техническое обслуживание
s: mantenimiento preventivo
Maßnahmen zur Bewahrung des Sollzustandes von technischen Mitteln eines Systems [61]. →Inspektion; →Instandhaltung

WBGT-Index

e: WBGT-index (= wet bulb globe temperature index)
f: indice WBGT
r: температурный эмпирический индекс, связанный с человеком и двумя температурами →влажностной и черного тела
s: Indice WBGT
Der WBGT-Wert ist ein empirischer Wert, der etwas über die Wärmebelastung aussagt, der ein Mensch ausgesetzt ist. Er stellt eine Kombination zweier abgeleiteter Meßgrößen, der →Feuchttemperatur und der →Schwarzkörpertemperatur, dar [90]. →Thermoregulation des Körpers

Wechselarbeit

e: rotating work; alternating work
f: travail alternant (ou: de change)
r: сменяемая (альтернативная) работа
s: trabajo alternativo
Eine Beschäftigung (vor allem im Hüttenbetrieb) eines Arbeiters mit einer Reihe voneinander unabhängiger Tätigkeiten oder verschiedener Lohngruppen [156].

Wechselwirkung

e: interdependence
f: interdépendance
r: взаимодействие
s: acción reciproca; interacción
Das gegenseitig abhängige Verhalten von Systemkomponenten (u.a. von Variablen in Gleichungssystemen). →Varianzanalyse

Wegeunfall →Arbeitsunfall

e: commuting accident
f: accident de trajet
r: несчастный случай по дороге на работу и обратно
s: accidente de trayecto

Wegezeit (ldw.)

e: travelling time
f: temps de déplacement
r: время на дорогу
s: tiempo de desplazamiento
Die Zeit für einen →Teilvorgang zum Zurücklegen des Hin- oder Rückwegs zwischen Ausgangs- bzw. Endpunkt des gesamten

Arbeitsvorganges einerseits (z.B. Wohnhaus, Hof oder Ort des vorangegangenen Arbeitsvorganges) und dem eigentlichen Arbeitsort andererseits (z.B. Feld oder Stall). (Betrifft nicht die Zeit für den Weg von und zur Arbeitsstelle.) →Zeitgliederung

Weinbau (ldw.)

e: viticulture; viniculture; vine-growing
f: viticulture
r: виноградарство
s: viticultura

Auf die Erzeugung von Trauben und Wein sowie deren Verwertung gerichteter Zweig der Landwirtschaft [39].

Weisung; Weisungsformen

e: instruction; order; types of instructions
f: instruction; ordre; types des instructions
r: предписание, рапоряжение: формы предписаний, директив
s: instrucción; tipos de instrucciones

1. <u>Befehl:</u> verlangt Gehorsam, duldet keinen Widerspruch und keinen Aufschub.
2. <u>Kommando:</u> knappe, unpersönliche, laute, ohne Begründung gegebene Anordnung.
3. <u>Anweisung:</u> mündliche oder schriftliche, wenn nötig, kurz erläuterte Anleitung zu einer bestimmten Arbeit.
4. <u>Auftrag:</u> mündlich oder schriftlich gestellte Aufgabe, die die Einzelheiten der Durchführung nicht festlegt und Einwände zuläßt [156].

Wellenlänge →Schallgeschwindigkeit

Weltgesundheitsorganisation WHO

e: World Health Organization WHO
f: Organisation mondiale de la santé OMS
r: Всемирная Организация Здравоохранения
s: Organización Mundial de la Salud OMS

Wendezeit (ldw.)

e: turning time
f: temps de virage
r: время поворота, реверса
s: tiempo de virage

Zeit für einen regelmäßig wiederkehrenden →Teilvorgang mit der Arbeitsaufgabe, sich dem nächsten Teil(stück) der Hauptarbeit

bei →absatzweiser Arbeit zuzuwenden [14].
→Zeitgliederung; →Teilzeiten

Werkstoffzeit

e: door-to-door time
f: durée brute de séjour; temps de présence
r: время материальной обработки (от поступления материала на предприятие до отправки потребителю)
s: tiempo de materiales

Die Zeit, die vom Eintreffen des Werkstoffs im Betrieb bis zur Auslieferung des be- oder verarbeiteten Werkstoffes an den Abnehmer vergeht (Durchlaufzeit). Sie gliedert sich in →Veränderungszeit und →Liegezeit [156]. →Zeitgliederung

Wertanalyse

e: value analysis
f: analyse de valeur
r: анализ стоимости, ценности
s: análisis de valores

Ein →System zum Lösen komplexer Probleme, die nicht oder nicht vollständig algorithmierbar sind. Es beinhaltet das Zusammenwirken der Systemelemente Methode, Verhaltensweisen und Management bei deren gleichzeitiger gegenseitiger Beeinflussung mit dem Ziel einer Optimierung des Ergebnisses [84].

Wetterfühligkeit

e: weather change sensibility
f: sensibilité aux changements atmosphériques
r: самочувствие человека, связанное с погодой
s: hipersensibilidad a los cambios atmosféricos

Der individuell verschiedene Grad, in dem Wohlbefinden, Leistungsfähigkeit und Gesundheit durch Witterungserscheinungen beeinflußt werden [156].

WHO →Weltgesundheitsorganisation

Wille

e: will; determination
f: volonté; vouloir

r: желание
s: voluntad

Ein geistiger Akt des Menschen, sich abhängig von der eigenen individuellen Wertrangordnung in klarem, bewußtem Erleben und mit voller innerer Zustimmung für ein Ziel oder für die Ausführung einer Handlung, dabei ggf. zwischen mehreren Möglichkeiten, zu entscheiden. Da der Begriff eine Auffassung im Sinne der Vermögenspsychologie, aus der er auch herrührt, nahelegt, zieht man es in der modernen Psychologie vor, von "Wollen" zu sprechen [156, 168, 207].

Willkürbewegung

e: conscious motion; voluntary motion
f: mouvement arbitraire
r: произвольное движение
s: movimiento arbitrario

Ein bewußt kontrollierter und gesteuerter Bewegungsvorgang. Er ist die Grundlage jeder zweckvollen körperlichen Tätigkeit [4]. →Reflex(bewegung)

Wirkraum des Fuß-Bein-Systems

e: foot and leg area
f: zone de travail avec les pieds et les jambes
r: область действия системы "ступня - нога"
s: area de efecto del sistema de pie-pierna

Der Bereich, innerhalb dessen sich die mit dem Fuß-Bein-System zu betätigenden Stellteile (Bedienelemente) befinden sollten. Dabei muß zwischen sitzender und stehender Körperhaltung unterschieden werden [22]. →Greifraum

Wirksamkeit

e: effectiveness
f: efficacité
r: действенность, эффективность
s: eficacia

Ein Ausdruck für die Güte der →Arbeitsweise der Arbeitsperson. Die Wirksamkeit ist daran zu erkennen, wie geläufig, zügig, beherrscht, harmonisch, sicher, unbewußt, ruhig, zielsicher, rhythmisch und locker gearbeitet wird [193].

Wirkseite →Gerät

Wirksystem

e: work system
f: système de travail
r: действенная, эффективная рабочая система
s: sistema de trabajo

Ein von NADLER (1969) geprägter Begriff, dessen Inhalt weitgehend dem des →Arbeitssystems entspricht. Wesentlich ist in diesem Zusammenhang die →Arbeitsgestaltung nach Nadlers vom Idealsystem ausgehenden Konzept mit folgenden vier Ebenen:

1. Theoretisches Idealsystem: Seine Kosten sind = 0. Das ist grundsätzlich gesehen natürlich utopisch, wird aber dann konkret, wenn es gelingt, eine Funktion ganz überflüssig zu machen. Ansonsten ist das Theoretische Idealsystem nicht real, wohl aber als Gedankenhilfe oder als Orientierungspunkt zu interpretieren und damit für die Ideenentwicklung richtungweisend.

2. Äußerst mögliches Idealsystem: Es liegt zwar technisch im Bereich des Möglichen, kann aber wegen fehlender Entwicklungsmöglichkeiten noch nicht realisiert werden.

3. Technologisch durchführbares Idealsystem: Es ist eigentliches Ziel der Systemgestaltung (TWIST = technologically workable ideal system target).

4. Empfohlenes System: Das aus 3. abgeleitete pragmatische Soll-System, falls es für dieses geringfügige Einschränkungen gibt [137]. →brain-storming

Wirkung

e: effect; action
f: effet
r: воздействие, влияние
s: efecto

Eine W. ist die Veränderung einer Größe, der beeinflußten Größe, durch eine oder mehrere andere Größen, die verursachenden Größen [47].

Wirkungsgrad, mechanischer der Muskelarbeit

e: mechanical efficiency (of work) ME
f: efficacité mécanique (du travail)

*r: степень эффективность,
механическая от мышечной
работы*
*s: efectividad mecánica del trabajo
muscular*
Das Verhältnis der geleisteten physikalischen Arbeit zur verbrauchten Arbeitsenergie [180].

Wirtschaft

e: economy
f: économie
r: экономика
s: economía
Die Gesamtheit der Verfügungen über knappe Mittel zur Deckung des menschlichen Bedarfs. In einer freien Verkehrswirtschaft werden die Verfügungen in Haushalten und →Unternehmen (den Wirtschaftseinheiten) getroffen [133]. →Haushalt

Wirtschaftlichkeit

e: economic (or: operational) efficiency
f: économie; efficience; rentabilité
r: экономичность
s: rentabilidad; economicidad
Das Verhältnis von Ertrag zu Aufwand oder von Leistung zu Kosten [194].

Wirtschaftlichkeit, Kriterium der

e: criterion of economic efficiency
f: critère d'économie (ou: d'efficience; de rentabilité)
r: критерий экономичности
s: criterio de eficiencia económica
→Merkmal zur Beurteilung einer Arbeit, ob sich bei ihrer Ausübung die menschlichen Fähigkeiten voll entfalten können und dabei der beste Nutzen aus ihnen gezogen wird [198].

Wirtschaftspsychologie

e: economical psychology
f: psychologie d' économie
r: промышленная психология
s: (p)sicología de economía
Ein Teilgebiet der angewandten Psychologie, das sich mit der Anwendung der Psychologie auf wirtschaftliche Probleme beschäftigt (MÜNSTERBERG, 1912). Die W. umfaßt die vier Teilbereiche:
1. gesamtwirtschaftliche Prozesse,
2. Markt,
3. Arbeitsorganisation (→Organisationspsychologie)
4. Arbeitsplatz (→Arbeitspsychologie).
→Arbeits- und Organisationspsychologie [95, 140]. →Verbände im Fachbereich Psychologie; →Methoden im Fachbereich Psychologie

Wissen

e: knowledge
f: savoir; connaissance
r: знания
s: saber
→Erfahrungen und Einsichten, die subjektiv und objektiv gewiß sind und aus denen Urteile und Schlüsse gebildet werden können, die ebenfalls sicher genug erscheinen, um als Wissen gelten zu können [207]. →Fähigkeit; →Fertigkeit; →Können

Wochenarbeitszeit, individuelle vertragliche

e: weekly working time individually agreed
*f: temps de travail hebdomadaire,
individuellement contracté*
*r: рабочее время в неделю,
согласованное в договоре*
*s: semana laboral determinado por contrato
individual*
Die Dauer der wöchentlichen Arbeitszeit, die mit dem einzelnen Mitarbeiter vertraglich frei vereinbart wird. Man bezeichnet sie auch als Vertragsarbeitszeit oder individuelle vertragliche regelmäßige Wochenarbeitszeit (IRWAZ). Je nach Tarifvertrag kann sie die tarifliche Wochenarbeitszeit in gewissen Grenzen überschreiten [11]. →Jahresarbeitszeit

Work Factor WF

e: Work Factor
f: Work Factor
*r: система заданного времени (Work
Factor - WF)*
s: Work-factor, procedimiento WF
Ein →System vorbestimmter Zeiten [167].

Z

Zeichen

e: sign; symbol; character
f: signe
r: символ
s: signo

allgemein: Nach DE SAUSSURE (1916) die Verbindung einer Bedeutung mit einer Zeichenform. Darauf aufbauend: Ein Element aus einer zur Darstellung von →Informationen vereinbarten endlichen Menge von verschiedenen Elementen, dem Zeichenvorrat [79, 168].

Zeitaufnahme →Zeitstudie

Zeitfunktion →Arbeitszeitfunktion

Zeitgliederung

e: time classification
f: classement de temps
r: структуризация
(классификация) времени
s: clasificación de tiempo

Systematische Unterteilung der Zeit für einen Arbeitsvorgang

A. Finale Gliederung
   (= nach Arbeitszweck) (ldw.) [201]

1. Hauptarbeit, entsprech.: →Hauptzeit
2. Nebenarbeit →Nebenzeit
2.1 Wenden →Wendezeit
2.2 Versorgung →Versorgungszeit
2.3 Instandhaltung →Instandhaltungszeit
2.4 Erholung →Erholungszeit
3. Rüstarbeit →Rüstzeit
4. Wegearbeit →Wegezeit
5. Arbeit oder Anwesenheit, die nicht
   zu 1 - 4 rechnen: →Verlustzeit
5.1 Unfall Unfallzeit
5.2 Verlust, apb.[1] →Verlustzeit, apb.[1]
5.3 Bummelei Verlustzeit durch Bummelei

---

[1] apb = arbeitsunabhängig, persönlich bedingt

5.4 Fehldisposition →Fehldispositionszeit

B. Finale Gliederung nach REFA [193]

Auftragszeit des Menschen	$T = t_a + t_r$
Ausführungszeit	$t_a = m \cdot t_e$
Zeit je Einheit	t_e
	$= t_g + t_{er} + t_v$
Grundzeit	$t_g = t_t + t_w$
Tätigkeitszeit	$t_t = t_{tb} + t_{tu}$
beeinflußbare Tätigkeitszeit	t_{tb}
unbeeinflußbare Tätigkeitsz.	t_{tu}
Erholungszeit	t_{er}
Verteilzeit	$t_v = t_s + t_p$
sachliche Verteilzeit	t_s
persönliche Verteilzeit	t_p
Rüstzeit	t_r
	$= t_{rg} + t_{rer} + t_{rv}$
Rüstgrundzeit	t_{rg}
Rüsterholungszeit	t_{rer}
Rüstverteilzeit	t_{rv}
Belegungszeit	T_{bB}
des Betriebsmittels	$= t_{aB} + t_{rb}$
Betriebsmittel-Ausführungsz.	$t_{aB} = m \cdot t_{eB}$
Zeit je Einheit	t_e
	$= t_g + t_{er} + t_v$
Grundzeit	$t_g = t_t + t_w$
Tätigkeitszeit	$t_t = t_{tb} + t_{tu}$
beeinflußbare Tätigkeitszeit	t_{tb}
unbeeinflußbare Tätigkeitsz.	t_{tu}
Erholungszeit	t_{er}
Verteilzeit	$t_v = t_s + t_p$
sachliche Verteilzeit	t_s
persönliche Verteilzeit	t_p

C. Finale Gliederung nach KTBL [149]

Gesamtarbeitszeit	GAZ
	$= H + N + V + R + W + AWz$
Ausführungszeit	$AZ = H + N + V$
Grundzeit	$GZ = H + N$
Hauptzeit	H
Nebenzeit	$N = NW + NV + FNz$
Wendezeit	NW
Versorgungszeit	NV
fixe Nebenzeit	FNz
Verlustzeit	V
vermeidbare Verlustzeit	Vv
nicht vermeidbare Verlustz.	Vn
Wegezeit	W
	$= WHF + WFF$

Wegezeit Hof-Feld   WHF
Wegezeit Feld-Feld   WFF
ablaufbedingte Wartezeiten AWz

D. Finale Gliederung der Arbeitszeit
  nach [218]
Schichtzeit
$$T_{08} = T_1+T_2+T_3+T_4+T_5+T_6+T_7+T_8$$
Einsatzzeit
$$T_{07} = T_1+T_2+T_3+T_4+T_5+T_6+T_7$$
Produktionsarbeitszeit $T_{04} = T_1+T_2+T_3+T_4$
Operativzeit $T_{02} = T_1+T_2$
reine Arbeitszeit (Grundzeit) T_1
Hilfszeit $T_2 = T_{21}+T_{22}+T_{23}$
Wendezeiten T_{21}
Fahrten am Arbeitsort T_{22}
Versorgungszeiten T_{23}
Pflege, Wartung, Einstellung
            $T_3 = T_{31}+T_{32}+T_{33}$
Pflege, Wartung während der Schicht T_{31}
Maschinenvorbereitung T_{32}
Maschineneinstellung T_{33}
Beseitigung von Störungen, Stand-
  und Wartezeiten $T_4 = T_{41}+T_{42}+T_{43}+T_{44}$
Beseitigung..
  funktioneller Störungen T_{41}
  technischer Störungen T_{42}
Stand- und Wartezeiten durch
  Störungen in der Maschinenkette T_{43}
  unvollkommene Leistungsabstufung T_{44}
Erholungszeit T_5
Leerfahrten (Wegezeit) $T_6 = T_{61}+T_{62}$
Wegezeit Standort-Arbeitsort T_{61}
Wegezeit Arbeitsortwechsel T_{62}
tägliche technische Wartung T_7
Standzeiten, nicht von den zu untersuchen-
den Arbeitsmitteln verursacht
            $T_8 = T_{81}+T_{82}+T_{83}$
Standzeiten, organisationsbedingt T_{81}
Standzeiten, witterungsbedingt T_{82}
Standzeiten aus anderen Gründen T_{83}

E. Kausale Gliederung der Arbeitszeit
  nach [130]
Bei dieser branchenneutralen Methode wird
auf eine formale Gliederung wie bei den o.
g. finalen Varianten A bis D verzichtet.
Vielmehr bemüht man sich, die funktionale

Abhängigkeit der Zielgröße →Soll-Zeit (=
Arbeitszeitbedarf) von den wesentlichen
Einflußgrößen zu bestimmen. Dazu werden
→Planarbeitsabschnitte gebildet, deren Größe der Untersuchungsaufgabe entsprechen
und deren Zeitbedarf jeweils mit einer →Ar-
beitszeitfunktion beschrieben werden kann.
Die so gewonnenen Daten für einen Planarbeitsabschnitt bilden jeweils eine →Planzeit.
Diese Planzeiten werden gespeichert und als
Bausteine bei der Synthese von mathematischen →Modellen zur Arbeitszeitbedarfskalkulation verwendet. →Gliederung in Arbeitsablaufabschnitte

Zeitlohn

e: time rate (or: wage)
*f: salaire au temps (ou: à l'heure); salaire
horaire (= Stundenlohn)*
*r: повременная оплата труда
(зарплата)*
s: jornal horario
Eine →Entlohnungsform, bei der das Entgelt nach der Dauer der Arbeit festgesetzt
wird. →Lohnsystem

Zeitmanagement

e: time management
f: management du temps
r: менеджмент времени
s: gerencia del tiempo gerencia
Das Gewinnen, Verarbeiten und Nutzen (arbeits)zeitbezogener Daten und Informationen zur fortschrittlichen Unternehmensentwicklung, Prozeßgestaltung und Arbeitssy-
stemgestaltung [196].

Zeitrafferaufnahme

e: memo-motion study (or: photography)
f: prise de vues en accéléré
*r: ускоренный показ сьемки (кино
или фото)*
s: aceleración; aceleramiento
Eine Form der Aufnahme von Vorgängen
mit einer Filmkamera, bei der die Bilder in
größeren Zeitabständen als normal aufgenommen werden. Die Zeitabstände liegen
gewöhnlich zwischen ½ und 4 Sekunden.
Ziel dieser zeitlich gedehnten Aufnahme ist

eine verkürzte (geraffte) Wiedergabe (Projektion), um langsame Vorgänge deutlich erkennbar zu machen [162].

Zeitreihe

e: time series
f: série chronologique
r: ряд данных по времени
s: serie cronológica
Eine Beobachtung einer zeitabhängigen statistischen Größe. Sie ergibt eine statistische Reihe, bei der ein Merkmal der beschriebenen Elemente die Zeit ist [8].

Zeitsouveränität

e: sovereignty of working time
f: souveraineté de temps de travail
r: суверинитет рабочего времени
s: soberanía temporal
Die selbständige und selbstverantwortliche Entscheidungsfreiheit des Mitarbeiters über seine Arbeitszeit im Rahmen flexibler Arbeitszeitmodelle. Damit soll die Identifikation des Mitarbeiters mit seiner Tätigkeit gefördert werden [23].

Zeitspanne; Zeitspanne, agrotechnische (ldw.)

e: period; agrotechnical period
f: période des travaux
r: промежуток времени, период
s: lapso de tiempo; período
Ein terminlich abgegrenzter, mehrtägiger Zeitabschnitt für die rechtzeitige Erledigung zusammenhängender, termin- oder fristgebundener Feldarbeiten (unter Berücksichtigung unterschiedlicher Klimagebiete). Üblich sind kalendarische Zeitabschnitte, z.B. Woche, Dekade, Halbmonat usw [14]. →Blockzeitspanne; →Termin, agrotechnischer

Zeitstudie

e: time study; work measurement
f: étude de temps
r: исследование (изучение) времени
s: estudio de tiempo; cronometrado
Die systematische →Gliederung in Arbeitsablaufabschnitte (z.B. in Arbeitsvorgänge, Teilvorgänge usw.), die Messung von deren Dauer sowie die Ermittlung der statistisch zu

sichernden Abhängigkeit dieser Dauer von den wesentlichen Einflußgrößen [130]. →Arbeitszeitfunktion

Zentralnervensystem ZNS

e: central nervous system
f: système nerveux central
r: центральная нервная система
s: sistema nervioso central
Der aus Hirn und Rückenmark bestehende Teil des →Nervensystems [96].

Zentralwert; Median(wert)

e: median
f: (valeur) médiane
r: медиана
s: mediana
Der Wert des mittelsten Elements bei ungeradem Stichprobenumfang bzw. das arithmetische Mittel der beiden mittelsten Elemente bei geradem Stichprobenumfang, wenn die Stichprobenwerte der Größe nach geordnet sind [3]. →Mittelwerte: arithmetischer, geometrischer, gewogener, gleitender und quadratischer; →Dichtemittel

Ziel

e: goal; aim; end; object
f: but; fin; objectif
r: цель
s: meta; objet(iv)o
i.w.S.: Die vorausgenommene Vorstellung der Wirkung unseres Handelns (WUNDT) [95].
i.e.S.: Ein definierter angestrebter Zustand, der durch die Erfüllung von Arbeitsaufgaben erreicht werden soll [18].

Zielgröße →Variable, abhängige

Zielsetzungstheorie

e: theory of conscious goal setting
f: théorie de la position des objectifs
r: теория постановки целей
s: teoría de la definición de objetivos
Eine (idealtypische) Theorie über die Förderung der →Motivation mit der Aussage, daß →Ziele für Richtung, Anstrengung und Ausdauer bei der Arbeit sorgen. Denn klare

Ziele führen zu klaren Erwartungen und zur →Konzentration der Anstrengungen auf die Ziele. Weiterhin ist die Motivation eine Funktion der Herausforderung: je schwieriger das Ziel, um so größer die Herausforderung. Schließlich führt das Erreichen eines Zieles zu Gefühlen des Vollendens und des Selbstvertrauens, zu einer Empfindung von Abschluß und Vollständigkeit, damit zur →Arbeitszufriedenheit [121].

Zirkulation

e: blood circulation
f: circulation de sang
r: циркуляция крови
s: circulación
Kreislauf, z.B. des Blutes [96].

Zufallsbeobachtung →Multimoment-studie

Zufriedenheit am Arbeitsplatz →Arbeits-zufriedenheit

Zugangsöffnung

e: access opening
f: orifices d'accès
r: отверстие, проход для человека или для его частей тела
s: apertura de acceso
Eine Öffnung, die einer Person das Hineinlehnen, Hineinreichen oder Hineinstecken von Oberkörper, Kopf, Arm, Hand, einem oder mehreren Fingern, Bein oder Fuß ermöglicht. Damit sollen Maßnahmen wie das Handhaben von →Stellteilen, Instandhaltungsaufgaben oder auch nur das Beobachten von Vorgängen oder Anzeigegeräten ausgeführt werden können [86]. →Durchgangsöffnung

Zumutbarkeit

e: reasonability
f: prétention raisonnable du travail
r: критериум удовлетворения требования
s: que se puede exigir (adj.: = zumutbar)
Ein Kriterium zur Beurteilung der Übereinstimmung der Arbeitsbedingungen mit den herrschenden gesellschaftlichen Wertvorstellungen. Zumutbar ist eine Arbeit dann, wenn

der Leistungsanspruch innerhalb der biologisch gesetzten Grenzen liegt und zugleich von der Gesellschaft oder einer ihrer Gruppen akzeptiert wird [209]. →Kriterien zur Beurteilung der Arbeitsbedingungen

Zusatzschicht

e: additional shift
f: journée additionnelle
r: дополнительная смена
s: jornada adicional
Eine →Schicht, die zum Ausgleich einer Differenz zwischen tatsächlicher und tariflicher Wochenarbeitszeit vor- oder nachgearbeitet wird [154].

Zuständigkeit

e: competence
f: compétence
r: компетенция
s: competencia
Verantwortung und Befugnis [41].

Zuverlässigkeit einer Maschine

e: dependability
f: sûreté de fonctionnement
r: надежность (например машины)
s: confiabilidad
Die Fähigkeit einer Maschine, eines Teils oder einer Ausrüstung, eine geforderte Funktion unter spezifischen Bedingungen und für einen vorgegebenen Zeitraum ohne Fehler auszuführen [92]. →Reliabilität

Zuverlässigkeit, menschliche

e: human reliability
f: fidélité humaine
r: человеческая надежность
s: fiabilidad humana
Die Befähigung des Menschen im →Arbeitssystem, eine geeignete →Qualifikation und entsprechende →physische und →psychische Leistungsvoraussetzungen in einen bestimmten →Arbeitsprozeß einzubringen und wirksam werden zu lassen. Damit soll dazu beigetragen werden, daß eine vorgegebene Aufgabenstellung unter spezifischen Bedingungen und in einem vorgegebenen Zeitraum ausgeführt werden kann, wobei technische, wirtschaftliche, humanitäre und ökologische Kriterien sowie ein Fehler-

Akzeptanzbereich beachtet werden [6].
→Eignung; →Reliabilität; →Zuverlässigkeit

Zweihanddiagramm

e: two-hand(ed) process chart
f: graphique des deux mains
r: диаграмма движений обеих рук человека
s: diagrama ambidextra
Eine vereinfachende graphische Darstellung des örtlichen und zeitlichen Ablaufs der Bewegungen und Verrichtungen beider Hände, ein Mittel der →Beidhandanalyse

Zyklogramm; Zyklographie

e: cyclegram
f: cyclogramme
r: циклограмма
s: ciclograma
Die Aufzeichnung eines Bewegungsablaufes oder mehrerer gleichartiger Bewegungsabläufe mit Hilfe einer photographischen Daueraufnahme von parallel geschalteten Lämpchen, die an den sich bewegenden Teilen des menschlichen Körpers (vorzugsweise an den Gelenken) oder eines Gegenstandes befestigt sind [156]. →Motografie

Zykluszeit

e: cycle time
f: temps de cycle; période
r: время цикла
s: tiempo cíclico
Die Zeitspanne zwischen dem Beginn zweier aufeinanderfolgender gleichartiger, zyklisch wiederkehrender Vorgänge [79].

Quellenverzeichnis

1. Åstrand, P.-O. Rodahl, K.: Textbook of Work Physiology. McGraw-Hill Book Comp., New York ... (1970).
2. Auernhammer, H.; Schön, H.: Terminologie für die Arbeitszeiterfassung und Planzeiterarbeitung im Landbau. Landtechnik 48(1977), H. 1, S. 43 - 46.
3. Autorengemeinschaft 1: Biometrisches Wörterbuch (2 Bände). VEB Deutscher Landwirtschaftsverlag Berlin, Berlin (1968).
4. Autorengemeinschaft 2: Lexikon der Wirtschaft. Arbeit, Bildung, Soziales. Verlag Die Wirtschaft, Berlin (1982).
5. Bartenwerfer, H.: Monotonie in unserer Arbeitswelt - muß das sein? (2., durchges. Aufl.), Bayerisches Staatsministerium für Arbeit und Soziales (Hrsg.), München (1988).
6. Bartsch, H.: Persönliche Mitteilung von Herrn Prof. Bartsch, Cottbus vom 1.9.1996.
7. Baum, E.: Motografie, Entwicklung einer Methode zur Bewegungsaufzeichnung unter Berücksichtigung photogrammetrischer Anforderungen. Bundesforschungsanstalt für Arbeitsschutz, Schriftenreihe Forschung, Fb NR. 468, Dortmund (1986).
8. Bernard und Colli: Wörterbuch der Wirtschaft und Finanzen. Verlag Belser, Stuttgart Zürich (1988).
9. Bertelsmann Lexikon Wirtschaft. Bertelsmann Lexikon Verlag, Gütersloh (1992).
10. Beutnagel, H.: Untersuchung von unfallträchtigen Gefährdungen beim Besteigen und Absteigen von landwirtschaftlichen Fahrzeugen. Landbauforschung Völkenrode, Sonderheft 157, Braunschweig (1990).
11. Beyer, H.-T.1: Betriebliche Arbeitszeitflexibilisierung zwischen Utopie und Realität. Verlag Franz Vahlen, München (1986).
12. Beyer, H.-T.2: Personallexikon. Verlag R. Oldenbourg, München, Wien (1990).
13. Biervert, B.: Erweiterte Marketing Konzepte. In: Hoyos, C. Graf; Kroeber-Riel, W. L.; Rosenstiel, L.v.; Strümpel, B. (Hrsg.): Wirtschaftspsychologie in Grundbegriffen, 2. Aufl., Psychologie Verlags Union, München (1990).
14. Biesalski, E.: Terminologie der Landarbeitswissenschaft. (deutsch - franzöß. - englisch), 7. Aufl., Schriftenreihe Landarbeit und Technik, H. 48, Verlag P. Parey, Hamburg-Berlin (1964).
15. Bihl, G., Berghahn, A., Theussert, M.: Zukunftsorientierte Arbeitszeitgestaltung am Beispiel BMW Werk Regensburg. In: Marr, R. (Hrsg.): Arbeitszeitmanagement. Grundlagen und Perspektiven der Gestaltung flexibler Arbeitszeitsysteme, Verlag Erich Schmidt, 2. Aufl., S. 235 - 254, Berlin (1977).
16. Borg, I.: Überlegungen und Untersuchungen zur Messung der subjektiven Unsicherheit der Arbeitsstelle. Zeitschrift für Arbeits- und Organisationspsychologie, 53, S. 149 - 116 (1992).
17. British Standards Institution: A Glossary of Terms Used in Work Study. (BS 3138) London (1979).
18. Brockhaus-Enzyklopädie in 39 Bänden. 33. völlig neu bearbeit. Aufl., Verlag Brockhaus, Mannheim (1986 ff.).
19. Brockmann, W. (Hrsg.): Lärm und Vibrationen am Arbeitsplatz. Wirtschaftsverlag Bachem (1994).
20. Bruggemann, A.: Zur Unterscheidung verschiedener Formen von "Arbeitszufriedenheit". Arbeit und Leistung, 45, S. 281 - 284 (1974).
21. Bruggemann, A.; Groskurth, P.; Ulich, E.: Arbeitszufriedenheit. : Zur Unterscheidung verschiedener Formen von "Arbeitszufriedenheit". Verlag H. Huber, Bern (1975).
22. Bullinger, H.-J.1: Ergonomie, Produkt- und Arbeitsplatzgestaltung. Verlag B.G. Teubner, Stuttgart (1994).
23. Bullinger, H.-J.2: Arbeitsgestaltung, Personalorientierte Gestaltung marktgerechter Arbeitssysteme. Verlag B.G. Teubner, Stuttgart (1995).
24. Bullinger, H.-J. (Hrsg.)1: Expertensysteme in Produktion und Engineering. Tagungsband zum IAO-Forum am

41.4.1991.
Springer-Verlag, Berlin Heidelberg
New York (1991).

25. Bullinger, H.-J. (Hrsg.)2: Handbuch
des Informationsmanagements im Unternehmen.
Bd.1, München (1991).

26. Bundesamt, Statistisches (Hrsg.): Drei-
sprachiges Verzeichnis statistischer
Fachausdrücke,
Deutsch - Englisch - Französisch.
Verlag Metzler-Poeschel, Stuttgart
(1989).

27. Bundesverband der Betriebskrankenkassen (27 BV) (Hrsg.): 27-Handbuch
zur Gesundheitsförderung.
Essen (1991).

28. Bundesvereinigung für Gesundheitser-
ziehung (Hrsg.): Empfehlungen zur Ge-
sundheisförderung im Betrieb, Bonn
(1991).

29. Bungard, W.: Qualitätszirkel. Ein so-
ziotechnisches Instrument auf dem
Prüfstand.
Verlag Ehrenhof, Ludwigshafen/Rh.
(1991).

30. Burisch, M.: Das Burnout-Syndrom.
Theorien der inneren Erschöpfung. 2.,
unveränderte Aufl.)
Berlin, Heidelberg, New York (1994).

31. Büssing, A.: Autonomie und Flexibilität in der Arbeitszeitgestaltung.
In: Büssing, A.; Seifert, H. (Hrsg.):
Sozialverträgliche Arbeitszeitgestaltung, S. 100 -144, Hampp. München
(1995).

32. Büssing, A.; Glaser, J.: Zusammenhänge zwischen Tätigkeitsspielräumen und
Persönlichkeitsförderung in der Arbeitstätigkeit.
Zeitschrift für Arbeits- und Organisationspsychologie, 52, S. 163 - 191
(1991).

33. CEMAGREF (Hrsg.): Dictionnaire
Technologique, Machinisme & Equi-
pements Agricoles. CEMAGREF-
Dicova et la Maison du Dictionnaire,
Paris (1990).

34. Cherns, A.: Die Tavistock-
Untersuchungen und ihre Auswirkungen.
In: Greif, S.; Holling, H.; Nicholson, N.
(Hrsg.): Arbeits- und Organisationspsychologie. Internationales Handbuch in
Schlüsselbegriffen, S. 483 - 488, Psychologie Verlags Union, München
(1989).

35. Clason, W. E.: Dictionary of Automation, Computers, Control and Measuring.

Elsevier Publishing Comp., Amsterdam, London, New York (1961).

36. Clauß, G. et al.(Hrsg.): Wörterbuch der
Psychologie.
Bibliographisches Institut, Leipzig
(1981)

37. CNEEMA (Hrsg.): Dictionnaire
technique de la Mécanisation agricole.
Antony (1971).

38. Creifelds, C. (Hrsg.): Rechtswörter-
buch. München (1981).

39. Dachverband wissenschaftlicher Gesellschaften der Agrar-, Forst-, Ernäh-
rungs-, Veterinär- und Umweltfor-
schung e.V. (DAF) (Hrsg.): Begriffe
aus Ökologie, Umweltschutz und
Landnutzung. Informationen 4 der
Akademie für Naturschutz und Land-
schaftspflege (ANL), München, Laufen
(1984).

40. Demmer, H.: Betriebliche Gesundheitsförderung - von der Idee zur Tat. Europäische Serie zur Gesundheitsförderung, Nr. 4, WHO-Europa, Bundesverband der Betriebskrankenkassen (27
BV) (Hrsg.)
Kopenhagen, Essen (1991).

41. Deutsche Gesellschaft für Qualitätsma-
nagement (DGQ): DGQ-Schrift 15-04
(1993).

42. DIN 1301: Einheiten; Einheitennamen,
Einheitszeichen.

43. DIN 1311: Schwingungslehre.

44. DIN 1313: Physikalische Größen und
Gleichungen.

45. DIN 1320: Akustik.

46. DIN 2342: Begriffe der Terminologielehre.

47. DIN 4844: Sicherheitskennzeichnung.

48. DIN 5031: Strahlungsphysik im opti-
schen Bereich und Lichttechnik.

49. DIN 5035: Beleuchtung mit künstli-
chem Licht.

50. DIN 5381: Kennfarben.

51. DIN 5485: Benennungsgrundsätze für
physikalische Größen.

52. DIN 6763: Nummerung.

53. DIN 19222: Messen, Steuern, Regeln;
Leittechnik.

54. DIN 19226: Regelungstechnik und
Steuerungstechnik; Begriffe und Benennungen.

55. DIN 25419: Ereignisablaufanalyse.

56. DIN 25424: Fehlerbaumanalyse.

57. DIN 30781: Transportkette.

58. DIN 31000: Allgemeine Leitsätze für
das sicherheitsgerechte Gestalten technischer Erzeugnisse.

59. DIN 31001: Sicherheitsgerechtes Gestalten technischer Erzeugnisse; Schutzeinrichtungen.

60. DIN 31004: Begriffe der Sicherheitstechnik.

61. DIN 31051: Instandhaltung.

62. DIN 31054: Instandhaltung.

63. DIN 32541: Betreiben von Maschinen und vergleichbaren technischen Arbeitsmitteln.

64. DIN 33400: Gestalten von Arbeitssystemen nach arbeitswissenschaftlichen Erkenntnissen (ersetzt durch DIN V ENV 26385).

65. DIN 33401: Stellteile.

66. DIN 33402: Körpermaße des Menschen.

67. DIN 33403: Klima am Arbeitsplatz und in der Arbeitsumgebung.

68. DIN 33405: Physische Belastung und Beanspruchung.

69. DIN 33406: Arbeitsplatzmaße in Produktionsbereich.

70. DIN 33407: Arbeitsanalyse.

71. DIN 33408: Körperumrißschablonen für Sitzplätze.

72. DIN 33409: Sicherheitsgerechte Arbeitsorganisation; Handzeichen zum Einweisen.

73. DIN 33411: Körperkräfte des Menschen.

74. DIN 33414: Ergonomische Gestaltung von Warten.

75. DIN 33415: Fließarbeit.

76. DIN 33416: Zeichnerische Darstellung der menschlichen Gestalt in typischen Arbeitshaltungen.

77. DIN 33891: Staubemission technischer Arbeitsmittel.

78. DIN 40200: Nennwert, Grenzwert, Bemessungswert, Bemessungsdaten.

79. DIN 44300: Informationsverarbeitung.

80. DIN 45671: Messungen mechanischer Schwingungen am Arbeitsplatz.

81. DIN 50010: Klimate und ihre technische Anwendung; Klimabegriffe.

82. DIN 55350: Begriffe der Qualitätssicherung und der Statistik.

83. DIN 69900: Projektwirtschaft; Netzplantechnik.

84. DIN 69910: Wertanalyse.

85. DIN EN 292: Sicherheit von Maschinen.

86. DIN EN 547: Sicherheit von Maschinen; Körpermaße des Menschen.

87. DIN EN 626: Sicherheit von Maschinen; Grundsätze für Maschinenhersteller zur Reduzierung des Gesundheitsrisikos durch Gefahrstoffe, die von Maschinen ausgehen.

88. DIN EN 894: Sicherheit von Maschinen; Ergonomische Anforderungen für die Gestaltung von Anzeigen und Stellteilen.

89. DIN EN 1005: Sicherheit von Maschinen; Menschliche körperliche Leistung.

90. DIN EN 27243: Ermittlung der Wärmebelastung des arbeitenden Menschen mit dem WBGT-Index.

91. DIN IEC 651: Schallpegelmesser.

92. DIN V ENV 1070: Sicherheit von Maschinen.

93. DIN V ENV 26385: Prinzipien der Ergonomie in der Auslegung von Arbeitssystemen.

94. Dorian, A. F.: Dictionary of Science and Technology.
Elsevier Publishing Comp., Amsterdam, London, New York (1970).

95. Dorsch, F.; Häcker, H.; Stapf, K. H. (Hrsg.):
Psychologisches Wörterbuch.
12. überarbeitete und erweiterte Aufl.).
Verlag H. Huber, Bern, Göttingen, Toronto, Seattle (1994).

96. DUDEN: Das Wörterbuch medizinischer Fachausdrücke.
4. Aufl., Dudenverlag, Mannheim Wien Zürich (1985).

97. Dunckel, H.; Volpert, W.; Zölch, M.; Kreutner, U.; Pleiss, C.; Hennes, K.:
Kontrastive Aufgabenanalyse im Büro - Der KABA-Leitfaden - Grundlagen und Manual.
vdf, Zürich (1993).

98. Dupuis, H.: Gestaltung von Schleppern und landwirtschaftlichen Arbeitsmaschinen.
Verlag TÜV Rheinland, Köln (1981).

99. Eberhardt, M.: Persönliche Mitteilung von Herrn Prof. Eberhardt, Leipzig.

100. Eberhardt, M.; Krüpper, H.; Krüger, G.:
Arbeitsnormung, Arbeitsklassifizierung und WAO in der Landwirtschaft - Begriffsdefinitionen.
Hochschule für Landw. Produktionsgenossenschaften und Forschungsinstitut für Sozialistische Betriebswirtschaft, Böhlitz-Ehrenberg, Dresden (1981).

101. Econ-Wirtschafts-Wörterbuch.
ECON-Verlag, Düsseldorf Wien New York (1989).

102. Eichborn/Fuentes: Wirtschafts-Wörterbuch, Deutsch-Spanisch.
ECON-Verlag, Düsseldorf Wien (1972).

103. Emery, F.; Thorsrud, E.: Industrielle Demokratie.
Verlag H. Huber, Bern (1982).

104. Ernst, R.: Wörterbuch der industriellen Technik.
Bände III und V, Wiesbaden (1986 bzw. 1973).

105. European Productivity Agency: Glossary of Work Study Terms.
L'agence européene de productivité de l'O.E.C.E., Paris (1958).

106. Fisher, C.D.: Boredom at Work: A Neglected Concept.
Human Relations, Vol. 63, No. 3, p. 395 - 417 (1993).

107. Frese, M.; Greif, S.: Arbeit und Persönlichkeitsentwicklung.
In: Silbereisen, R.; Montada; L. (Hrsg.): Entwicklungspsychologie. Ein Handbuch in Schlüsselbegriffen (S: 214 - 219).
Verlag Urban und Schwarzenberg, München (1983).

108. Friedländer, F.; Brown, L.D.: Organization Development. Annual Review of Psychology, Vol. 42 (1974).

109. Gablers Wirtschaftslexikon.
17. Aufl., Gabler-Verlag, Wiesbaden (1988).

110. Ganster, D.C.; Fusilier, M.R.: Control in the workplace.
In: Cooper, C.L.; Robertson, I. (eds.): International Review of Industrial and Organizational Psychology, pp. 235 - 280, Wiley, Chichester (1989).

111. Gebert, D.: Interventionen in Organisation
In: Schuler, H. (Hrsg.): Lehrbuch Organisationspsychologie (S. 481-494).
Verlag H. Huber, Bern (1993).

112. Gesellschaft für Fertigungssteuerung und Materialwirtschaft e.V. (Hrsg.): Fachwörter der Produktionsplanung und -steuerung.
4. erweit. Aufl., SIEMENS AG, München (1988).

113. Grandjean, E.: Physiologische Arbeitsgestaltung.
4. erweit. Aufl., ecomed-Verlag, Landsberg (1991).

114. Greif, S.2: Geschichte der Organisationspsychologie.
In: Schuler, H. (Hrsg.): Lehrbuch Organisationspsychologie (S. 22-65).
Verlag H. Huber, Bern (1993).

115. Greif, S.3: Gegenstand und Aufgabenfelder der Arbeits- und Organisationspsychologie.
In: Greif, S.; Bamberg, E. (Hrsg.): die Arbeits- und Organisationspsychologie (S. 26-89).
Verlag Hogrefe, Göttingen (1994).

116. Greif, S.1: Teamfähigkeiten und Selbstorganisationskompetenzen.
In: Greif, S.; Kurtz, H.-J. (Hrsg.): Handbuch Selbstorganisiertes Lernen (S. 219-177).
Verlag für Angewandte Psychologie, Göttingen (1996).

117. Greif, S.4: Persönliche Mitteilung von Herrn Prof. Greif, Osnabrück vom 45.8.1996.

118. Greif, S.; Bamberg, E. (Hrsg.): Die Arbeits- und Organisationspsychologie. Gegenstand und Aufgabenfelder - Lehre und Forschung - Fort- und Weiterbildung.
Verlag Hogrefe, Göttingen (1994).

119. Greif, S.; Bamberg, E.; Semmer, N. (Hrsg.): Streß am Arbeitsplatz. Verlag Hogrefe, Göttingen (1991).

120. Greif, S.; Holling, H.; Nicholson, N. (Hrsg.):
Arbeits- und Organisationspsychologie.
Psychologie Verlags Union, München (1989).

121. Guest, D.E.: Zielsetzungsmethoden (Goal setting).
In: Greif, S.; Holling, H.; Nicholson, N. (Hrsg.): Arbeits- und Organisationspsychologie. Internationales Handbuch in Schlüsselbegriffen, S. 467 - 472, Psychologie Verlags Union, München (1989).

122. Hacker, W.1: Allgemeine Arbeits- und Ingenieurpsychologie.
Verlag H. Huber, Bern-Stuttgart-Wien (1978).

123. Hacker, W.3: Arbeitspsychologie. Psychische Regulation von Arbeitstätigkeiten.
Verlag H. Huber, Bern (1986).

124. Hacker, W.4: Vollständige vs. unvollständige Arbeitstätigkeiten.
In: Greif, S.; Holling, H.; Nicholson, N. (Hrsg.): Arbeits- und Organisationspsychologie. Internationales Handbuch in Schlüsselbegriffen, S. 463 - 466, Psychologie Verlags Union, München (1989).

125. Hacker, W.; Fritsche, B.; Richter, P.; Iwanowa, A.: Das Tätigkeitsbewertungssystem - TBS.
vdf, Zürich (1995).

126. Hackmann, R.J.: Tasks and task performance in research on stress.
In: McGrath, J.E. (ed.): Social and psychological factors in stress (pp. 202 -

237).
Holt, Rinehart and Winston, New York (1970).

127. Haensch, G.; Haberkamp, G.1: Wörterbuch der Biologie.
2. Aufl., BLV-Verlagsgesellschaft, München Wien Zürich, München (1981).

128. Haensch, G.; Haberkamp, G.2: Wörterbuch der Landwirtschaft.
7. Aufl., BLV-Verlagsgesellschaft, München Wien Zürich, München (1987).

129. Hagedorn, Ch.; Radde, K.-H.: Fachwörterbuch für Arbeitsschutz.
Zentralinstitut für Arbeitsschutz, Dresden (1988).

130. Hammer, W.: Arbeitszeitbedarfskalkulation.
Landbauforschung Völkenrode 58(1992), H. 3, S. 213 - 225.

131. Hartley, J.F.; Jacobson, D.; Klandermans, B.; Vuuren, T. van: Job insecurity: Coping with jobs at risk.
Sage, London (1991).

132. Haseloff, O.W.; Jorswieck, E.: Psychologie des Lernens.
Verlag de Gruyter, Berlin (1970).

133. Hauptverband der landwirtschaftlichen Buchstellen und Sachverständigen e.V. (HLBS) (Hrsg.): Begriffs-Systematik für die landwirtschaftliche und gartenbauliche Betriebslehre. 7. Aufl.,
Verlag "Pflug und Feder" GmbH., Bonn (973).

134. Heeg, F.-J.: Moderne Arbeitsorganisation. München, Wien (1988).

135. Hehlmann, W.: Wörterbuch der Psychologie.
7. Aufl., Verlag A. Kröner, Stuttgart (1968).

136. Hettinger, Th.; Kaminsky, G.; Schmale, H.: Ergonomie am Arbeitsplatz. 2. Aufl.,
Verlag Kiehl, Ludwigshafen (1980).

137. Hettinger, Th.; Wobbe, G. (Hrsg.): Kompendium der Arbeitswissenschaft.
Verlag Kiehl, Ludwigshafen (1993).

138. Hoff, E.; Hohner, H.-U.: Berufliche Sozialisation.
In: Greif, S.; Holling, H.; Nicholson, N. (Hrsg.): Arbeits- und Organisationspsychologie.
Internationales Handbuch in Schlüsselbegriffen (S. 186-193).
Psychologie Verlags Union, München (1989).

139. Hollmann, W.; Hettinger, T.: Sportmedizin.
Schattauer-Verlag (1990).

140. Hoyos, C. Graf; Kroebel-Riel, W.; Rosenstiel, L.v.; Strümpel, B. (Hrsg.): Wirtschaftspsychologie in Grundbegriffen. (2. Aufl.).,
Psychologie Verlags Union, München (1987).

141. Hoyos, C. Graf; Zimolong, B. (Hrsg.): Ingenieurpsychologie.
Enzyklopädie der Psychologie, Themenbereich D. Serie III, Bd. III.
Verlag Hogrefe, Göttingen (1990).

142. International Labour Office: ILO Thesaurus. 4. Aufl., Genf (1993).

143. ISO 226: Acoustics.

144. ISO 2041: Vibration and shock.

145. ISO 4869: Acoustics - Hearing protectors.

146. ISO 5805: Mechanical vibration and shock affecting man.

147. ISO 7731: Danger Signals for work places.

148. ISO 10075: Ergonomic principles related to mental work-load.

149. Jaeger, P.: Zeitbedarf von Feldarbeiten.
Landtechnik 62(1991) H. 1/2, S. 86 - 85;
H. 3, S. 160 - 167; H. 4, S. 188 - 190.

150. Jäger, A.O.: Personalauslese.
In: Mayer, A.; Herwig, B. (Hrsg.): Betriebspsychologie. Bd. 11.
Verlag Hogrefe, Göttingen (1970).

151. Kirchner, J.-H.; Baum, E.: Mensch - Maschine - Umwelt.
Ergonomie für Konstrukteure, Designer, Planer, Arbeitsgestalter.
Beuth Verlag GmbH, Berlin, Köln (1986).

152. Kleinbeck, U.; Rutenfranz, J. (Hrsg.): Arbeitspsychologie.
Enzyklopädie der Psychologie
Verlag Hogrefe, Göttingen (1987).

153. Knauth, P., Rutenfranz, J.: Development of criteria for the design of shiftwork systems.
In: Kogi, K., Miura, T., Saito, H. (eds.): Shiftwork: Its practice and improvement, Center for Academic Publications Japan, p. 337 - 367, Tokyo (1982).

154. Knauth, P.1: Arbeitszeitgestaltung.
In: Hettinger/Wobbe (Hrsg.): Kompendium der Arbeitswissenschaft.
Verlag Kiehl, S. 474 - 502, Ludwigshafen (1993).

155. Knauth, P.2: Persönliche Mitteilung von Herrn Prof. Knauth, Karlsruhe vom 19.11.1995.

156. Kommission für arbeitswissenschaftliche Terminologie (KAT) der Gesellschaft für Arbeitswissenschaft (GfA): Arbeitswissenschaftliche Begriffe. Schriftenreihe Arbeitswissenschaft, Band 4, 2. Aufl., Krauskopf-Verlag, Mainz (1967).

157. Konietzko, J.; Dupuis, H. (Hrsg.): Handbuch der Arbeitsmedizin. ecomed-Verlag, Landsberg/Lech (1992).

158. Krause, V.2: Definitionen aus der Arbeitswirtschaft. Die Landarbeit (1969), H. 2, S. 18 - 19.

159. Kreher, G.: Arbeitsaufwandsermittlung und Arbeitsvoranschlag - die Methoden für die Arbeitskontrolle und Arbeitsplanung. Schriftenr. Landarbeit und Technik, H. 37, S. 160 - 193, (1956).

160. Krüger, K.1: Die amerikanischen Begriffe des Arbeits- und Zeitstudiums. Beuth-Vertrieb, Berlin Köln Frankfurt (1959).

161. Krüger, K.2: Die französischen Begriffe des Arbeits- und Zeitstudiums. Beuth-Vertrieb, Berlin Köln Frankfurt (1964).

162. Krüger, K.3: Die englischen Begriffe des Arbeits- und Zeitstudiums. Beuth-Vertrieb, Berlin Köln Frankfurt (1965).

163. Kuhlmann, F.: Einführung in die Betriebswirtschaftslehre für den Agrar- und Ernährungsbereich. DLG-Verlag Frankfurt/Main (1978).

164. Küng, H.: Arbeit und Lebenssinn angesichts von Wertewandel und Orientierungskriese. In: Alfred-Herrhausen-Gesellschaft für internationalen Dialog (Hrsg.): Arbeit der Zukunft - Zukunft der Arbeit, S. 9 - 52, Schäffer-Verlag Poeschel, Stuttgart (1994).

165. Landau, K.; Luczak, H.; Rohmert, W: Arbeitswissenschaftlicher Erhebungsbogen zur Tätigkeitsanalyse. In: Rohmert, W.; Rutenfranz, J.: Arbeitswissenschaftliche Beurteilung der Belastung und Beanspruchung an unterschiedlichen industriellen Arbeitsplätzen. Der Bundesminister für Arbeit und Sozialordnung (Hrsg.), Referat Öffentlichkeitsarbeit, Bonn (1975).

166. Landau, K.; Rohmert, W: Aufgabenbezogene Analyse von Arbeitstätigkeiten. In: Kleinbeck, U.; Rutenfranz, J.

(Hrsg.): Arbeitspsychologie, S. 91 - 178, Enzyklopädie der Psychologie; Göttingen, Toronto, Zürich (1987).

167. Laurig, W.1: Grundzüge der Ergonomie. Beuth Verlag, Berlin - Köln (1990).

168. Laurig, W.2: Persönliche Mitteilung von Herrn Prof. Laurig, Dortmund vom 28.8.1996.

169. Leitner, K.; Lüders, E.; Greiner, B.; Ducki, A.; Niedermeier, R.; Volpert, W.: Analyse psychischer Anforderungen und Belastungen in der Büroarbeit. Das RHIA/VERA-Büroverfahren. Manual. Verlag Hogrefe, Göttingen (1993).

170. Leontjew, A.N.: Tätigkeit, Bewußtsein, Persönlichkeit. Pahl-Rugenstein, Köln (1982).

171. Leymann, H.: Mobbing. Psychoterror am Arbeitsplatz und wie man sich dagegen wehren kann. Reinbek bei Hamburg (1993).

172. Locke, E.A.: The nature and causes of job satisfaction. In: Dunnette, M.D. (ed.): Handbook of Industrial and Organizational Psychology (pp. 1297 - 1349). Rand McNally, Chicago (1976).

173. Lück, W. (Hrsg.): Lexikon der Betriebswirtschaft; 4. Aufl., Verlag Moderne Industrie, Landsberg (1990).

174. Luczak, H.; Volpert, W.; Raeithel, A.; Schwier, W.: Arbeitswissenschaft. Kerndefinition - Gegenstandskatalog - Forschungsgebiete. RKW (1987).

175. Luder, W.: Persönliche Mitteilung und Vorlesungsunterlagen von Herrn Dr. Luder, FAT, Tänikon, Schweiz.

176. Miegel, M.: Vollbeschäftigung - eine sozialromantische Utopie? In: Alfred-Herrhausen-Gesellschaft für internationalen Dialog (Hrsg.): Arbeit der Zukunft - Zukunft der Arbeit, S. 53 - 72, Verlag Schäffer-Poeschel, Stuttgart (1994).

177. Moldaschl, M.: Frauenarbeit oder Facharbeit. Verlag Campus, Frankfurt a.M. (1991).

178. Müller, G. (Hrsg.): Lexikon Technologie - Metallverarbeitende Industrie. 2. Aufl., Verlag Europa-Lehrmittel, Nourney-Vollmer GmbH u. Co., Haan-Gruiten (1992).

179. Neuberger, O.: Mobbing. Übel mitspielen in Organisationen.
München, Mering (1994).

180. North, K.; Stapleton, CH.; Vogt, C.: Ergonomics Glossary. Community Ergonomic Action. Utrecht Antwerpen (1982).

181. Oesterreich, R.: Personale Organisation und Koordination von Handlungsbereichen (1986).
zit.: Volpert, W.: Psychische Regulation von Arbeitstätigkeiten.
In: Kleinbeck, U.; Rutenfranz, J. (Hrsg.): Arbeitspsychologie, S. 1 - 59, Enzyklopädie der Psychologie; Göttingen, Toronto, Zürich (1987).

182. Oesterreich, R.; Volpert, W.: Handlungstheoretisch orientierte Arbeitsanalyse.
In: Kleinbeck, U.; Rutenfranz, J. (Hrsg.): Arbeitspsychologie, Enzyklopädie der Psychologie S. 60 - 90, Verlag Hogrefe, Göttingen (1987).

183. Parsons, L. M.: A Glossary of Terms Used in Agricultural Work Study in Europe. Agricultural Land Service, Ministry of Agriculture, Fisheries and Food. Nottingham 1964).

184. Pieper, R. (Hrsg.): Lexikon Management.
Gabler-Verlag, Wiesbaden (1992).

185. Pines, A.M. et al.: Ausgebrannt. Vom Überdruß zur Selbstentfaltung.
10. Aufl., Stuttgart (1993).

186. Pschyrembel, W.: Klinisches Wörterbuch. 256. Aufl., Walter de Verlag de Gruyter, Berlin New York (1990).

187. Quaas, W.: Persönliche Mitteilung von Herrn Prof. Quaas, Magdeburg vom 15.4.1996.

188. Radde, K.-H.: Ökonomisches Wörterbuch.
Verlag Fritz Knapp, Frankfurt (1989).

189. REFA1: REFA-Lexikon; Betriebsorganisation, Arbeitsstudium, Planung und Steuerung, Beuth-Vertrieb (1974).

190. REFA2: Ingenieria industrial. Spanische Ausgabe des REFA-Lexikos, Darmstadt (1982).

191. REFA3: Methoden des Arbeitsstudiums im Landbau.
REFA-Buch Landwirtschaft, Teil 1, Darmstadt (1984).

192. REFA4: REFA-Fachausschuß für Forstwirtschaft und Kuratorium für Waldarbeit und Forsttechnik (KWF) (Hrsg.): Anleitung für forstliche Arbeitsstudien - Datenermittlung und Arbeitsgestaltung. Darmstadt (1991).

193. REFA5: Methodenlehre der Betriebsorganisation,
Lexikon der Betriebsorganisation.
Verlag Carl Hanser, München (1993).

194. REFA6: REFA-Fachausschuß für Landwirtschaft, Gartenbau und Weinbau: REFA in der Landwirtschaft.
Lehrunterlage. (Bestell-Nr. 125115/1) REFA Darmstadt (1993).

195. REFA7: Methodology of Industrial Organisation - Lexicon of Industrial Organisation. Darmstadt (1994).

196. REFA8: Den Erfolg vereinbaren. Führen mit Zielvereinbarungen.
REFA-Fachbuchreihe Unternehmensentwicklung.
Verlag Carl Hanser, München (1995).

197. Rittershofer, W.: Das Lexikon Wirtschaft, Arbeit, Umwelt, Europa. Bund-Verlag, Köln (1994).

198. Rohmert, W.: Arbeitswissenschaft I und II; Umdruck zur Vorlesung. 35. bzw. 23. Aufl.. Darmstadt (1992).

199. Rohmert, W.; Landau, K.; Großhans, P.: Verzeichnis der im AET verwendeten Begriffe und deren Definitionen.
1. Bericht zum Forschungsvorhaben "Benutzerfreundliche Weiterentwicklung des Arbeitswissenschaftlichen Erhebungsbogens zur Tätigkeitsanalyse (AET).
Institut für Arbeitswissenschaft der TH Darmstadt (1976).

200. Rohmert, W.; Rutenfranz, J.: Arbeitswissenschaftliche Beurteilung der Belastung und Beanspruchung an unterschiedlichen industriellen Arbeitsplätzen.
Der Bundesminister für Arbeit und Sozialordnung, (Hrsg.)
Referat Öffentlichkeitsarbeit, Bonn (1975).

201. Röhner, J.: Zur Methodik der Zeitstudie in der Landwirtschaft.
Schriftenr. Landarbeit und Technik, H. 37, S. 45 - 90, (1956).

202. Rosenstiel, L.v.; Molt, W.; Rüttinger, B.: Organisationspsychologie.
Kohlhammer, Stuttgart (1972).

203. Rürup, B.: Fischer Wirtschaftslexikon.
Fischer Taschenbuch 10628, Frankfurt (1991).

204. Rutenfranz, J.: Arbeitsphysiologische Grundlagen der Nacht- und Schichtarbeit.

Rheinisch-Westfälische Akademie der Wissenschaft,
Vorträge N 275, Westdeutscher Verlag, Opladen (1978).

205. Sachs, L.: Angewandte Statistik. Springer-Verlag, Berlin Heidelberg New York (1974).

206. Schäfer, W.: Wirtschaftswörterbuch. 2. Aufl., Verlag Franz Vahlen, München (1987).

207. Schmidt, H.; Schischkoff, G.: Philosophisches Wörterbuch. 28. Aufl., Verlag A. Kröner, Stuttgart (1969).

208. Schmidt, R. F.; Thews, G. (Hrsg.): Physiologie des Menschen. 42. Aufl., Springer-Verlag, Berlin Heidelberg New York (1993).

209. Schmidtke, H. (Hrsg.): Ergonomie. 3. Aufl., Verlag Carl Hanser, München Wien (1993).

210. Schneider, B.; Wallner, M.: Aufgaben und Arbeitsweise der Fachkräfte für Arbeitssicherheit. Ausbildung: Sicherheitsfachkräfte, Grundlehrgang A, Verlag TÜV Rheinland, Köln (33..).

211. Schönfelder, E.: Entwicklung eines Verfahrens zur Bewertung von Schichtsystemen nach arbeitswissenschaftlichen Kriterien. Verlag Peter Lang, Frankfurt a.M. Bern New York Paris (1992).

212. Schönpflug, W.: Beanspruchung und Belastung bei der Arbeit - Konzepte und Theorien. In: Kleinbeck, U.; Rutenfranz, J.(Hrsg.): Enzyklopädie der Psychologie, Themenbereich D, Serie III, Band 1 Arbeitspsychologie, S. 180 - 184. Göttingen, Toronto, Zürich (1987).

213. Schwendtke, A. (Hrsg.): Wörterbuch der Sozialarbeit und Sozialpädagogik. Verlag Quelle und Meyer, Heidelberg Wiesbaden (1995).

214. Siebert, H.: Geht den Deutschen die Arbeit aus? Verlag Bertelsmann, München (1994).

215. Skiba, R.: Taschenbuch Arbeitssicherheit. 9. Aufl., Verlag Erich Schmidt, Bielefeld (1991).

216. Sliosberg, A.: Elsevier's Medical Dictionary. Elsevier Publishing Comp., Amsterdam, London, New York (1975).

217. Spada, H. (Hrsg.): Allgemeine Psychologie.

Verlag H. Huber, Bonn, Stuttgart (1990).

218. TGL 22289: Fachbereichsstandard Zeitgliederung in der Land- und Forstwirtschaft (1974).

219. TGL 22290: Terminologie der Technologie (Land- und Forstwirtschaft); Grundbegriffe (1984).

220. Thomik, R.: Fachwörterbuch für Wirtschaft, Handel und Finanzen. Französisch-Deutsch/Deutsch-Französisch. 3. Aufl., Verlag C. Heymanns, Köln Berlin Bonn München (1977).

221. Ulich, E.1: Arbeitswechsel und Aufgabenerweiterung. REFA-Nachrichten 4, S. 265 - 275.(1972).

222. Ulich, E.2: Psychologie der Arbeit. In: Management Enzyklopädie, S. 914 - 929, Verlag Moderne Industrie, Landsberg a. Lech (1984).

223. Ulich, E.3: Arbeitspsychologie. Verlag H. Huber, Bern (1994).

224. VDI 2057: Einwirkungen mechanischer Schwingungen auf den Menschen.

225. VDI 2244: Konstruieren sicherheitsgerechter Erzeugnisse.

226. VDI 2309: Ermittlung von Maximalen Imissions-Werten.

227. VDI 2310: Maximale Imissions-Werte.

228. Volpert, W.1: Handlungsstrukturanalyse als Beitrag zur Qualifikationsforschung. Pahl-Rugenstein, Köln (1974).

229. Volpert, W.2: Psychiyche Regulation von Arbeitstätigkeiten. In: Kleinbeck, U.; Rutenfranz, J. (Hrsg.): Arbeitspsychologie, S. 1 - 59. Enzyklopädie der Psychologie; Göttingen, Toronto, Zürich (1987).

230. Wächter, H.; Modrow-Thil, B.; Schmitz, G.: Analyse von Tätigkeitsstrukturen und prospektive Arbeitsgestaltung bei Automatisierung (AT). Verlag TÜV Rheinland, Köln (1989).

231. Wahrig, G.: Deutsches Wörterbuch. Bertelsmann Lexikon Verlag, Gütersloh (1971).

232. Wal, E. van de; Loon, J.H. van: Ergonomische Begriffe. Landw. Hochschule Wageningen, Abt. Landbautechnik (1974).

233. Wehner, T.; Stadler, M.: The cognitive organization of human errors: A Gestalt theory perspective. Applied Psychology: An international review, 60 (4) 565 - 584 (1994).

234. Wehner, T.; Waibel, M. C.: Erfahrung als Bindeglied zwischen Handlungsfehleranalyse und Expertenforschung - Eine Studie am Schiffssimulator.
In: Nitsch, J.; Allmer, H.: Handeln im Sport - zwischen Rationalität und Intuition.
bps-Verlag, Köln (1996).

235. Werner, H.; Bennet, R.; König, I.:
Glossar zur Arbeitsmarkt- und Berufsforschung,
Begriffe zu Arbeitsmarkt, Bildung und Sozialem,
Englisch-Deutsch/Deutsch-Englisch.
Nürnberg (1986).

236. Werner, H.; Piotrowsky-Rochefort, A.; König, I.:
Glossar zur Arbeitsmarkt- und Berufsforschung,
Begriffe zu Arbeitsmarkt, Bildung und Sozialem,
Französisch-Deutsch/Deutsch-Französisch. Nürnberg (1981).

237. West, M.; Farr, J.L. (eds.): Innovation and creativity at work. Wiley, New York (1990).

238. Westermayer, G.; Bähr, B.(Hrsg.): Betriebliche Gesundheitszirkel.
Göttingen (1994).

239. Zapf, D.: Selbst- und Fremdbeobachtung in der psychologischen Arbeitsanalyse.
Verlag Hogrefe, Göttingen (1989).

Stichwortverzeichnis, deutsch

Stichwortverzeichnis, englisch

Stichwortverzeichnis, französich

Stichwortverzeichnis, russisch

Stichwortverzeichnis, spanisch